민족의 스승

월남 이상재

3권

민족의 스승

월남 이상재

천광노 지음

3권

한국학술정보㈜

이상재 조부님을 회상하며

손녀 이 차 순 권사 (4남 이승준의 장녀)

언제부터인가 조부님께 대하여 죄송한 마음과 안타까운 마음 때문에 가끔 깊은 상념 속에서 좌절과 탄식이 나를 짓눌러왔다. 왜냐하면 조부님이 소천하신 지 팔십오 년이 지난 지금 우리 국민들 마음속에 '이상재'라는 사람의 고귀한 삶과 정신이 점점 사라져가는 안타까운 마음 때문이며, 그리고 짧은 시간이나마 조부님과 함께 살았던 내가 이제는 늙고 힘없는 아녀자가 되어 조부님을 위하여 아무것도 할 수 없다는 좌절감 때문이다.

그러나 다행히 조부님의 고귀한 삶을 속속들이 세상에 알려주며 그분의 숭고한 정신을 일깨어주는 이 책이 출판되고, 조부님의 그 정신을 기리며 그 뜻을 펴기 위하여 '월남 이상재 선생 기념사업회'가 발족되는 등, 내가 할 수 없는 일들을 해주는 사람들이 속속 나타나고 있어서 요즈음 나를 짓눌렀던 그 무거운 마음은 상당 부분 사라졌다.

이제 조부님에 대한 죄송한 마음이 정리되고 보니 한결 가벼운 마음으로 조부님을 회상 속에서 만날 수 있게 되었다. 조부님과 한동안 함께 살면서 보고 듣고 느낀 바를 언젠가 이야기 하고 싶었는데 그런 기회가 뜻밖에 온 것을 기쁘게 생각한다.

조부님은 아들 사형제 중 세 아들을 앞서 보냈기에 막내아들인 우리 아버지(이승준)가 조부님을 모시기 위하여 내 나이 여섯 살쯤에 시골에서 어머니, 나, 그리고 동생(이경직)을 데리고 서울로 올라오셨다.

우리 식구 이외에 홀로된 사촌 올케와 세 자녀, 그리고 학교에 다니던 작은 조부님의 아들(이승률)도 함께 살았으며 그 밖에 잠시 거처했던 몇 사람이 드나들었던 기억이 난다.

그 당시에 조부님과 친분이 있었던 분들 중 나랏일을 하시는 높으신 분이나 사회의 덕망이 있으신 분들의 잦은 왕래로 우리 어린아이들은 조심하고 조용히 살았던 기억이 난다.

주일 오전에 조부님과 부모님이 교회가시기 때문에 그런 날은 조용히 숨죽이고 살았던 우리에게 자유롭게 떠들면서 넓은 대청에서 이리 뛰고 저리 뛰고 씨름도 하며 마음껏 놀다가도 오후가 되면 교회 어린이 주일학교에 간 기억이 지금도 생각난다.

한번은 아버지께 조부님 방에 있는 무전기(지금 생각하니 라디오인 것 같음) 한 번만 들려달라고 떼를 쓰던 기억도 난다. 왜냐하면 나이든 큰 조카(이정애, 현재 101세로 생존 중이나 치매로 요양병원에 입원 중)가 조부님 방 청소도 잘하고 심부름을 잘한다고 정애한테만 무전기를 가끔 들려주었기 때문이다.

다행히 조부님이 들려 주신다기에 아버지는 밖에 계시고 나 혼자 방에 들어갔다. 무엇인가(지금의 헤드폰 같은 것)를 양쪽 귀에 대어 주시니 여자의 음성으로 일본 노래가 들려오는 것이 아닌가? 참으로 신기하다는 생각이 들었다. 그즈음 남동생 하나밖에 없었는데 어머니가 여동생을 낳으셨다.

동생의 첫돌이 되는 날, 모두 방에서 떡을 먹고 있을 때 조부님이 들어오셨다. 무슨 말씀을 하셨는지 확실한 기억은 없으나 무어라 말씀하시니 방 안에 있던 온 식구들이 박장대소를 하니까 그때 첫돌인 동생도 따라 웃었다. 동생의 이름이 없었던 때이라 마침 동생이 '웃었다'고 하여 조부님이 그 이름을 '우순'이라고 이름 직접 지어주신 기억이 난다.

그리고 조부님의 손을 잡고 몇 번인가 소학교에 간 기억도 난다.

세월이 흘러 조부님이 병석에 누우시게 되니 때때로 YMCA에서 사람들이 병문안을 오셨다.

하루는 학교에서 돌아오니 역시 YMCA 사람들이 오셔서 찬송을 부르고 있었다. 몇 번 들어봐서 귀에 많이 익은 찬송가였다. 방 안에는 못 들어가고 밖에서만 찬송가를 듣게 되었다.

"고생과 수고가 다 지난 후 광명한 천국에 편히 쉴 때
주님을 모시고 나살리니 영원히 빛나는 영광일세 영광일세
영광일세 내가 누릴 영광일세. 은혜로 주 얼굴 뵈옵나니
지극한 영광, 내 영광일세."

자주 듣던 노래라서 나는 마당에서 듣고 내가 잘 따라 부를 수 있는 "영광일세 영광일세 내가 누릴 영광일세"라는 부분은 같이 부르기도 하고, 그리고 혼자 있을 때도 가끔 이 찬송가를 부르기도 하였다.

조부님이 소천하셨을 때 아홉 살인 나는 여섯 살인 동생과 함께 상복을 입고 집 안에서부터 운구차를 따라 YMCA를 거쳐 서울역에 갔을 때 거기서 조부님이 생전에 말씀하셨던 <기독청년들에게>라는 연설을 유성기를 통하여 들었던 기억도 난다.

어린아이 때부터 내가 직접 보고 기억되는 조부님은

첫째, 정직하고 청렴하게 사셨고

둘째, 평생 웃으시며 사셨고 또 남들도 웃게 하셨으며

셋째, 연세가 있음에도 불구하고

"나는 청년이다."

라고 하시며 청년들에게 용기와 힘을 주신 분이었다. 그런 삶을 사셨던 분이였기에 우리에게도 그런 삶을 살도록 모범을 많이 보여 주셨다.

조부님과 함께 사는 동안에 넉넉한 생활도 못했지만 조부님이 떠나가신 뒤에는 더 어렵게 생활한 기억이 난다. 왜냐하면 조부님은 자녀나 혹은 손·자녀에게 어떠한 물질적 유산도 남겨주시지 아니하고 다만 정신적 유산만을 남겨 주셨기 때문이다.

그 정신적 유산을 지키고자 오랫동안 눈물겹도록 헌신한 사람이

월남 이상재 선생의 무릎에 안겨 자란 친손녀 이차순 권사

있다. 그 어느 유족도 나서지 못하고 있었는데 조카 이동규가 만사를 제쳐놓고 이러한 일에 앞장서고 있으니 얼마나 다행스럽고 든든한지 모르겠다. 이미 나이 구십이 넘은(94세) 내가 조카에게 고맙다는 말밖에는 달리 해 줄 수 있는 것이 없어 매우 유감스러울 뿐이다.

조부님의 일대기를 집필하시는 천광노 주필님의 노고와 '월남 이상재선생 기념사업회'의 회장 이하 전 이사님들의 노고에 대하여 심심한 감사의 말씀을 드린다.

끝으로 우리 대한민국 국민들도 조부님의 숭고한 정신을 이어 받아 올바르고 정직한 삶을 살아갈 수만 있다면 더 이상 바랄 것이 없겠다. 그리고 이것은 나의 마지막 소망이기도 하다.

   민족의 스승 월남 이상재 선생의 인간적인 면모는 제3권에서도 계속된다. 특히 그의 가정사를 면밀히 들여다보자. 3권을 보면 월남의 부인 유월예와는 다른 여인이 등장한다. 그녀는 조선총독부가 조선호적령을 선포하여 기록한 월남 선생의 처 장순재(張順才)이다. 장 여인은 전처 유월예의 사후 월남과 재혼한 여인이다.

   후손이 없는 장순재 이야기는 유씨(월예) 부인의 후손되는 유족들에게 어찌 비쳐질지 우려되는 부분도 있다. 하지만 장순재라는 여인은 애국지사 민족의 스승 월남 선생의 일생에서 중요한 절반의 역할을 차지하는 것은 사실이다.

   하지만 장씨 부인에 대한 기록은 많지 않다. 기껏해야 총독부의 호적등본과 '월남 이상재 선생 동상건립위원회'(1962년 윤보선 전 대통령이 위원장으로, 김상협 전 국무총리가 추진위원장으로 구성됨)의 자료에 장 여인이 세상을 떠났다는 내용, 여기에 장 여인이 세상을 떠나자 애통한 심정을 시로 쓴 월남 선생의 글월 한 편이 전부다. 어쩔 수 없이 작가적 상상력을 동원할 수밖에 없는 대목이다.

   제3권은 또 한국의 민주주의 첫 문을 여는 독립협회와 관민·만민공동회의 활동도 다루고 있다. 이 부분은 서재필 박사 기념 사업회가 보존하고 있는 각종 문서, 그리고 이승만 전기 등이 참고자료로 활용됐다. 한국현대사의 서막을 이루는 부분이라 할 수 있으며 그 중심에는 역시 월남 이상재가 있다.

독자 여러분은 제3권을 통해 대한민국 민주주의 씨앗과 그 태동을 느낄 수 있을 것이다. 또 월남 선생의 모든 말과 행동에 깊숙이 스며들어 생생하게 살아 숨 쉬는 애국·애민의 정신문화를 맛보길 바란다.

애석하게도 이때부터 월남 선생은 옥고를 치르게 된다. 애국지사 누군들 옥고 한두 번 치르지 않은 사례가 없지만 월남 선생의 옥고는 다르다. 이는 직접적으로 한일강제병합과 밀접하게 연관되어 대한제국 멸망의 원인이 되기 때문이다.

분명히 알아야 할 게 있다. 월남 선생이 옥에 갇히지 않았다면 독립협회가 사라지지 않았을 것이다. 월남 선생이 옥에 갇히지 않았다면 을사늑약은 불가능했을지 모를 일이다. 한국 최초의 대중 정치집회인 만민공동회가 해산되지 않았다면, 이를 위해 누명을 씌워 월남 선생을 감옥에 넣지 않았다면, 기필코 월남 선생을 필두로 당대의 애국지사들은 정녕 을사늑약을 막았을 것이다. 아울러 주미공사 참사관으로 갔던 이완용이나 송병준 같은 매국노가 일제와 야합하지 못했을 것이다. 저자는 감히 확신한다. 월남 선생의 감옥행은 일제 강점기 수작을 막아내지 못해 나라를 잃게 된 원인이었음을.

한일병합으로 나라가 멸망하자 월남 선생은 YMCA와 연못골교회 (현, 연동교회)에서 중책을 맡아 기독교 신앙을 토대로 한 독립운동에 가담하게 된다. 이때 함께한 반려자가 바로 장순재다. 독자들은 두 사람의 종교적 신앙과 사랑의 힘이 나라를 되찾는 토양이 되어 가는 과정을 추적해 나갈 수 있을 것이다.

한 가지 가슴 아픈 일은 이 무렵 월남 선생과 함께 애국반열에 서야 할 위인들이 친일파로 변질되어 등장한다는 점이다. 역사에 가정은 없지만, 월남 선생이 옥에 가지 않았다면 이 같은 매국노들을 막았을지도 모를 일이다. 어떻든 옥고 과정에서 기독교를 만난 월남의 영향으로 한국의 애국지사들은 대부분 기독교인과 미국파 지식인들로 채워지게 된다.

제3권에서 유심히 살펴볼 부분은 월남이 장순재와 재혼하는 과정이다. 틀림없는 사실은 흔히 조선 선비들의 첩실 들여앉히기와 같은 퇴폐적인 애정 행각이 아니라는 점이다. 이는 애국을 위한 사랑인 동시에 종교적 윤리에 합당한 정신문화적 측면에서 지고지순한 사랑이야기에 부족함이 없다고 본다.

고려 말의 충신 목은(이색)의 후손이라는 자부심, 부친 희택 공으로부터 이어 받은 부모 사랑과 효, 예의 정신, 네 분의 스승으로부터 전수받은 인간됨, 그리고 당시의 행동으로 본 월남 선생의 성정을 최대한 존중하며 구성하려 애썼다.

가령 월남 선생 강연문의 경우 그 내용이 거의 남아 있지 않고 독립협회나 만민공동회 연설문 역시 현존하는 내용은 매우 빈약하다. 따라서 당시의 상황을 고려해 어쩔 수 없어 저자가 직접 강의문을 창작한 면도 없지 않다. 작가의 상상력이 감히 월남 선생의 정신문화에 도달했을 리 만무하지만 독자들의 넓은 아량을 구한다. 마찬가지로 월남과 장순재의 사랑이야기도 두렵고 떨리는 겸양지덕으로 작가의 상상력을 동원했음을 밝힌다.

마침내 고종이 세상을 떠나면서 3권도 마치게 된다. 이는 곧 3·1

독립만세운동과 상해임시정부로 이어지게 될 구한말 역사의 신호탄
이 됐다.

비록 무거운 내용들이 많이 다뤄진다 하더라도 부디 청년과 학생
들, 기성세대를 비롯한 한국의 정치, 사회 지도자 등의 관심을 기대해
본다. 또 독자 여러분의 많은 성원과 격려와 추천이 저자에게 큰 힘
이 될 것이다.

2011년 7월 제3권 서문(2009년 4월) 수정하며
저자 천광노

독립협회와 만민공동회, 그리고 장순재

순재와 사가로 오다
나는 정말 정상이 아닙니다
독립협회라고 하는 것은
1898년 3월 10일 1차 만민공동회
1898년 4월 25일~10월 12일 2차 만민공동회
1898년 10월 13일~11월 4일 의회설립운동

순재와 사가로 오다

1898년의 여름.

만민공동회에서 만난 순재가 묻는다.

"어디로 가자는 것입니까?"

태양처럼 다시 또 눈빛이나 말이나 완전한 정상인이다.

'허허 이를 어쩐다지?'

월남은 판단이 안 선다.

"숙부인마님! 여기서 일단 기다리세요. 내 강연회 뒷일을 마치고
이 자리로 다시 오겠습니다."

"정말이시지요? 꼭 오셔야 합니다."

순재가 언덕에 자리를 잡고 앉는다.

다녀온 월남은 어서 돌아가라 할 생각이었다.

"이사를 하셨다고 들었는데 집은 어디시지요?"

"우리 집은 아실 필요 없으십니다. 집 못 찾아 못 가지도 않습니다.

제가 궁금해서 여쭤볼 게 있으니까 좀 알려주세요.”

“무엇이 궁금하십니까? 왜 숙부인마님이냐 뭐 그런 것 말씀이세요?”

“아니에요. 그 얘긴 지난번에 들었지 않습니까? 독립협회하고 만민공동회가 뭔지 그 얘기를 듣고 싶습니다.”

“예? 아니 그게 왜 궁금하시지요? 몰라도 되십니다.”

“아닙니다. 제가 꼭 알고 싶습니다. 그러지 말고 알려주세요.”

월남은 순재의 뜻밖의 요구에 난처하다.

“그것은….”

그러나 어디서부터 무슨 이야기를 할 것인가. 또 한다고 해서 알아들을 말도 아니다.

“예, 말해 보세요.”

바라보는 눈빛이 어디로 보나 아픈 사람도 아니다.

‘아, 참 아까운 사람이구나. 이럴 땐 너무 똘망진데 어떨 때는 왜 그렇다지?’

“저는 난청(難聽, 말귀가 어둡다)이 아닙니다. 어떤 이야기라도 한 번 들으면 이해합니다. 귀찮다 마시고 정말 궁금하여 그럽니다. 독립협회가 뭐 하자는 것인지 보다 확실하게 가르쳐 주세요. 밤을 새우서도 한마디 안 빼고 다 귀담아 가겠습니다.”

순간, 순재의 총명함이 보였다.

협회에 왔던 군중들이 거의 돌아갈 즈음 다시 온 월남은 자신의 집으로 갈 수도 없고 하여 어쩔 수 없이 죽천의 집으로 같이 왔다.

“어떻게 두 분이 같이 오세요?”

점묵이 놀란다.

“아 만민공동회에 오셔서 만났는데 이사를 하셨다고 하니 내가 어딘지 집을 알아야 모셔다 드리지."

"제가 모셔다 드릴까요?"

"아닐세. 독립협회 얘길 듣고 싶다 하시니 좀 있다가 모셔드리게나."

"정경부인마님께 고 하올까요?"

순재가 정색을 한다.

"아니에요. 알아서 갈 거니까 들어가세요."

이리하여 둘은 사랑방에 들고 자리에 앉았으나 월남의 속내가 복잡하다.

"혹시 죽천대감이 아시면 야단맞으십니까?"

묻는 순재는 빈틈이 없다.

"야단이요? 하하! 그럴 일은 없습니다. 제가 촌치라도 허튼 말 하는 사람도 아니니 믿으십니다. 그 점은 오히려 안심하십니다."

"그럼 잘됐네요. 저는 누가 제게 말 상대를 해 주는 사람이 없습니다. 허구한 날 책하고만 말하며 살아요. 제가 전증(癲症, 미칠 전)은 전증인가 봐요. 아무도 저하고 놀아주는 사람이 없습니다. 그래서 부모님이 저만 보면 눈물을 글썽이십니다. 그런데 제가 전기(癲氣) 맞아요? 우선 그것부터 여쭤보려고요."

월남은 또 난감해진다.

그렇다 할지 아니라고 할지, 몇 번 느꼈지만 참 딱하다는 생각뿐이다가 잊고 말았던 사람이 장순재다.

"예?"

"아, 예예… 숙부인마님이 전기(癲氣)냐고요?"

"그래요. 그 말부터 해보세요."

월남의 머리가 팽팽 돌아간다.

몹쓸 말로는 돌았다고 보이는데 이 말은 안 할 말이다. 같은 말이라도 아 다르고 어 다른 법, 상스럽게 돌았다는 말은 말하는 자의 언변술이 무식할 때나 쓰는 말이다. 기왕이면 다들 돌았다 하고, 또 열 번을 뜯어봐도 정말 돈 게 맞다는 확신이 와도 돌았다 할 게 아니다. 아프다고 해야 옳다. 물론 몸이 아픈 육체의 통증만이 아픈 것이 아니라, 마음이 아프고 머리가 아픈 것도 아픈 것이며, 정상적인 생각과 행동에서 이탈하는 것 역시도 아프다는 표현이 듣기 좋은 말이다.

"아니십니다. 백명 천명이 전증이라 해도 저는 절대 아니라고 생각합니다. 사람은 말이 헛나갈 때도 있는 것이고, 어쩌다 보면 행동이 엉킬 때도 있습니다. 그건 저도 똑같습니다. 숨겨서 그렇지 숙부인마님께서 그렇다는 말은 아닙니다만 저도 자주 뒤뚱거립니다. 일체의 흠도 티도 없는 사람이 있답니까? 저는 아까도 들으셨는가 모르겠는데 과거에 떨어지고 잠깐 돌아버린 적이 있습니다. 생각의 가닥이 한번 엉키니까 잘 안 풀릴 때도 많았습니다. 숙부인께서는 세상 사람이 다 전증이다 전기가 있다 광전(狂癲, 정말 미쳤다)이다 상말을 해도 저는 절대 그렇다고 인정하지 않을 것입니다. 제가 숙부인마님께 잘 보이려고 아첨하는 말은 아니거든요. 이걸 어떻게 말씀드려야 할지…"

조심스럽기도 하다. 까딱 말 한마디가 잘못 나갔다가는 가슴에 얼마나 큰 대못이 박힐까 싶어서다.

월남의 말을 들은 순재가 일순간 이상하게도 입을 닫았다.

그러더니 한참 후 입을 연다.

"저는 사실 돌았습니다. 그런데 돌았다는 것이 제게는 편해요. 왜냐하면 나도 상대를 향해 너도 돌았다고 하면 편하니까요. 피차 돈 사람들끼리라면 돌았다 아니다 할 이유가 없는데 그런데 한쪽에서만 돌았다고 하면 과연 누가 돈 것인가 하는 생각이 꼬리를 뭅니다.”

“예… 말을 안 해서 그렇지 알고 보면 제가 전증(癲症)이 가장 심한 사람입니다.”

갑자기 튀어나온 말이다.

그러나 월남의 가슴속에 가득 들어찼던 말이기도 하였다.

왜 돌았는가?

무엇에 미쳤는가?

그래서 어쩔 것인가?

월남은 하나도 막힐 것이 없이 미친 사람 된 자신을 알고 있다.

“서방님이 전증이라고요? 아, 오늘 대화 안 되겠는데요.”

“아닙니다. 전증이라도 저는 똘망집니다. 물어보세요. 대답 못할 말이 없습니다.”

“저는 흐리멍덩합니까? 하하하.”

“아닙니다. 절대 아닙니다.”

“서방님은 똘망똘망 하시다고 그랬지요? 저는 초롱초롱하답니다. 그런데 사리분간을 못 하는 돈 년 취급을 하니까 아예 그러라 하고 편할 대로 살아서 그렇지 사실은 저 말짱해요.”

“맞습니다. 아주 맑으시고 투명하십니다. 저는 이미 알고 있었습니다.”

“어떻게 아셨어요? 이상하시네요.”

“예, 저도 돈 놈이다 보니 돈 사람들끼리는 통하는 게 있지 싶습니다. 허나 그렇다고 숙부인마님을 돌았다는 말은 아닌 것 아시죠? 그러나 사실 저는 돈 사람을 좋아합니다. 숙부인처럼 초롱말똥 한 사람은 상대하기가 어렵습니다.”

“그래요? 아, 참… 독립협회 얘길 듣고 싶었는데 왜 얘기가 이쪽으로 가지요? 돈 년 더 돌겠습니다."

순재가 웃는다.

웃음 속에 아픔도 눈물도 따뜻한 마음도 보인다. 더 이야기를 해도
될 것 같다.

"독립협회는…."

하자 급히 말을 막는다.

영은문 헐고 독립문을 세우다

나는 정말 정상이 아닙니다

"그 독립협회 얘기는 좀 있다 하고요. 서방님은 왜 자기를 돌았다고 하시는 겁니까? 이게 저를 무시하자는 말씀은 아니지요? 그것부터 들어봐야 하겠습니다."

월남은 참 오랜만에 생각지도 안 한 별 희한한 말을 다 하게 된다.

"저는 제정신인지 아닌지 자주 저 자신부터가 영 헷갈려 왔습니다. 제 나이가 올해(1898년) 마흔 아홉인데, 어려서 철몰라 장가까지 가고도 내가 돌아버린 줄도 몰랐습니다. 죽천 대감댁에 와서 한두 해 지나 벌써 30년 가까운 날들, 저는 어느 단 하루도 흔들리지 않은 날이 없었습니다. 내가 지금 뭐 하는 놈인가? 고향에 부모와 처자식이, 그것도 아들이 넷이나 됩니다. 애들 얼굴 1년에 한번 보면 잘 봅니다. 큰 며느리(승륜의 처)가 손자(선직)를 가져 몸이 무겁다고도 하더라고요. 시아비노릇은커녕 이제 곧 손들이 태어날 텐데 얼굴이나 보러 갈지도 모르겠습니다. 모두 무진 고생만 시키고 있습니다. 나 같은 자식 낳은 부모님만 생각하면 가슴이 저리고 처자식만 생각하면 가슴이 쓰립니다."

"왜 고향에다 버려두고 왔습니까?"

"그러니까 제정신이 아니라는 얘깁니다."

하면서도 순재의 눈동자를 살펴본다.

'이게 할 소린가? 그런데 왜 이런 말까지 한다지? 이 또한 미친 짓 아닌가?'

그런데 바라보니 순재의 눈동자가 흩어지지 않는다.

'똑똑한 사람이 맞기는 맞구나.'

"아니 처자식 버려두고 30년씩이나…? 도대체 왜 그러시는데요?"

"미쳐서 그렇다지 않습니까? 어려서 제가 꿈을 잘 못 꾸었습니다."

"진짜 자면서 꾼 꿈 얘기세요?"

"아닙니다. 장차 어떤 사람이 될까 하는 꿈 말입니다."

"무슨…?"

"저는 임금을 모시는 훌륭한 신하가 되자는 게 꿈이었습니다. 그 꿈을 이루겠다고 집을 떠나 보니 공부를 안 해서는 안 되겠더라고요. 그래서 죽을 둥 살 둥 모르고 공부만 했습니다. 물론 재미가 있었습니다. 그런데 공부에 너무 깊이 빠진 것입니다. 갈등이 심했습니다. 치우자니 남세스럽고, 하자니 무한대고, 이러지도 저러지도 못해 술이나 잔뜩 퍼먹고 싶을 때도 있었습니다. 펑펑 울고 싶을 때도 많았습니다. 실제 소리 없이 울었던 날도 많습니다. 어느새 50줄을 바라보다니 지금 내가 뭡니까? 미쳐도 참 이상하게 미쳤습니다."

"벼슬이 그렇게 높으신데 집 걱정은 안 하게 할 수도 있지 않습니까?"

어쩌다 월남이 더 진지함에 빠져들어간다.

"이제 진짜 미친 얘기가 나오는군요. 맞아요. 제가 미쳐서 처자식들이 걱정 않고 살도록 하지를 못합니다. 나 정도의 벼슬이면 다들 집도 고래 등 같고 곳간을 키우고 돈도 많이 모으고 금은보화도 많습니다. 그런데 저는 한 푼도 모은 게 없습니다. 나라에서 주는 녹봉 말고는 생기는 게 없어요. 그렇다고 다 그러니까 죽천대감께 부탁해서 벼슬을 팔자 할까요? 아니면 내 수하들에게 돈을 훑을까요? 그 짓은 못합니다. 그러면 그 피해가 전부 황제폐하에게 돌아갈 것이고, 내 사복을 채우자니 어려서부터 가꾼 꿈이 무너지게 생겼고, 반대로 대쪽같이 청결하게 나랏돈을 축내지 않으려 하니 첫째는 누가 알아주는 사람도 없다는 것입니다. 그저 죽천대감만이 저를 인정해 주시는 것 말고는 없습니다. 이게 미친 겁니까? 탈친 겁니까? 바보지요? 숙부인 마님 생각은 어떠세요?"

"참내, 이게 시방 한참 잘못됐습니다. 제가 가르쳐 달라고 했지 물어보라 하진 않았잖아요?"

"허긴 그렇군요. 그래서 미친 게 맞나요?"

"미쳤다 소린 그만하세요. 다만 알아주지 않는 것이 얼마나 힘든 것인지 제가 그건 알겠습니다. 누가 내 말을 들어주려고도 않고 아예 삭 무시 할 때의 심정과 곡해 받는 심정도 저는 압니다. 서방님도 그런 심정 아세요?"

"알다 뿐이겠습니까? 세상은 잘해줘야 좋다 합니다. 그른 것을 그르다고 하면 싫어합니다. 두 번만 아니라 하고 틀렸다 하면 듣기 싫어하고 만나기도 싫다 합니다. 도둑질을 해도 태연하게시리 참 훌륭한 대감이시고 영감이시고 출중한 선비라고 치켜세워줘야 좋다 합니다. 그런데 훌륭한 신하의 꿈을 꾸고 보니 그게 안 됩니다. 같이 도둑질이나 하는 탐관오리들은 노다지 희희낙락입니다. 물론 그들의 재산이 부러운 것은 반 톨도 없습니다. 그런데도 깨끗한 척한다고 단박에 따돌리고 외톨이를 만들어 버립니다. 세상은 대충 살아야 하고 물이 맑으면 고기가 못 산다고 하는데도 그게 안 됩니다. 그러니 나 같은 남편을 둔 아내와 이런 아비를 둔 자식들만 고생이지요."

"한 가지는 약속할게요. 제가 꼭 알아드리겠습니다. 대신 저하고 만나주시고 말동무도 돼 주시는 조건입니다. 저요? 저야말로 미친년에다가 등신 바보 천치입니다. 대충대충 살기를 좋아하고요, 저는 시집장가… 그런 건 딱 질색입니다. 그냥 소꿉친구들처럼 놀면 좋겠어요. 사람이 꼭 시집장가를 가야 하고 내 마음과는 상관없이 부모님이 정해주는 대로 가야지만 그게 효도고 옳은 것일까요? 가기 싫으면 안 갈 수도 있는 것이고 싫으면 싫다고 하는 것이고… 뭐 살다가도 싫으면 헤어지고… 그게 죄악입니까? 난 세상이 맘에 안 들어요. 좋아도 아닌 척, 싫어도 좋은 척 부모니까 예예예… 이게 인간다운 권리입니까? 의무입니까? 언제까지나 공자맹자 말대로 살아야 하는 거지요? 남녀는 친구도 안 된다 하고 만나도 안 된다 하고 틀 속에 갇힌 그대로 살라? 이런다고 나를 미친년 취급이나 하고 상대해 주지를 않습니다. 분해요."

순간 월남의 가슴이 뜨끔하다. 부모를 거역하는 자식, 딸 아들… 그런데 그것이 온당하건만 순종한다고 부모가 보내면 시집장가 가야 된다? 살다 싫으면 헤어도 져라? 순재는 참 별종(別種)에다가 특종(特種)이구나 싶으면서 문득 궁금해졌다. 신혼 첫날밤 무엇인가 충격을 받아 정신이 돌았다는 말만 들었기 때문이다. 정확한가도 잘 모른다.

'한번 첫날밤 이야기를 물어볼까?'

하려다 만다. 또 꼭 알 필요도 이유도 없는 것이다.

공연한 걸 가지고 말장난이나 하고 불필요한 것을 물어 결례가 될 이유도 없고, 단연 알고 싶지도 궁금하지도 않다. 단 하나, 어서 좋은 사람 만나 좋은 아내가 되어 살게 된다면 하는 마음인데, 이런 쪽으로 물어볼 이유는 단 반 푼어치도 없는 일이다.

"그래서요? 독립협회 얘기는 안 해도 되겠습니까?"

독립협회라고 하는 것은

"아니 들어야지요. 실은 그 얘기를 듣고자 따라 왔어요."

"숙부인마님 오시는 바람에 아직 귀가할 때가 안 됐는데도 돌아왔지만 독립협회 얘긴 들어서 어쩌려고 그러십니까?"

"왜요? 여자가 들어서 뭘 할 거냐, 더구나 미친 여자가 알아서 뭘 할 거냐 그 말입니까?

"천만에요, 그렇지 않습니다. 그런 뜻이 아닙니다. 단지 말씀드리기가 간단치 않아 하는 말입니다. 그리고 돌아가셔야 하지 않습니까?"

"저요? 저는 내일가도 됩니다. 집에서 걱정 끊은 지 좀 됐어요. 어디 가서 나쁜 짓을 하지는 않았으니까요."

"왜 걱정을 않겠습니까? 그건 모르는 말씀입니다."

"아! 어디 가서 다칠까봐 걱정은 하세요. 왜 걱정하느냐고 물었더니 그저 늦게 다니다 넘어질까봐 걱정이라고만 하시더라고요. 그러니 다른 염려는 말고요, 지금 그 독립협회다 만민공동회다 하는 것 좀 알려주세요. 서방님한테 직접 둘이서 듣고 싶거든요."

'이를 어쩌나?'

월남이 순재를 자세히 바라본다.

아녀자와 할 이야기가 있고 하지 말아야 할 이야기가 있다. 알아도 그만이고 몰라도 그만인 것도 많다. 독립협회는 무엇 하는 데냐고 물으면 대충 넘길 수도 없고, 만민공동회도 물어오니 해줄 필요가 있는지도 모르겠다. 그때 난데없는 질문이 날아온다.

"독립협회도 동학농민운동과 같은 거예요? 뭐가 달라요?"

"예? 아니, 이 무슨…?"

월남이 손을 절레절레 저으며 놀란다.

"천만입니다. 만만입니다. 아주 다릅니다."

참 어려운 질문이다. 그러나 비슷한 것도 있고 아예 다른 것도 있다. 이걸 설명하기가 간단한 것도 아니고 단둘이 앉아 할 말인가도 모를 일이다. 게다가 어디서부터 얘기를 해줘야 할지, 그리고 얘기를 해줄 일인지도 아직 미심쩍다.

"사람들이 저렇게나 많이 모이고 손뼉치고 소리치고 우르르 몰려다니고… 이게 난리 아닙니까? 백성 대표라고 여럿이 나와 연설하고 박성춘이란 사람은 백정(白丁)이라면서요? 칼잡이… 소 돼지나 잡는 상놈 중에 제일 상놈…"

월남은 할 말을 잃었다. 독립협회에 큰 자부심을 가지고 만민공동회에서 목이 터져라 외쳤건만 그 자리에 나왔어도 뭐가 뭔지 모르는 사람이 있을 것도 같고, 가장 중요한 문제는 고작 몇천 몇만 명 말고 조선 8도 수백만 백성들은 모두 다 순재처럼 도무지 캄캄할 것이다.

"아닙니다. 민란하고는 완전히 달라요. 동학농민운동과도 다릅니다."

"그러니까요. 뭐가 어떻게 다른데요?"

순재가 이렇게까지 궁금해 하다니 참 뜻밖이다.

"숙부인께서는 집회에 몇 번이나 와서 들어 보셨습니까?"

"가기는 많이 갔는데 거기 가면 집에서 야단을 치셔요. 게다가 들어도 잘 모르겠어요. 왜들 모여서 뭘 어쩌자는 것인지."

"그럼 상감마마께서 대한제국을 선포하신 것은 아십니까?"

"그건 알지요. 원구단에서 즉위식도 하셨고… 작년 10월 달 아닙니까? 연호를 광무(光武)로 바꾸어 올해는 광무2년, 맞지요?"

갈수록 태산이다. 제국과 왕국이 다른데 어떻게 다른지 물어 볼 수

도 없고 연호가 뭔지 제대로 아느냐고 짚어볼 일도 아니고,

"맞습니다. 아관파천에서 경운궁으로 이어하셔서 지금 우리나라는 조선이 아닙니다. 대한제국입니다. 고종임금께서는 왕이 아니라 황제가 되셨습니다."

"왕이나 황제나 똑같은 것 아닙니까? 그냥 계셔도 왕, 올리셔도 왕, 주상전하나 폐하나… 뭐가 다르지요?"

"아니? 책하고만 말이 통한다고 하셨지요? 그러면 아실 건데. 공부는 얼마나 하셨습니까?"

드디어 매몰되어 뺄 수 없게 되고 말았다.

"몰라요. 사서(논어論語, 맹자孟子, 대학大學 중용中庸), 오경(시전詩傳, 서전書傳, 주역周易, 예기禮記, 춘추春秋) 맨날 읽었어도 모릅니다. 누가 가르쳐 주는 사람도 없이 그냥 읽다 말다 했어요. 답답합니다. 읽어도 모르니까. 집에서는 그래도 그게 좋다 하시는데 난 재미가 없습니다."

"바로 그래서 독립협회가 필요한 것입니다. 왕은 큰집에 계시다 하여 큰 집(대궐의 전)殿자를 써서 전하(殿下)라 하고, 폐하는 큰 집 전 앞의 섬돌을 올라가 뵈어야 한다고 하여 대궐의 섬돌 폐자를 써서 폐하(陛下)라 부르는 것이니 전하는 폐하보다 낮습니다. 조선은 폐하라고 쓰면 청국이 호통을 치고 자기네만 폐하라하고 전하라고만 부르게 하였습니다. 바로 이와 같은 등급에서 대등하다고 하여 우리도 왕이 아니라 황제라 하는 것이며, 황제폐하라고 부르자는 것이 독립입니다. 왜놈들도 자기네 왕은 천황이고 우리는 왕이라고 얕잡아봅니다. 그래서 우리도 자주독립국가로 선언한 것이 바로 대한제국 선포입니다. 아관파천이 얼마나 가슴 아픈 일입니까. 일개 국가의 파견소

같은 아라사공관에서 집무를 보시다니 그 비통함을 어찌 말로 다 하겠습니까? 그래서 독립을 부르짖고 일어선 것이 독립협회입니다."

월남이 진땀을 빼게 생겼다. 말귀를 알아듣는가도 의문이다.

"알아듣겠습니까?"

"다 알아듣습니다. 걱정 마세요. 그러면 동학농민운동하고는 뭐가 다르지요? 동학은 나쁜 거고 독립협회만 옳고 좋은 겁니까?"

이건 참 만만한 얘기가 아니다.

"그게 그렇지 않습니다. 간단치도 않아요. 우선 동학은 백성들이 조선조정, 즉 전국 각 관아에 대해 항의하고 일어선 백성이 주축이 된 운동입니다. 나라가 백성을 잘살도록 도와주는 대신 괴롭게 하니까 일어나 대항한 것이 민란이고 동학운동이었습니다. 조정을 향해 할 말 있다는 것이 민란이고 동학입니다."

"그럼 나쁜 놈들입니까. 폭도라고도 하나 보던데…."

"왜 나쁩니까. 힘들면 힘들다고 하고, 잘못 되었으면 고치라고 하고, 세금이 너무 높으면 내려달라고 할 수 있는 겁니다. 단, 관리들을 죽인 일도 있으니 정당한 주장이 그만 살육으로 나타나 크게 충돌한 것이 문제점이었으나 부딪치다 보면 잘잘못을 가리기가 어려워 백성들이 고생입니다. 줄을 이어보면 동학농민운동이 아니었다면 아관파천이 없었습니다. 그러니 나라를 절단 낸 계기가 되기도 하였으나, 동학으로 인해 갑오개혁이 일어나 백성들이 살기 좋도록 제도를 고치는 대단한 효과를 얻기도 했습니다. 이게 나쁘다 폭도다 쉽게 판단할 일이 아닙니다. 굳이 따진다면 참 좋은 운동입니다. 다만 좋은 것은 뽑아 쓰고 나쁜 것은 가려 버려야 한다는 교훈을 어떻게 받느냐가 중요하지요. 내 말이 어렵습니까?"

"어렵기도 합니다. 그러나 이제 좀 이해가 갑니다. 그렇다면 독립협회는 뭐죠? 어떻게 다르지요?"

"우선 상대가 다릅니다. 목적도 다릅니다. 민란이나 동학은 지방관리가 상대자였으나 독립협회는 세계만방, 즉 청, 일, 러가 대상입니다. 우리도 어엿한 자주 독립국이며 너희들과 대등하다고 외치는 것이지요. 더불어 독립국가다운 면모를 갖추자는 주장입니다. 절대 관아나 조정이 타도대상이 아니라 보호대상입니다. 외세에 대해 확실하게 우리의 주권을 드러내자는 것이지요. 동학은 고치라는 것이 관아지만 독립협회는 세계 각국에게 우리의 자주권을 선포하는 것입니다. 또 철저한 비폭력이 다릅니다. 민란이나 동학도 비폭력이 모토였으나 그렇게 나가지 못했는데 독립협회는 완전한 평화와 비폭력 자립운동입니다. 독립협회의 목적을 잘 알아야 해요."

"목적이 뭔데요?"

"공부하자, 배우자, 즉 교육입니다. 말로만 독립이 되지 않습니다. 모르면 진다는 것이고, 배워야 그들과 대등해진다는 것입니다. 그래서 제일 먼저 한 일이 백성들도 알게 하자는 뜻에서 독립신문을 만든 거지요. 값 싸고 누구나 읽기 좋게 한글로만 쓴 이유가 여기 있습니다. 무식하면 힘으로만 싸우나 배우면 머리로 싸웁니다. 무기는 머리를 써야 만들어지고 배우지 않고서는 독립이 허사입니다."

"아하, 그렇군요. 그러면 그런데도 자꾸 부딪쳐 싸우고 피 흘리고 그런 일도 있는 것은 왜지요?"

"독립협회를 잘 이해하지 못해 일어나는 일이나 독립협회는 인명이 죽지 않았습니다(후일 1명 김득구가 죽음). 다치지도 않는 평화주의와 쓸데없는 데 힘쓰지 말고 공부하는 데 힘쓰자는 것이 독립협회입니다.”

“그러면 독립협회를 황제폐하도 싫다 하지 않으셨겠네요?”

“그렇습니다. 황제폐하의 윤허를 받았습니다. 그러니까 죽천대감 같은 정승들도 동참한 것이 관민공동회였습니다. 조정과 백성들이… 아, 자꾸 백성소리가 나오는데 이제는 제국이라 하였으니 국민이라고 해야 맞습니다. 관민이란 임금님과 신료들과 국민들이 하나가 되어 자주자립자강 운동을 펼친다는 역사상 전례가 없는 정말 모범적인 운동입니다.”

“그러면 독립협회를 폐하께서 만들라고 하신 겁니까?”

“그렇습니다. 독립협회의 기원을 보면 간단치 않습니다. 우선 동학 에서 배운 것이 바로 비폭력입니다. 올라가면 쇄국이냐 개화냐도 포함됩니다. 일찍이 서양의 신문화와 신지식을 깨우친 사람들이 중심에 서서 자생단체로 만들어졌지만 조정에서도 참여한 것이고요, 중심인 물이 모두 미국파들입니다. 저를 비롯하여 서재필, 윤치호, 이승만은 대표적인 신교육 이수자들입니다. 미국까지 가서 몇 년씩 최신 신문화를 배우고 공부하였으니 이제는 나라를 위하고 국민을 위해 배운 것을 쏟아 부어 황제폐하를 극진하게 모시고 국민들이 잘살 길을 찾자는 운동이지요. 원래는 정동구락부 회원이 중심이었습니다. 모두가 황제폐하의 충신들입니다. 국민을 위해 몸 바쳐 나라를 강하게 하여 편히 잘살 길을 터 주려 하니 국민들은 연설회장에 나와 듣고 이제부터 머리띠를 동여매고 열심히 배우자는 것입니다. 배울 게 많습니다. 모든 것은 다 배우는 데서 나오는 것이고 그것이 힘입니다. 그래서 지난 1897년 8월 제1회 독립협회 토론회를 가질 때 첫 주제가 바로 ‘조선의 급선무는 교육’이라는 주제였습니다.”

"진즉에 좀 이렇게 알려주시지… 허기야 묻지도 않았나요?"

"참 잘 알아들으십니다."

"그럼 만민공동회는요?"

"길어집니다. 그만 다음에 들으시지요?"

"피곤하셔서 그러시지요? 그럼 딱 한 가지만… 급해서요."

"말씀해 보세요."

"그럼 독립협회는 누가 만들었어요? 회장이 서재필부터 시작한 거 맞지요?"

"아닙니다. 서재필은 고문으로 출발했습니다. 그래서 1기, 2기, 3기, 4기까지 여러 번 바뀌었습니다."

"복잡하네요. 1기하고 2기하고는 무엇이 다릅니까?"

"회장도 다르고 한 일도 다릅니다."

"어떻게요?"

"참 자세히도 물으시는데 간단하게 대답 드리기는 어렵군요. 그럼 말씀 드리겠습니다."

월남의 말이 길어진다.

1기와 2기의 회장은 안경수(安駉壽, 후일 친일파가 됨)였으며, 1·2기의 위원장과 부회장은 이완용이었다. 3기 회장도 이완용이었고 부회장은 윤치호였다. 4기에 들어서는 회장에 윤치호 부회장에 월남 이상재였다. 서재필은 1기와 2기의 고문이었으며, 월남은 1·2·3기에 걸쳐 위원이거나 회계였다가 4기 들어 부회장이었다.

월남을 알면 거의 1인자의 자리가 아닌 다음 자리나 더 아랫자리에서 일한 것을 자주 보게 된다. 이는 현직 관료라는 이유도 있지만, 벼슬탐이나 감투탐을 하지 않고 남을 나보다 낮게 여기며 자기는 아랫자리에 돕는 일을 한 경우가 많은데 바로 이것이 위대한 지도자의 참된 모습이라 할 것이다. 내가 잘할 수 있어도 되도록 다른 사람들을 앞세워 신명나게 일하도록 해주는 게 진정한 애국이요 지도자의 덕망을 보여주는 것이다.

특히 독립협회와 만민공동회의에서 활약하여도 당시는 의정부 총무국장이라는 종2품의 높은 벼슬자리에 있던 것도 낮은 자리에서 헌신할 이유가 되기도 하였다.

초기에는 토론회·연설회 등 민중계몽운동에 힘써서 많은 젊은이들을 모았으며, 나중에는 정치문제에 관심을 표명하고 실천에 옮기게 되었다. 그해 11월에 모화관(慕華館)을 독립관으로 개칭하여 집회장으로 사용하였으며, 영은문(迎恩門) 자리에 독립문을 세워 독립정신의 상징으로 삼았다.

1897년 2월에는 러시아 영사관에 머물러 있던 고종에게 환궁할 것을 호소하여 이를 결행하게 하였다. 그러나 독립신문을 통한 민주·민권 사상의 보급 활동이 큰 힘을 발휘하여 지도자의 정부에 대한 비판·비난이 격화되자 당시 회장으로 있던 이완용이 전라북도관찰사로 부임한 것을 계기로 모든 정부관료 회원들이 탈퇴하였다.

따라서 윤치호가 회장이 된 이후로는 남궁억·이승만 등 청년층이 중심이 되어 운영되었고, 서재필은 미국시민권자라 본회원은 아니었으나 뒤에서 지도·후원하였다.

외국인 고문과 교관 초빙을 맹렬히 반대하고, 지하자원 개발권 및 철도부설권을 외국인에게 허용하는 것도 외국 자본주의 밑에 국가경제를 예속시키는 처사라고 규탄하며 고종에게 거부하라는 상소를 올림에 따라 러시아 군사고문관이 본국으로 소환되고 한로은행(韓露銀

行)도 개설된 지 얼마 되지 않았음에도 폐쇄되는 결과를 가져왔다.

이와 같이 활동이 왕성해지고 많은 사회단체 중 지도적 역할을 담당하게 되자, 1898년 종로 광장에서 만민공동회(萬民共同會)를 개최하여 시국에 대한 '6개조 개혁안(헌의6조)'을 결의하고 그 실행을 고종에게 주청하였다.

고종은 처음에 6개조의 실행을 약속하였으나 정부 대신들이 이권에만 눈이 어두워 약속한 지 며칠이 지나도 아무런 실행을 보이지 않았으므로 협회에서는 정부탄핵의 외침이 점점 드높아 갔고, 정부 수뇌급은 불안을 느끼기에 이르렀다.

"서방님은요? 서방님은 무슨 일을 하는 자리입니까?"

"저는 심부름꾼입니다."

"아니, 회장은 서재필, 부회장은 윤치호, 다 아는데 아주 맨 처음에 이런 걸 만들자고 한 사람이 누구냐고요. 서방님입니까, 서재필입니까?"

"우리가 만들었습니다. 저도 같이 만들었습니다. 누가 회장이고 부회장이고 총무고 간에 그게 무슨 상관이겠습니까? 모든 일은 혼자 하는 게 아니고 같이해야 하는데, 특히 나랏일이라고 하는 것은 절대로 혼자 하지 못합니다."

"아니… 왜 서방님이 회장을 안 하셨는지 그게 궁금해서요."

"저는 평생 회장할 생각이 없습니다. 처음부터 저에게 회장을 하라고 했고, 맨 처음에 하자고 한 사람이 나니까 제가 해야 된다고 했지만 저는 총무도 다른 사람이 해야 된다고 했습니다."

"왜요?"

"아시잖아요? 저는 지금 유독 임금을 모시고 있습니다. 자리도 중요하고 높아요. 그러나 저는 또 원래 애초부터 심부름이나 하는 신하가 꿈이었다고 했지요? 보통사람들은 우선 자기가 최고 높은 회장자리부터 꿰차 그 자리에 앉고 싶어 합니다. 그러나 저는 낮은 자리가 편하고 좋아요. 밑에서 잘하는 것이 더 중요하다고 보기 때문입니다. 임금보다 신하가 더 중요하다고 보는 사람이라고도 했지요. 또 회장을 누가 한들 상관도 없고 충분한 자격을 갖춘 분들이니 그분들이 해야지요. 저는 관직에 있고 그분들보다 한 열댓 살 나이도 많습니다. 이제 서른다섯 여섯 된 서재필이나 윤치호 같은 사람들 청년들이 일을 해야 되고 어른은 뒤에서 심부름이나 하는 것이 맞지 않습니까? 청년이 심부름하고 어른이 올라타는 방식은 능률도 약하고 희망도 없습니다. 그렇다고 강연을 못할 일도 없고요. 그래도 저는 너무 높은 편입니다."

1898년 3월 10일 1차 만민공동회

"독립협회하고 만민공동회는 다른 단체입니까?"

"독립협회에서 만민공동회라는 행사를 한 것입니다. 독립협회 사업 중에 만민공동회가 들어 있지요."

"그럼 관민공동회는 무엇입니까?"

"처음에는 관민공동회라고 했다가 의정부의 관리들이 참여하는 것을 중단하면서 만민공동회라고 바꾼 것이니 중요하지 않습니다."

"만민공동회 이야기도 해 주세요."

월남의 말이 길어진다.

1898년 3월 10일, 만민공동회라는 이름으로 외세의 배격과 의회 설립 등을 주장하는 민회를 개최하였다. 약 1만 명의 인민들이 종로 백목전 부근에 모여 집회를 한 것이다.

만민공동회 명칭은 1898년 3월 12일 독립신문 잡보에 처음으로 등장했다. 만민공동회는 러시아의 절영도(絶影島: 현재의 부산 영도) 저탄소(貯炭所)조차(租借: 삯을 물기로 하고 집이나 땅 따위를 빌림)를 반대·규탄하였다.

또한 1897년 8월부터 문제가 되었던 러시아 군사교관과 재정고문의 철수 및 노한은행(露韓銀行)의 철거를 요구했다.

이틀 후인 3월 12일에는 또다시 서울 남촌에 사는 평민 수만 명이 만민공동회를 개최하였다.

이들은 출동한 시위대 군인들을 투석전으로 물리치고, 이틀 전과 마찬가지로 절영도조차반대, 러시아 훈련교관 및 재정고문의 철수를 결의했다.

이 두 날의 공동회 집회 사건은 정부 관료와 서울 주재 외교관들 인식에 큰 영향을 미쳤고, 대한제국 정부는 절영도조차를 거부하기에 이르렀다.

이에 따라 러시아는 절영도 대신 청국의 요동반도로 해군기지를 이동하기로 결정하였다.

3월 17일에는 재정고문과 군사교관의 철수를 통고했으며 노한은행도 철폐하였다.

1898년 4월 25일~10월 12일 2차 만민공동회

제2차 만민공동회는 정부개혁을 둘러싸고 수구파 정부와 독립협회, 수구파 정부와 만민공동회 사이에서 전개된 상소와 이에 대한 답변 등의 다양한 논의와 협상을 배경으로 하고 있다. 또한 만민공동회는 10월1일부터 12일까지 종로에서 장작불을 피워가며 12일간 철야를 하는 등 근대적 법제도의 실시와 간세배(奸細輩, 간사한 세력)들의 퇴진을 요구하였다. 근대적인 정치조직인 독립협회를 중심으로 한 인민들은 이 기간 동안 하루도 빠짐없이 경운궁(지금의 덕수궁) 앞에서 황제에게 상소를 올리고 자신들의 주장을 관철시키기 위한 철야시위를 벌였다(1898년 10월 10일 독립신문 잡보). 이 과정에서 나무꾼들이 나무를 기부하여 장작불을 피우며 철야를 할 수 있었다.

고종황제는 점점 늘어나는 시위 군중과 영향력에 눌려 10월 12일 마침내 독립협회가 신임하는 박정양을 정부수반으로 삼고, 군부대신 민영환, 탁지부대신 조병호, 법부대신 서정순, 궁내부 대신 윤용구를 임명하여 개혁파 정부를 탄생시켰다.

1898년 10월 13일~11월 4일 의회설립운동

제2차 만민공동회는 독립협회가 조직한 민회(民會: 국민회의)의 성격을 띠었다.

독립협회는 1898년 4월3일 제25회 토론회(통상회)에서 '의회(현재의 국회)를 설립함이 정치상 제일 긴요함'이라는 논제로 토론회를 개최한 이후, 이를 백성들에게 적극적으로 계몽하기 시작했다. 독립신문은 이와 관련한 장문의 논설을 게재하였는데 그 내용은 다음과 같다.(독립신문, 1898. 4. 30자 사설)

"세계의 개화 각국이 정부를 조직하였는데, 각색 일을 생각하여 의사와 경영과 방책을 생각하여 내는 관원들이 있고, 그 생각을 시행하여 세상에 드러나게 하는 관원들이 있는지라. 생각하고 방책 내는 사람을 외국서는 말하되 의회원(議會員)이라 하며, 의회원에서 작성한 방책과 의사를 시행하는 마을(기구)을 내각이다."

이후 1898년 7월3일 만민공동회는 황제에게 상소를 올리는 형식으

159개 촛불을 켜고…
2009년 10월 26일 월남 선생 탄신 159주년 축하 예배
(좌: 외증손자 김도수 / 우: 월남 친손녀 이차순)

로 중추원(전, 승정원) 개편을 통한 의회설립을 제안하였다. 독립신문에는 이 상소문 원문이 게재되었다. 또한 이에 대한 황제의 비답(7월 3일)이 있었으며, 이 비답과 관련된 내용이 게재되었다. 7월 12일 재상소가 있었으며 이에 대한 황제의 또 한 차례 비답이 있었다.

이후 독립협회는 수구파 정부를 몰아내는 것으로 운동의 방향을 전환하였다. 그러나 의회설립이 수구파 관료와 고종황제의 반대에 부딪치자, 독립신문과 독립협회는 의회설립이 시기상조라고 판단하고 노선을 수정하였다. 독립협회는 우선 중추원을 개편하여 상원을 설립하는 전략을 채택하였다(독립신문, 1998. 7. 27.)

제2부

만민공동회 대중연설과
헌의6조

월남의 만민공동회 연설

순재와 이야기하다 보니 밤이 늦었다.

"돌아가셔야지요? 어서 일어나세요."

"가기 싫습니다. 잘 거예요."

"전에도 한 번 자고 가셨는데… 뭐 나야 상관없지만 누가 봐도 그것은 안 될 일입니다. 남녀가 유별하고 7세가 부동석이거늘 어찌 주무신다는 것입니까? 그때는 제가 불가항력이었지만 오늘은 안 되십니다. 정경부인마님이 아시고 죽천대감께서 아시면 이게 될 일입니까?"

"아니, 제가 여기서 자란다고 잘 사람입니까? 남들이 돌았다고 하는데 신경 쓸 일 없잖아요? 우리가 내외 하나요 지금?"

"해야 되고말고요. 이미 이렇게 한방에 있다는 것이 잘못된 일입니다. 숙부인께서 아픈 분이시니까 제가 박절하게는 못하잖아요? 누가 알 사람도 없으나 설령 알아도 다들 이해를 하니까 한방에 있는 건데 주무시는 것은 안 되십니다."

만민공동회 종로집회 광경
(주강사: 월남 이상재)

"서방님! 제가 혹 여자로 보이세요? 한방에 여자와 자면 죄짓는 거라고 보셔요?"

"예, 그렇게 보는 것이 맞습니다. 몸이 안 좋으시니까 눈곱만치라도 위안이 되실까 하여 말씀도 드리고 듣고 그런 것이지, 제가 여인으로 본다거나 남녀로 본 것도 아닙니다. 누가 뭐래도 저는 숙부인마님이 안됐고 딱합니다. 제가 도와 드릴 것은 없고 편하시면 말상대는 해드리고 싶지만 피차 자주 만날 사이는 아니잖아요?"

"그래서 가라! 그 말씀이지요?"

"예, 가셔야 합니다."

"그럼 가기는 가는데…."

"예, 행랑아범 오라 하겠습니다."

"필요 없습니다. 혼자 갈 수 있습니다."

"안 됩니다. 그럼 제가 모시고 갈까요?"

"됐고요, 하나만 더 여쭤보고 가겠습니다. 간단한 거거든요. 혹시, 저를 보면 추호도 여자로 보이지 않으십니까? 딴생각은 안 드세요?"

'이럴 때는 뭐라고 하지?'

순간 꾸미고 말고 할 게 아니다 싶어 솔직 담백하게 말하기로 했다.

"마님! 제가 가감 없이 솔직하게 말씀드리겠습니다. 듣기에 어떠실지 모르겠지만, 저는 숙부인마님을 여자로 보지 않습니다. 이 말이 어떻게 들릴지 모르겠는데, 그렇다고 아닌 걸 그렇다고도 못하는 것이고, 그런 걸 아니라고 할 수도, 하지도 못하는 성격입니다."

"아, 그러니까 말 돌리지 않으셔도 돼요."

"예예. 저는 여자에게 관심 없습니다. 더구나 숙부인마님과 마주앉아 남녀 사이에 갖는 생각을 한다는 것은 예의도 아니고 제 성향도 아닙니다. 제 며느리와 동갑이시거든요. 며느리같이 본다는 말은 결례일 테고, 정말 아무런 감정이 없습니다. 무감각이라고 해도 섭섭해하지 마세요."

"맞습니다. 제가 제대로 봤습니다. 사람은 보면 알아요. 어떤 눈으로 보느냐가 곧 어떤 생각으로 보느냐는 것이지요. 제가 보는 서방님은 저를 여자로 안 봅니다. 여자로 보고 시집가고 장가가고 그런 눈으로 본다면 저는 여기 오지도 않고 서방님과 천하 없는 말도 안 합니다. 서방님의 눈은 달라요."

"예? 제 눈은 범눈이라 해서 다들 좋아하지 않거든요. 그런데 죽천대감만은 눈이 마음에 든다고 하셨어요. 제 눈이 무섭지는 않습니까?"

"절대 아닙니다. 저는 서방님의 눈빛을 보면 편해요. 알았어요. 저 갈게요."

월남은 점묵을 불렀다.

"문 열어드리고 모셔다 드리게."

"아닙니다. 혼자 갑니다."

굳이 싫다 하여 혼자 보냈다.

보내고 나니 마음이 편한 것만은 아니다.

'좋다 하시는데 자고 가게 둘 걸 그랬는가?'

생각하지만 남들이 제대로 볼 턱도 없다.

그리고는 순재를 또 잊는다.

연이은 제2차 만민공동회와 제3차 만민공동회 사이의 관민공동회
는 중요한 역할을 하였다.

독립협회는 개혁파 정부가 출범하자 그때까지 여러 차례 고종에게
상소를 올려 추진하고자 했던 의회설립운동을 정부와의 협상을 통해
본격화하려고 하였다. 이 운동은 고종황제와 수구파 관료의 강력한
저항을 받았다.

월남의 열변

관민공동회가 뜨겁다. 월남은 다시 강단에 올라야 했다.

이 종로거리를 가득 메워주신 국민여러분!
오늘의 이 만민공동회 모임이 우리 대한의 역사에 빛나는 날이 되
리라고 확신합니다.
여러분 모두가 연사이며 모두 다 우리 만민공동회의 주인입니다.
잘 아시는 바와 같이,
우리는 지금 중대한 국난의 시기를 맞았습니다.
나라의 주인 된 우리를 밀치고 이웃나라들이 우리땅 우리민족의
자주권을 강탈하려 하고 있습니다.
황제폐하가 법궁(정궁이라고도 함, 경복궁이나 창덕궁) 용상에 편
안히 앉지 못하시고,
중전마마와 교태전에 안락한 침수에 들지 못하시어 경운궁으로 이
어하셨습니다.
아관파천의 불안한 심기가 가라앉지 못하시니 어찌 백성이 편하고
국민이 안녕하다 하겠습니까?
그러나 이를 되새겨 이래서 그렇다 저래서 문제다 하고
이제는 과거사를 들춰 논하고 따지지 맙시다.

멀리 가까이 몇 대 임금이 어째서 그렇다거나,

근간 대원위 대감의 쇄국이나 척화나 외척이다 척신이다 하고 지난날을 들쳐 되씹고, 그로서 시시비비를 가르며 네 탓 내 탓 밀고 다투지 말아야 합니다.

이제 어제는 지나갔습니다.

작년도 접어둡시다.

오늘과 내일만 잘하면 되지 어제 작년 5년 전 10년 전 이야기를 되짚어 무엇에 쓰겠습니까?

비록 어제는 굽고 삐뚤어졌어도 오늘은 어제 굽고 삐뚤게 만든 사람을 도륙하고 따지기보다는 어떻게 펼 것이고 바로잡을 것인가에만 집중해야 합니다.

모두가 다 잘한다고 한 것이라는 데야 그걸 붙잡고 지나간 책임공방이나 할 때가 아닙니다.

중국, 일본, 아라사인들이 자기네 나라처럼 이 땅에 와서 사는 것도 좋다고 칩시다. 날로 황제폐하의 대궐을 자기네가 지킨다고 나서면서, 심지어는 자기네 편에 선 사람들로 조정신료 자리에 앉혀 그들이 원하는 것이 무엇이겠습니까? 우리 땅에 철도를 놓고 채벌·개발·채굴권을 가져가기를 원하고, 인삼이나 쌀이나 우리 백성이 먹고살아갈 곡물을 포함하여 일체의 이득을 자국이득으로 걷어가자고 하는 것 아닙니까?

다 우리가 못난 탓입니다. 탓을 하려면 우리가 힘이 약하고 나라를 위해 할 일을 제대로 못한 탓입니다. 그래서 이제 분한 마음을 가져야 합니다. 마음을 독하게 먹고 이젠 우리나라가 새로운 틀을 짤 때입니다. 임금이 편치 못한 나라치고 국민이 편한 역사가 없었습니다. 임금의 기분이 좋아야 국민의 삶이 좋아집니다.

이제 어떻게 하면 좋을까 하여 제 생각을 말씀드리고 싶습니다.

청국이나 일본은 우리보다 강한 것도 아시지요?

그러나 서양 나라들이 일본이나 청국보다 더 강한 것도 아시지요?

왜 그들은 강한 나라가 되었는지 알아야 합니다.

황제폐하를 상제(上帝, 하느님)와 동격에 모시고, 나라 경영을 바르게 했기 때문입니다.

첫째는 국민 모두가 교육을 받는 평등교육정책을 정부가 맡아 해주었습니다.

배우지 못해 힘이 약하면 고꾸라집니다.

아는 것이 힘이고 그것이 무기입니다.

양반자제들만 공부하는 나라는 틀이 틀렸습니다.

아까운 인재들이 썩는 이유는 그들이 배우지 못한 탓입니다.
배웠다는 사람들이 좋은 두뇌를 가지고 욕심만 부리고 권세만 잡으려고 한 나라가 우리 500년 조선의 역사였습니다.
원래는 그게 아니었으나 점점 공부하지 않는 나라가 되고 무리지어 당을 만들고 자기 밑에 줄을 세워 벼슬을 독식하며 백성을 돌보지 않다 보니, 공부는 자기네만 하는 것으로 독차지하여 무엇이 옳고 그르고,
무엇이 힘이고 총은 어떻게 만들고 대포와 군함을 만드는 기술을 발전시키지 않았습니다.
소생이 배타고 태평양을 건너 왕복 배 안에서 근 서너 달을 보내보았습니다.
역시 우리는 머리 좋고 배운 자들이 벼슬다툼을 할 때,
그들은 나라의 힘이 되는 배우고 가르치는 일에 힘썼습니다.
이것은 국가의 틀이 잘 만들어진 탓입니다.
국가의무교육 제도를 만들고 벼슬아치들의 공직기강을 법제화 하였으며,
어떻게 해야 온 백성이 고루 잘 살아갈까에 대한 연구에 몰두하였기에 가능한 일이었다 하겠습니다.
그러므로 늦었다 할 일이 아닙니다.
우리도 황제폐하가 안심할 수 있도록 새로운 법을 만들어 모두가 배움에 참여하고 모두가 국력이 될 실력을 갖춰야 합니다.
서양에는 이미 국민들이 모여 의회라는 것을 만들고
거기서 법을 만들면 의정부와 같은 행정기관에서는 이 법대로 나라를 꾸려나가 민주주의라는 제도를 국가의 틀로 짰습니다.
이 두 기관을 견제하기 위해 입법 사법 행정기관을 나누어 법에 어긋난 관리는 사법기관에서 벌을 주어 악의 고리를 끊습니다.
하여 우리는 이제 황권민주주의로 가야 합니다.
황제폐하를 모시고 입법·사법·행정부서로 나라 경영의 새 틀을 짜고 견고한 체제를 갖춰야 한다는 것입니다.
그래서 중추원을 의회원(국회)으로 개편하는 것이 시급합니다.
모든 국민이 참여하지 못하니 대의민주주의라고 하는 서양의 제도를 본떠 우리식의 황권민주주의를 만들어 나라의 힘을 길러야 합니다.
보셔서 아시겠지만
우리나라는 민란 때문에 망하게 생겼습니다.
그러나 민란을 나무라지도 못합니다.
민란이 뭡니까? 살기 좋게 해달라는 아우성이 민란 아닙니까?

그런데 민란의 민도 문제지만 민란을 보는 관도 문제입니다.

적국도 아니고 원수도 아닌 우리민족 같은 나라에서 철천지원수처럼 부수고 죽이고 뺏고 불사르고 있습니다.

먼저 나라를 책임진 신하들이 변해야 하고,

다음은 지방 관리들이 달라져야 합니다.

벼슬이 대단한 것이 아닌데도

백성들이 동요하면 성의껏 들어주고 방법을 찾아줄 생각보다,

네까짓 것들이 뭘 안다고 나대느냐고 빳빳한 고자세로 백성들을 무시하고 얕잡아 보니 민란이 가라앉기는커녕 더 커지는 것 아닙니까?

밀어붙이고 잡아가두고 민족끼리 두들겨 패면 나라가 흔들릴 수밖에 없습니다.

생각해 보세요.

멀쩡한 경복궁이 있고 창덕궁이 있으나 우리의 정궁에 들어가시지 못하고 쫓겨나듯 남의 나라 공사관에 계시다가 별궁으로나 쓰던 경운궁(덕수궁)에 가 계시는 황제폐하가 왜 저렇게 되었는가 말입니다.

나라가 할 일을 않고 백성들이 배불리 먹고 잘살도록 제대로 보살피지 못한 벼슬아치들의 생각이 썩어빠졌기 때문이 아니겠습니까?

이제 정부의 조직을 새로 짜야 합니다.

벼슬이나 감투가 무엇인가를 생각해 봐야 옳습니다.

벼슬이 뭐 하자는 것이며, 왜 감투를 쓰고 높은 자리에 앉았습니까?

백성들의 아픈 곳을 고쳐주고 주린 배를 채워주고

모두가 열심히 일할 조건을 만들어 일한 만큼 잘살게 하기 위하여 봉사하고 희생하라는 자리가 아닙니까?

으스대고 호통이나 치고 명령이나 하며 부귀영화나 누리라는 자리가 벼슬은 아니지 않습니까?

나라가 무너져 우리 임금을 우리가 모시지 못하고

일본군대가 궁을 지키고

청국군대가 나서서 일본과 다투어 서로가 자기가 한다고 덤비니 이러다가는 누가 우리나라의 주인이 되겠습니까?

도대체 이 땅에서 일본과 청국이 서로 주도권 다툼이나 하다니 이러다가 송두리째 나라를 뺏기게 생겼습니다.

갈수록 좋은 땅은 전부 일본이 차지할 날이 다가오고 있습니다.

임금을 꼼짝 못하고 둘러싸고 이제 무슨 짓을 할지 아찔합니다.

조차지(租借地, 외국에게 대여하는 땅)를 내라 채벌권을 달라 채광권을 내라… 철도부설권을 내놓아라…

결국은 무엇을 요구하겠습니까?

나라의 치안권을 자기네가 맡겠다고 뺏지 않겠습니까?
나라의 외교권도 자기네가 맡겠다고 덤비지 않겠습니까?
결국 나라의 병권도 자기네가 맡겠다고 하지 않겠습니까?
국방, 치안, 건설…
결국 경제권까지 다 내놓으라 하고,
조세를 자기네들 마음대로 걷고 쓰겠다고 하지 않겠습니까?
하여 지금의 민란은 민란도 아닙니다.
민란이 일어나는 현재가 그나마 좋은 세월입니다.
외세가 치안권이나 병권부터 임금 옹위권에다 경제권까지 거머쥐
면 그때는 민란이란 꿈도 못 꿉니다.
닥치는 대로 죽이는데 민란을 일으킬 수 있겠습니까?
무서운 날들이 올까 두렵습니다.
그러므로 정부(의정부)의 각료들은 모두 헌신봉사 희생정신으로
나라의 안위와 황제와 국민의 안위를 위해 몸을 따뜻하게 감싸려
만 하지 말고 앞장서서 희생의 본을 보여야 합니다.
그러나 분명히 알아야 할 게 있습니다.
현직각료 누가 어떻고 신하 누가 어쨌다더라 하는 등등,
우리는 지금 우리끼리 물고 찢고 헐뜯고 비틀고 있는데 지금 그럴
때가 아닙니다.
노량진 인천 간의 철도 공사가 한창입니다.
이런 걸 우리가 우리 손으로 개설하지 못하는 것이 이 얼마나 분한 일
입니까. 우리 백성들이 거기 가서 일해 봤자 쥐꼬리 반토막도 안 되는
품값을 받고 부설 이득금은 전부 외국인들의 입으로 들어갑니다.
우리 땅에서 우리가 일하고 남들이 돈을 벌어가다니 분하지 않습니까?
엊그제(1898년 9월)는 마침내 서울-부산 간 장장 1000리가 넘는 철
길공사부설권이 일본에게 넘어갔습니다.
그 돈이 얼마나 되는데 전부 우리는 종이고 노예고 그놈들은 수염
을 쓰다듬으며 돈가방이나 챙기고 있으니 이게 누구 등골이 빠지
는 짓이겠습니까?
이는 우리 백성들의 피땀이 소리 소문도 없이 전부 외국으로 흘러
가는 것입니다.
하여 분하다고 땅을 칠 것만도 아닙니다.
나라가 힘이 없고 약한 탓입니다.
황제폐하께서 그러고 싶어 그러셨겠습니까?
힘은 밀리고 대궐도 지켜주지 못하니 쫓겨나고
군대는 밀려오는데 막지를 못하니 전부 우리 책임이지 황제폐하

책임이 아닙니다.
그러나 다 인정합시다.
다만 이제라도 우리는 마음을 모질게 먹어야 합니다.
이를 물고 피를 토하는 심정으로 힘을 길러야 합니다.
탓하지 맙시다.
욕하지도 맙시다.
한꺼번에 해결될 일도 아니고 하루 이틀에 되는 것도 아닙니다.
부강한 나라를 만들려면 우리의 생각부터가 먼저 바뀌어야 합니다.
지금부터 무엇을 어떻게 할까가 중요합니다.
네 파 내 파 싸우면 모든 게 끝장입니다.

관민공동회는 점점 참여자가 늘어나 1898년 10월 27일은 서울 시민 4,000여 명이 참가하여 개최되었다.

이를 필두로 10월 29일에는 10,000명이 넘는 서울 시민과 황제의 허락을 받은 정부대신이 함께 참여하였다,

독립협회뿐만 아니라 황국중앙총상회, 찬양회(순성회), 협성회, 광무협회, 진신회, 친목회, 국민협회, 진명회, 일진회, 보신사 등의 제 단체가 참석하여 대성황을 이루었다.

여기에서 독립협회가 주장해 온 중추원을 입헌군주제 유형의 상원으로 개설하기로 합의하였다. 국정과 관련하여 정부와 민간단체가 직접 협상을 시도하여 합의에 도달한 것은 우리의 역사상 유례가 없던 사건이었다.

1898년 10월 13일~11월 4일 의회운동과 철야시위

1898년 10월 13일, 독립협회는 정부에 공한을 보내 의회 설립을 위한 협의를 요청하였다. 이에 따라 독립협회는 15일 조규 2안을 정하고, 정부 측과 협상하였다. 정부 측에서는 박정양(의정부 의정, 행정수반), 민영환(군부대신), 박제순(외부대신), 민병석(농상공부 대신) 등이 주도적으로 참여하였다.

독립협회에서는 총대위원들이 참석하였다. 회의의 핵심의제는 중추원을 서양의 의회규칙에 따라 개편하여 의회를 설립하는 것이었다.

한편, 황국협회 회원들은 이에 대해 거세게 저항했다.

10월 16일.

황국협회 회원들은 영의정 박정양의 집에 몰려가

"독립협회와 황국협회가 다 같은 민회인데, 어째서 독립협회만 상대하여 의논하는가?"

라며 의회설립 움직임에 강하게 항의하였다. 그리고 수구파들은 황제에게

"의회의 설립이 법국 민변(프랑스 대혁명)을 일으키는 결과를 가져오는 것"이라고 간언했다.

결국 황제는 수구파를 재기용하여 10월 17일 의정부 찬정에 조병식을, 사흘 후 10월 20일에는 의정부 의정에 윤용선을 임명하였다.

이에 독립협회는 수구파와 황제의 반격에 대응하여, 1898년 10월 20일 경무청 앞에서 철야시위를 하였다.

만민공동회 시위대는 집회의 자유를 금지하려는 황제의 조칙에 항의하고, 수구파 관료들에 대해 비판하였다. 이를 위해 10월 22일에도

해산하지 않고 의회설립을 쟁취할 때까지 물러서지 않겠다는 자세를 취했다.

고종황제는 연일 계속되는 철야시위에 위축되었다. 또한 개혁의 필요성을 절감하였다. 고종황제는 의정부 찬정 박정양을 참정으로 승진·발령하고, 중추원 의장에 한규설, 부의장에 윤치호를 임명하여, 독립협회 회원을 정부에 입각시켰다.

개혁파와 수구파는 중추원관제개정안에 대해 큰 차이를 보였다. 때문에 이를 둘러싼 지루한 공방전이 지속되었던 것이다. 10월 24일에는 윤치호 의장 명의로 중추원관제개정에 관한 독립협회안을 작성하여 정부에 제출하였다. 그렇지만 황국협회의 불참으로 독립협회안은 유일한 대안으로 채택되었다.

1898년 10월 28일~11월 4일 최초의 의회설립에 관한 합의

1898년 10월 27일. 독립협회는 중추원관제개정안 결의를 위한 집회를 모든 국민이 바라보는 데서 열기로 결정하였다. 이를 위해 각계각층·단체들에게 초청장을 발송하였다. 종래의 관행으로 국정을 의논하는 자리에 승려, 부인, 백정까지 참여한다는 것은 상상할 수 없는 일이었다.

10월 28일 오후 1시에 개최된 종로 관민공동회에는 독립협회 회원들과 더불어 시민 4,000여 명이 참가하였다.

앞서 쓴 바대로, 10월 29일에는 황제의 허락을 받은 대신들도 참석하여, 그 수는 10,000명이 넘었다.

이날 개회식에는 백정 출신 박성춘이 개회사를 하였다. 이 관민공동회에서 독립협회는 '11개조의 국정개혁 대강령'을 제안하였다. 이 중 6개조를 공개 결의하여 즉시 황제에게 제출하였다.

이 헌의 6조에 대해 고종은 소칙(紹勅) 5조로 화답하였다. 이를 통해 관민공동회에 대해 지지를 표명하였다. 또한 관민공동회는 중추원 신관제(中樞院新官制)를 만들어 황제에게 제출하고, 11월 3일 황제의 재가를 얻었다. 이로써 만민공동회는 충군애국의 함성이 울려 퍼지는 가운데 모두가 하나 되는 축제의 자리가 되었다.

1898년 10월 1일~10월 12일 연좌법·노륙법 반대운동

친러 수구파 정권의 퇴진과 개혁파 정부의 수립을 요구하는 운동은 김홍륙 독차사건, 고종암살 미수사건으로 인해 가속화되었다. 이 사건의 수사과정에서 피의자들이 고문을 당하는 등 인권침해를 한 사건이 발생했기 때문이다. 이 사건을 계기로 고문금지와 연좌제 폐지를 둘러싼 인권 논쟁이 전개되었다.

독립협회는 임금을 독살하려 한 범인들이라 할지라도 법률에 의해서만 처벌되어야 하며, 고문이란 있을 수 없다는 주장을 펼쳤다.

그러나 수구파 정부는 물론 성균관 유생들조차 임금의 독살사건이란 현실 앞에 연좌법의 부활을 지지하고 나섰다. 당시 이와 관련하여 수많은 논쟁이 야기되었다.

정부는 김홍륙 독차사건에 연루된 가족들도 사형을 내리거나, 중형을 내리기 위한 법률개정을 시도하였다. 독립협회는 이에 대해 격렬하게 반대하였다. 여기에서 논란이 된 연좌법과 노륙법(연좌제의 일종으로 죄인의 아들에게 사형을 내리는 제도)은 갑오경장 때 폐지된 법률이었다. 이는 제2차 만민공동회 당시 개혁파와 수구파의 인식의 차이를 나타내는 정치적 쟁점이었다.

11월 5일~11월 26일 장작불집회와 개혁조치수용

1898년 11월 5일. 중추원을 개편한 새로운 의회가 50명의 위원을 선출할 즈음에 당시 집권세력인 친러수구파는 '익명서(匿名書) 조작 사건'을 일으켰다. 이는 일종의 허위 쿠데타이다.

이 사건은 고종으로 하여금 독립협회를 해산하게 만들었다. 또한 17명의 독립협회 간부를 체포하는 등의 실제적인 계엄상태를 가져왔다.

이에 인민들은 만민공동회를 열고 11월 5일부터 23일까지 연속 19일, 전후 42일 동안 철야로 투쟁하였다.

투쟁을 통해 지도자 석방과 의회설립운동을 요구하였다. 11월21일에는 보부상과 황국협회의 습격을 받아 일시적으로 세가 약해지는 듯하였다. 그러나 이튿날 황국협회의 습격 소식을 접한 시민들이 더욱더 많이 참여하여 만민공동회를 살려나갔다.

그러나 보부상의 습격으로 11월 22일 마포나루에서 신기료장수이자, 독립협회 회원이었던 김덕구가 사망하였다.

이 기간은 만민공동회의 꽃에 해당하는 기간이다. 수구파의 탄압 책동을 뚫고 황제를 설득하여 11월 26일 '국태민안 칙어'를 받아내는 것으로 사건은 막을 내렸다.

바로 이때 종로에는 추워진 날씨 속에 매일 밤 장작불이 타올랐다. 물론 늦가을 찬비가 내려 장작불은 꺼지고 모인 사람들의 옷은 젖었다. 그렇지만 회중들은 찬비를 맞으면서도 동요하지 않았다. 특히 이 기간은 일반 농민, 나무꾼, 종로의 시전 상인들, 기생과 찬양회를 중심으로 한 여성, 심지어 걸인과 아이 조차 만민공동회에 참여하였다. 이는 만민공동회가 하나의 의사공동체를 만들어냈음을 의미한다.

11월 27일~12월 25일 황제의 계약파기와 보부상의 습격

12월 1일 보부상의 습격을 받아 사망한 김덕구의 장례식을 의사(義士)장으로 치른 후 만민공동회는 해산하고 황제의 개혁조치를 기다렸다.

그러나 황제와 수구파는 반격할 기회를 노리고 있었다. 고종황제는 칙어에서 약속한 대로 보부상들은 해산하지 않았다.

또한 민영기, 심상훈, 김명규, 박제순, 이윤용 등의 수구파가 다시 등용되었다. 이에 12월 6일 종로에서 또 만민공동회가 열렸다. 만민공동회는 "관민공동회에서 결의된 '헌의6조'의 실시, 5흉의 재판과 처벌, 보부상의 혁파" 등을 내용으로 하는 상소를 올렸다.

고종황제는 길영수, 홍종우 등의 황국협회에 은밀히 지령을 내려 보부상을 다시 소집하였다. 또한 민영기에게 탁지부의 은으로 보부상의 경비를 지급하도록 하였다. 고종황제는 시위대 대장에게 명하여 경운궁 전후, 좌우의 길과 방곡을 엄중히 경비하라고 하였다. 그리고 선교사 알렌과 아펜젤러에게 연락하여, 만민공동회에 참여한 기독교인들의 철수를 독려하였다.

그러나 만민공동회는 이에 굴하지 않고 더욱 완강하게 철야시위를 진행하였다. 12월 12일에는 대회장소를 종로에서 광화문의 각부 문전으로 옮겨 정부에 보다 직접적인 압력을 가하였다.

12월 22일~12월 25일 만민공동회의 해산

만민공동회 17일째인 12월 22일.

고종과 수구파 정부는 군대를 동원하기 시작하였다.

고종은 정동의 대궐 근처 네 곳에 대포를 설치하고 시민들을 공포분위기로 몰아넣었다. 각부와 고등재판소 문 앞에도 군인을 배치하여 시민의 접근을 막고 경비하였다.

이튿날, 제2대대 군인들이 한 일(一)자 모양으로 총을 잡고 만민공동회를 포위하였다. 만민공동회는 군인들에게 쫓기며 종로로 이동하였다.

비무장의 시민들은 역부족을 느껴 철야시위를 중단하고 해산하기로 결정하였다. 12월 24일은 계엄 상태 하에서 하루를 보내야 했다.

1898년 12월 25일 고종황제는 칙어를 발표하였다. 고종은 만민공동회의 죄목을 11가지 열거하고

"처음에는 가로되 충군한다, 가로되 애국한다 한 것이 일찍이 불선한 것이 아니로되, 끝에 가서는 가로되 패(悖)라 하고, 가로되 난(亂)이라 해도 그 이름을 도피할 바가 없으니 의구지심(疑懼之心)이 이로 말미암아 난 바이라."라고 언급하였다.

11월 5일~12월 26일 3차 만민공동회와 3차 연설

제3차 만민공동회는 크게 세 단계로 나누어진다.

첫 번째, 11월 5일~11월 26일까지로 황제의 칙어를 받아내는 과정이다.

두 번째, 황제의 칙어 이후 개혁실행을 황제에게 촉구하는 과정이다.

세 번째, 만민공동회가 불법단체로 규정되고 강제 해산되는 과정이다.

이처럼 만민공동회는 12월 23일 보부상의 습격을 받을 때까지 18일간 계속되었다.

독립협회가 1898년 10월 29일 열린 관민공동회에서 결의한 6개항의 국정개혁안과 1898년 2월 이후 독립협회와 대한제국의 광무정권은 당면한 자주외교와 개혁의 방향을 둘러싸고 대립하였다.

친러정권을 통한 러시아의 이권침탈과 비자주적 외교를 비판하며 반정부운동을 벌이던 독립협회는 관민공동회를 열어 국정개혁의 대원칙을 결정하기로 정부와 합의, 마침내 1898년 10월 28일에서 11월 2일까지 6일간 종로에서 관민공동회가 열렸다.

강사로 나온 윤치호는 열변을 토했다.

> 이 나라가 칭제건원(稱帝建元) 하고 '대한'이라 하여 세계만방에 자주 독립을 선언한 것은 틀림없는 사실입니다.
> 그러나 궁중에는 아직도 간신 소인배들이 드나들며
> 정부는 정부대로 철도부설권이나 삼림벌채권은 물론 채광권까지 외국에 넘겨주고 있으며,
> 그로써 귀신도 모르게 뒷돈을 받는 신료까지 있습니다.
> 뇌물을 주고받는 일과 매관매직이 끊이지 않으니
> 이래가지고서야 어찌 도탄에 빠진 나라를 구하며 위한 위기에 처한 백성을 구해내겠습니까?

만민공동회에는 천민이라 괄시받던 일반 시민들도 강사로 섰다.

강사 중에는 이미 말한 바 백정출신으로 천대받는 박성춘(朴成春)이란 이가 있었다. 박성춘의 연설은 청중들의 큰 환호를 받았다. 후일 승동교회 개척 창설자가 된 박성춘은 자기가 백정이며 무식하여도 충국과 애국이란 무엇인가를 안다고 외치며

그것은 관민이 화합하고 합력해야 한다는 것이며 백정해방 탄원서를 세 차례나 올린 장본인이기도 하다. 여기에는 만민공동회를 이끌어온 시민은 물론 독립협회·국민협회·일진회 등과 정부대표로 의정부 참정 박정양(朴定陽)이 참여하였다. 공동회 둘째 날인 29일 6개항의 개혁원칙을 결의하고 이를 황제에게 헌의하기로 하였다.

월남은 피로에 지친 몸을 이끌고 다시금 연단에 올랐다.

오늘은 무언가 결말을 지어야 합니다.
아시다시피
우리 만민공동회는 지금 황국협회와 보부상으로 인해 만신창이가
되어 존폐의 위기를 맞았습니다.
물론 소생은 그들과 맞대응하고 물리적 충돌을 원치 않습니다.
명분은 어느 쪽이나 나라를 튼튼히 하고 힘을 기르자는 것이라 하
겠으나
이를 세밀하게 분석해 보면 상극으로 다릅니다.
우리 만민공동회의 주장이 옳습니다.
이 자리에도 황국협회나 보부상들도 계실 줄 아오나
우리나라가 나아갈 길에 대해 바른 방향을 잡아가야지 우선 당장
의 눈앞만 봐서는 안 될 일입니다.
그러니 잘 들어보십시오.
우리의 주장은 독립협회로부터 지금까지 변한 게 없습니다.
한마디라도 사심이 있거나 욕심이 들어 있지 않습니다.
정치, 정치는 입헌군주제로 바꾸자는 것입니다.
이 말은 황권인정이며,

황권인정이라 함은 황제폐하로 우리의 군주를 삼자는 것으로서 군사부일체(君師父一體)와 동일한 사상입니다.

미국은 황제폐하가 없으니 그대로 하자는 말이 아닙니다.

우리는 황제폐하가 이미 계시고 우리 백성의 어버이와 같습니다.

일본도 천황이라고 받들어 모시는데 우리 황제폐하와 달라도 그들은 극진히 모시고 있습니다.

영국은 가보지 않았어도 잘 알고 있습니다.

그들도 왕을 모시고 있으면서 민주주의 정치제도의 첫 기초를 놓았습니다.

우리 황제폐하의 나라사랑과 백성사랑을 무시하고서는 우리가 복을 받지 못하여 이는 효(孝)가 충(忠)의 근본인 것과 같습니다.

국민의회, 다음은 의회 제도를 가지자는 것입니다.

독립협회와 우리 만민공동회의 주장은 백성을 대신한 의회의원과 정부 관리로 국민회의를 조직하자는 것입니다.

원래는 국민투표에 의해 대표를 앉혀야 하나 지금은 시기상조여서 우선은 추대방식으로 가자는 것입니다.

유능한 인재들로 의회를 구성하여 백성들이 살아가는데 절대적인 원칙을 법으로 만들고,

무엇보다도 나라의 안위를 견고하게 다지는 방법은 물론,

황제폐하의 황권을 반석같이 튼튼하게 하자는 것이며,

우리의 주권을 지킬 법안을 만들자는 것입니다.

특히 지금과 같은 외세의존을 버려 러시아 쪽에 기운 정치도 끊어야 합니다.

경제, 특히 백성이 고루 잘 먹고살 방안을 강구해야 하는 것이 중요합니다.

하여 서구식 자본주의 체제를 본받아야(지향 指向) 합니다.

모두가 열심히 일해야 하고 일할 여건을 만들어 주어야 할뿐더러, 일을 하면 그 성과가 일한 백성에게 돌아가도록 해 줘야 합니다.

그러나 지금은 우리가 일하면 그 대가가 열강의 입으로 들어갑니다.

과거에는 탐관오리의 뱃속만 채워주었습니다.

일할 수 없는 나라와 일한 결실을 먹지 못하는 나라는 잘못된 나라이거늘,

황차 일한 대가가 주변 강한 나라의 주머니로 들어가서야 그것이 나라라 하겠습니까?

어서 빨리 열강의 이권 침탈을 막아야 합니다.

우리가 얼른 정신을 차려야 하되,

특히 나라 살림을 맡은 조정의 각료들이 먼저 깨달아야 합니다.
국물이나 얻어먹자고 나라의 주권과 백성의 피땀을 외국 열강에게
바쳐서 되겠습니까?
사회, 끝으로 사회적으로 신분적 평등주의 원칙을 법제화로 못 박
아 확실하게 해야 합니다.
양반-상놈이라는 게 이게 사회사상이라니 시궁창에 처박을 일입니다.
상놈이 누구고 서얼이 누구입니까?
양반이 첩을 두고 자식을 낳으면 인간대접 해주었습니까?
인간에게 무슨 상하가 있고 귀천이 있겠습니까?
배운 자만 대접받고 배우지 못한 자는 멸시하는 풍토를 고쳐야 합
니다.
배운 자는 알았으니 배우지 못한 자를 친절하게 가르쳐야 마땅합니다.
배우고 않고와 적자, 서자와 벼슬아치와 일반 백성이 모두 평등한
나라가 되어야 한다는 말이 반역입니까?
그간 일본이고 미국이랍시고 다녀본 소회는
모두가 가르치는 일을 가치로 알고,
배우는 일을 보람으로 알고,
이 일을 정부가 맡아 하면서,
게으르고 배우지 않는 사람도 잘 가르쳐 내는 효과적 교육의 방법
에 몰두하는 것을 보았습니다.
언제까지 인간을 차별이나 하고,
언제까지 가난을 벗지 못하게 막고,
아무리 노력해도 뺏기고 억울한 신세의 누더기를 벗어낼지 기가
막힙니다.
툭하면 사람을 잡아다 족치던데 이것도 틀렸습니다.
재판은 공개로 법대로 누구에게나 공평하게 해야 합니다.
벌을 주더라도 법이 정한 형평성에 맞게 주어야 합니다.
아비가 죄를 지었다고 해서 자식까지 죽인다고 해서야 되겠습니까?
충신의 아들이 역적이 된 경우가 많고
역적의 후손이 충신이 되지 말라는 법도 없습니다.
잘못이 없는 사람을 가두고 때리고 주리를 틀고 뺏고 옥에 가두는
짓은 이제 내던지지 않으면 나라의 힘이 커질 수가 없습니다.
양반이라고 해서 무죄라 하고
상놈이라고 해서 말을 들어 주도 않고 유죄라 하고 옥에 가둔다면
이런 나라의 백성을 어찌 황제폐하의 백성이라 하겠습니까.
그들이 어찌 목숨을 걸고 싸우며 황제폐하를 위해 죽겠습니까.

양반들이 농사지을 겁니까?

배추, 무, 고추농사는 누가 짓고 누가 나라의 군역으로 누가 나갈 것입니까?

극소수가 자기네들끼리만 배우고 병사를 부리고 형리를 부리면서 힘없는 백성들을 주물럭거려서는 나라가 외국의 먹잇감이 되고 맙니다.

그리하여 이제 정부에 올릴 우리의 주장을 채택하려 합니다.

입헌군주제로 나갈 6개조의 헌의문 초안을 작성했습니다.

만장하신 여러분께서는 이제 밝힐 헌의6조에 동의재청으로 채택해 주시기 바랍니다.

동의는 발의를 겸하여 소생이 하겠습니다.

제1조는, 자주 주권에 관한 상소입니다.

"관민이 단결하여 외국인의 힘을 빌리지 않고 국가의 자주독립을 확고히 지켜 자주 국권을 견고히 할 것을 결의한다."

제2조는, 국권수호와 입헌군주제시행을 요청하는 것(상소)입니다.

"광산·철도 석탄 삼림과 차병 등 이권의 양여 및 대외조약의 체결은 각부 대신과 중추원 의장이 합동 서명날인을 받아야 시행할 수 있게 함으로써 정부 단독의 시행을 막아 국민의 힘으로 이권침탈을 막고 국권을 지킨다."

다음 제3조는, 재정은 체계적이고 일원화되어야 한다는 상소입니다.

"국가 재정은 무론기세하고 탁지부가 이를 총괄케 하고 다른 부서나 사사로운 회사에서 간섭을 못하게 하며 국가의 예산과 결산도 국민에게 공개하여 근대적 체계로 확립하고 문란한 재정체계를 바로 잡도록 한다."

제4조는, 국민평등권을 요구하는 상소입니다.

"이제부터 모든 중범자는 특별히 공개하여(억울하지 않게) 공개재판 제도를 도입하여 피고가 피의사실을 자복한 후에나 형벌을 시행하여 국민의 자유와 민권을 보장한다."

제5조는, 간신배의 농간으로 인사부정 방지를 위한 상소입니다.

"칙임관의 임명은 대황제께서 정부에 자문하여 과반수가 찬성하면 임명하도록 한다."

제6조는 구체적 실천사항으로서,

"갑오개혁 때의 홍범 14개조와 정부 각 부처의 장정을 실천할 것의 결의로서, 입헌정치와 법치행정을 요구한다."

는 것입니다.

집수 고종시대사 4집[1]

연월일 1898년(戊戌, 1898, 淸 德宗 光緖 24年, 日本 明治 31年) 3月 10日(木)

기사제목: 午後 2時에 鍾路에서 萬民共同會를 開催하다

본문

午後 2時에 鍾路에서 萬民共同會를 開催하다. 萬民이 米廛 시정 현 덕호를 회장으로 뽑아 白木廛 다락 위에서 연설한 바 그 내용은 다음 과 같다.

우리 대한이 자주 독립하는 것은 세계만국이 다 한 가지로 아는 바 이오. 훈련사관과 재정고문관을 외국 사람에게 맡기는 것이 대한 자 주 독립 권리에 대단히 관계가 있음은 곧 대한 이천만 동포 형제의 한 가지로 부끄럽고 분한 바이라. 이제 아라사 전보를 인하여 아라사 공사가 대한 외부로 조회하였으되 황제폐하께서 우리 대한 정부에 자순(諮詢)하시어 아라사의 돕는 것을 다시 입는 것이 결정코 뜻이 있는지 혹 없는지 만일 시위대 교련 사관과 탁지부 재정 고문의 돕는 것이 대한 대황제폐하께와 및 정부에 긴치 아니하다 하면 아라사 정 부에서 이대로 준행하겠으니 그러하나 대한에서는 일률로 나의 자주 독립하는 권리를 반드시 스스로 지키는 것이 가하다 하였으니 대저 대한이 당당한 자주 독립 권리로 아라사의 돕는다는 것을 다시 입으 려 할 이치는 반드시 없을 것이며 지금 있는 아라사 사관과 아라사

---

1) 자료출처: 독립신문 光武 2年 3月 10日·12日·15日
   大韓季年史 上 光武 2年 3月 9日
   大韓日本公使館記錄 1898年 本省往報告 第37號

고문관이 대한에 긴치 아니한 것과 대한이 자주하는 권리를 스스로 행하는 것이 가할 것은 아라사가 다 스스로 아는 바이니 대한의 권리를 지키고 아라사의 정론을 좇아 아라사 사관과 아라사 고문관을 모두 곧 돌려보내는 줄로 결정하여 아라사공사에게 답 조회하는 것이 당연한 사건으로 아는 것은 우리 대한 이천만 동포 형제의 한 가지로 원하는 바이오 또한 세계 각국도 한 가지로 아는 바이니 오늘날 대한국 국민 간에 이같이 긴급한 형세를 주무대신에게 말씀하여 전국 인민의 원하는 대로 답 조회하자고 하다. 아울러 同會에서 이승만·장봉·현공렴을 總代로 선출하여 外部大臣에게 人民의 願을 좇아 兵權과 財政을 자유로 하게 해 달라는 편지를 보낼 것을 결의하다.

그 편지 내용은 다음과 같다.

아라사공사가 외부에 조회한 사건에 대하여 일만 백성이 공동회의 하와 대한에서 아라사에 고빙한 탁지부고문관과 군부의 교련사관을 일병 해고하여 대한의 자주권을 튼튼케 할 일로 가하다는 의론을 결정하여 이에 앙포하니 조량하옵소서 만선의 동심 옹망하는 것을 맞추게 하심을 바란다.

제3부

상소문, 상정부서2

월남 이상재의 상소문 '上政府書2'

헌의6조와 별도로 정부에 올리는 상소문도 채택되었다. 월남이 친 필로 이틀 밤을 새워 만든 것으로 이를 다시 하룻밤에 걸쳐 초고를 고 쳐 정서하여 정부에 올린 것이며 '상정부서2'라고 제목을 정하였다.[2]

---

[2] 이 상소문 상정부서2(上政府書二)의 원본은 당시 의정부(議政府)에 제출되었으나 없어졌다. 이 상소문 건 으로 월남은 감옥에 갇히게 된다. 무수한 사람들이 석방을 요구하여 열흘 만에 출옥함으로 인해 첫 번째 옥사에 갇히게 된다. 원본이 보존되지 않는 대신, 원문으로 쓰기 전의 초고(草稿, 초안)는 약 2미터 가량의 길이로 보존되어 있다. 붓으로 쓰면서 고치고 지우는 등 수정한 흔적이 생생하다. 이 상소문에는 대한민국 이라고하는 오늘날을 그토록 열망한 애국지사의 우국정신과 선견지명이 배어 있다. 전문이 한자로 된 것을 1차에 이어, 2차 번역은 1960년대 초 월남 이상재선생 동상건립위원회가 번역하여 그후 50년이 지났다. 어 언 월남 선생 초고로부터 110여 년이 지났으며, 2차 번역 후로도 강산이 5번 변한 것이다. 그러므로 월남 선생의 충정이 현대어로 번역될 필요를 느낀바, 이제 저자가 3차 새 번역을 하는 것이다. 이는 월남 선생의 그 당시 심정을 절실하게 느낀 저자의 감동에 따른 것임을 밝히면서 이를 대한민국 국가기록문화재로 지정 되어 마땅 하다는 뜻을 밝힌다.(장 증손 이학규 옹 소장)

상소문(上政府書2) 머리말

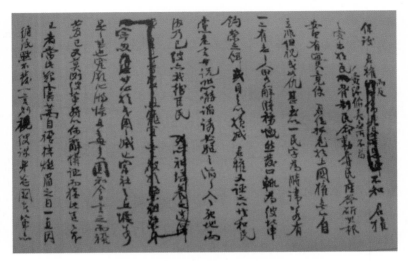

월남 이상재 친필(상정부서2 초본)

『오늘날 우리 조정의 형편을 말하는 사람이 있다면 안락하다 말해야 옳겠습니까? 위태롭다고 해야 옳겠습니까?』

: 오늘날 우리 대한제국(정부)의 실상을 말하는 사람이 있다면 안 정되어 있다고 해야 되겠습니까? 아니면 이러다가 정부가 이 나라를 추단하지 못해 나라가 감당치 못할 위기에 빠지게 될 우려가 있다고 보아야 하겠습니까?(당시의 나라의 형편을 걱정하는 말로 시작하고 있다.)

『안으로는 탐관오리들이 있어 계급이 낮은 자는 훔쳐 먹고 지위가 높은 자는 긁어 먹고 빼앗아 먹어 인민이 어육(魚肉)이 되었으며, 밖으로는 가까운 나라와 먼 적국들이 총칼을 가지고 나타나서 대포가 터지고 피가 흘러 위태롭다고 하는 것이 옳을 것입니다.』

: 공직자의 공직기강이 굽어 있습니다. 청렴결백한 공직자보다 벼슬만 올려다보는 썩은 공직자가 정부의 높은 자리를 차지하고 있습니다. 그들은 부정한 돈으로 상하 동료를 속이며 도둑질만 하고 있습니다.

지위가 높은 관리들은 높으니까 더 큰 것만 골라 은밀하게 사복을 채우고 있는 것이 현실입니다. 하여 국민은 고깃덩이처럼 그들의 뱃속을 채워주는 부정과 비리가 만연합니다.

생각해봅시다. 지금 외세열강들이 우리를 삼키려 붉은 입을 벌리고 다가오고 있지 않습니까?

4대열강의 각축이 이 땅에서 포화에 불을 뿜습니다. 언제 총성이 울리고 대포가 터져 우리 인민들이 피를 흘리게 될지 모를 상황입니다. 참 위태롭기 짝이 없다고 보아야 하는 것이 옳습니다.

『이런 때에 이르러 국정을 담당하고 계신 여러분께서는 조금이라도 마음을 씻고 오장(五臟)을 닦아 내어 정성과 힘을 다해서 이미 쓰러진 들보와 새고 있는 배를 보수하여 위태로운 지경에서 편안하게 만들고 화란(禍亂)으로부터 복을 불러 올 수 있다면 그 방도가 어찌도 그리 없겠습니까?』

: 이런 때에 국정을 담당하고 계신 여러분께서는 국정 난맥상이 무엇인가 살펴 각자 본인이 맡은 국정에 어디가 문제고 고장인지 찾아 고치고 바꿀 생각은 하기라도 하는 것입니까?

조금이라도 국정참여에 병들어 그 마음이 더러우면 나 자신부터 얼른 마음을 씻고, 속이 검고 더러우면 장(腸)청정제라도 마셔 오장을 닦아 내어 정성과 마음을 다해 이미 쓰러진 들보를 새로 세우고 바꿀 생각이 정말 없단 말입니까?

대한호(나라)가 기울어져 새고 있습니다. 침수하려는 배를 보수하지 않으니 물에 잠겨 가라앉고 침몰하는 위태로운 지경인데 지금 적절한 대처는 무엇인가 생각이나 해보는 것입니까?

화를 막고 난을 잠재워 국민과 정부가 안정되어 복된 나라로 가기 위한 방도가 진정 없을 리가 있겠습니까? 없지 않습니다. 있습니다.

『정부에서 생각하시는 것은 무엇을 생각하시고 하시는 일은 무엇을 하는지 당최 백성을 위하고 나라를 위하여 염려는 조금도 않고 서로 헐뜯고, 모함하고, 비방하고, 시기하기만 일삼고, 다만 자기들 한 몸의 영리에만 급급하여 삼천리 강토가 뉘 손으로 들어가고 이천만 민족이 어떤 지경에 이르렀는지를 까맣게 모르고 계시어서 불쌍한 민중들이 서로 붙들고 가슴을 치고 통곡을 하려고 하여도 할 곳이 없을 지경입니다.』

: 정부는 정부 생각만 하거나 집권당은 집권여당의 생각만 고집하고 있지는 않은지, 국민의 생각을 찾아 국민을 위한 생각을 시시때때마다 놓침 없이 하고 있는지 생각을 점검해야 하겠습니다.

한번 정한 생각도 다시 돌려 무엇이 잘못 되었는가 검토해야 하겠습니다.

나라를 위해 무엇이 옳고 반듯한가를 매번 되짚어 보아야 하겠습니다.

공을 세우려 하거나 특정 세력의 입맛을 맞추는 일은 정부가 할 일이 아닙니다.

지금 서로 헐뜯고 모함하고 비방하고 시기만 일삼고 자기 한 몸 영달에만 급급합니다. 우리 이천만 민족이 지금 어떤 지경에 이르렀는가를 까맣게 잊고 관심의 각이 어긋나지 않았는지 살펴주시기 바랍니다.

살기가 어렵습니다. 어느 가정이고 어렵지 않은 가정이 없습니다. 정부 고위관리가 일신의 영달에만 급급하다 보니 우리 이천만 민족이 지금 어떤 위기에 처해 있는지를 생각조차 않고 있습니다. 그러니 불쌍한 민중들만이 가슴을 치고 통곡할 지경입니다. 문제는 어디다 대고 통곡하고 하소연을 할지 몰라 통곡할 곳조차 없습니다.

월남의 국가론

『집을 짓는 데는 반드시 정초(定礎)를 해야만 무너지는 것을 면할 수 있고, 길을 가자면 먼저 살펴야만 방황하는 잘못이 없게 되는 법입니다. 그러므로 국가를 경영하는 데 있어서도 어떻게 기초와 방향을 생각하지 않을 수 있겠습니까?』

: 定礎란 기초, 또는 주춧돌을 놓는 일입니다. 국가에게도 정초가 있고 정권과 정부에도 정초가 있습니다. 허나 정초가 무엇인가를 설명하는 법이 미흡하여 국민은 내가 어떻게 정부에 힘을 보탤지 알지 못합니다.

최근 인민 참여 방법에 대한 홍보가 부족한 것인지 아니면 정초의 정체가 불확실한 것인지, 지금 국민은 국가를 경영하는 정부의 기초와 방향에 대해 누구도 『이것이다』라고 쉽게 알아 대답할 사람이 드문 상태입니다. 이 점 잘 생각해 참작해야 하겠습니다.

『국가가 국가를 이루는 까닭은 한두 사람으로 이루어지는 것이 아니고 여러 천만 명이 모여 삶으로써 이루어지는 것이므로 이 민중이 없이 어떻게 국가를 이룰 것이며 또 민중이 모이었다 하더라도 조금이라도 각각 그 천부 (天賦)의 권리와 의무를 향유하지 못하면 이것은 꿈틀거리는 고깃덩어리와 움직이는 송장이니 무엇이 초목금수(草木禽獸)와 달라서 넓고 비옥한 토지가 있다 하더라도 이것을 어찌 지키고 보존할 수가 있겠습니까?』

: 국가론으로 보아 국가는 몇몇 사람만으로 국가라 하지 못하여 천만 명 이천만 명이 모여야 그것이 국가입니다. 또 황제폐하를 황제로 모시고 정부를 정부라고 하려면 이때 국민이 없으면 그것은 정부가 아닙니다. 절대 국민 없는 정부는 없다고(무정부) 하여 마땅합니다.

그러나 국민이 국민의 권리와 의무를 누리지 못하는 정사를 펼친다면 국민은 송장이나 다름없으며, 이는 곧 정부도 송장이요 고깃덩어리에 불과하다 하겠습니다. 국민이 무시되어 몇몇 정치가만이 권력을 누린다면 국토가 있은들 무엇하며 지키려 한들 어찌 지켜지겠습니까?

정부란 국민이 있으므로 인하여 정부의 권(權)이 서고 존재의 가치가 있다 하여 틀림없습니다.

청솔은 백설에도 푸르다

민주주의 근본제시

『그러므로 서양 공법학자(公法學者)들이 말하기를 "사람에게는 빼앗을 수 없는 권리와 피할 수 없는 의무가 있다."라고 하였으니 권리 의무가 없는 사람은 물건이요 사람이 아닌 것입니다. 또 말하기를 "국가의 대권(大權)은 국민으로부터 나와서 군왕이 이것을 모아서 대표하는 것이다."라고 하였으니 이것으로 미루어 보면 정부 여러분은 고대 성인이 가르치신바 민유방본(民惟邦本, 백성의 생각이 나라의 근본)이라 하신 말씀은 한낱 문방도구(文房道具)처럼 여기고 그 본지(本旨, 근본취지)는 실지로 탐구하지 않고 있는 것이니 어찌 그럴 수가 있겠습니까? 국민이 국가의 기초가 된다는 것과 국가 경영의 향방이라는 것은 알고 보면 천부(天賦, 타고난, 하늘이 준)의 권리를 보호해서 각각 본연의 의무를 지키게 하는 것에 불과한 것입니다.』

: 서양에서 공공의 법을 만드는 공법학자의 말이 맞습니다.

"사람에게는 빼앗을 수 없는 권리와 피할 수 없는 의무가 있다." 라는 것입니다. 빼앗아 지지도 않고 빼앗아서도 아니 됩니다. 빼앗으면 정부마저 빼앗기어 결국은 국민의 것만 빼앗는 것이 아니라 정부 스스로마저도 빼앗기는 정부포기와 다를 게 없어 이는 천명(天命)입니다.

또 말하기를,

"국가의 대권(大權)은 국민으로부터 나와 군왕이 이것을 모아 대표하는 것이다."라고 하였습니다. 서양 학자의 말이지만 우리에게도 전혀 다를 것이 없는 말입니다. 황권이나 정권이나 정부의 벼슬자리나 벼슬자리의 힘과 권위를 대권이라 한다면 이러한 대권은 모두 국민의 것이 모여져 군왕이 되었으니 군왕은 국민의 권리를 모아 대표한 자리라는 말에 조금도 틀림이 없습니다. 이게 민유방본이라는 말의 뜻입니다.

그러니 국민이 나라이며 권력이며 정부요 곧 황제입니다. 국민 없이 혼자서 황제다 대신이다 할 수는 없음입니다. 이 점을 무시하고 회피하여서는 국가의 기초가 무너집니다.

정부와 황제가 국가를 이끌어 나간다는 것의 참 의미는 국민 고유의 권리와 의무를 공평하고 바르게 운영하여 국민을 보호하라는 것이 아니겠습니까?

『아아! 슬프다. 우리 민중이 천부의 권리를 지킬 수 있고 마땅히 이행하여야 될 의무를 이행할 수 있겠습니까? 천성(天性)과 천명(天命)은 하느님께서 우리에게 골고루 주신 것이나 이것을 보존하고 있지 못하며 재산은 사람이 의지해서 사는 것인데 이 또한 스스로 갖지 못하고 세력가(勢力家)에게 죽이고 살리고 빼앗고 주는 것을 일임하여 입이 있어도 열지 못하고 일평생을 얽매여 살고 있으니 전국이 충군애국(忠君愛國) 할 수 있는 천부의 고유한 권리를 이미 땅을 쓴 듯이 깨끗이 잃어버리고 있습니다. 이렇게 되고 보니 외국인의 능멸과 강요가 있다 해도 조금도 부끄럽고 분개하는 마음도 생길 수 없어서 강 건너 화재를 바라보는 것 같은 심정으로 바라보게 될 뿐입니다. 이것은 일개 국민으로서는 어찌할 수 없는 천부의 의무를 다할 수 없으려니와 이것은 비단 국민만이 그런 것은 아닙니다.』

: 아, 정말 슬픈 일입니다. 국민은 하늘로부터의 고유 권리가 있고 의무가 있습니다. 산천초목도 하늘이 주신 권리가 있거늘 사람이야 말해 무엇 하겠습니까. 그것이 천성(天性)이며 천명입니다.

천성과 천명이 무시되는 세상은 사람도 슬퍼하고 하늘도 슬퍼합니다.

재산도 하늘로부터 부여받은 천부의 권리이며 이를 이용함도 권리이나 지금은 힘 있는 자가 억압하여 빼앗고 있어 천명이 어긋났습니다. 그러하니 국가에 충성할 마음마저 사라져 물에 씻긴 듯 사라져 깨끗합니다.

그런 까닭에 외국인이 우리 국민의 권리를 짓밟기 시작했습니다. 천부의 천성과 천명이 무시되면 외세가 침범해도 막지 못합니다. 지금은 국민의 권리가 망가져버렸습니다.

『이렇게 되고도 정부 여러분은 그래도 의무를 완전히 수행했다고 할 수 있겠습니까? 이것은 정부만 그런 것이 아닙니다. 지극히 높은 권리와 지중하신 의무를 널리 흡족하게, 막힘없이, 또한 손상 없이 베푸시었다고 하올는지 알 수가 없습니다. 이로 미루어 보건대 국가의 대권(大權)은 땅을 쓴 듯이 없어지고 말았습니다.』

  : 그럼에도 불구하고 정부를 맡은 공직자 여러분은 그 의무를 잘 한다고 생각하십니까? 정부만 그렇지 않습니다. (지목하기 황공하오나) 황제폐하(대통령)도 생각해 보셔야 하겠습니다. (황제를 공격한 일이 없다고 하나 이 부분은 황제를 짚었다고 보이기도 함.) 아무튼 국가의 최고 권력마저 쓸어버린 마당처럼 깨끗이 쓸려져 나갔습니다.

정부의 원리

『그 원인을 추구해 보면 불속을 들여다보는 것처럼 밝게 들여다 볼 수가 있는 것입니다. 고금을 상고(詳考, 깊이 생각함)하고 세계만방을 통하여 보더라도 민심을 잃고 국권(國權)을 보존한 일이 어찌 있을 수가 있겠습니까? 국권을 잃고 멸망하지 않은 나라가 있었겠습니까?』

  : 왜, 무엇이, 국권과 대권을 쓸어 내어 허약한 정부와 대권이 되고, 왜 무엇이 국민의 마음이 정부로부터 돌아앉게 하였으며, 왜 어째서 외세가 우리를 엿보게 되었습니까?

  단 하나, 그것은 양의 동서나 고금을 막론하고 국민을 위한 정부의 의무가 소홀하면 국민의 마음이 정부를 떠난다는 것이며, 결론은 국민을 잃은 정부는 존재불가능이라는 이치입니다. 그러고도 망하지 않은 나라는 없었습니다.

『근일에 있어서 시국의 수습을 위해 건의하는 사람이 다투어 나서는 것을 보았는데 그중에는 진언하기를 "궁중(宮中)은 마땅히 엄숙하고 청결해야 하며 정부 관리는 마땅히 골라서 맡기어야 하며 현량(賢良, 착한)한 자는 마땅히 등용해야 할 것이며 간당(奸黨, 간신무리)은 마땅히 축출해야 하며 재정은 마땅히 정리해야 하며 군제(軍制)는 마땅히 훈련을, 외교는 편중함이 없이, 법률은 공평하게, 교육은 확장해야 할 것, 무당은 엄금해야 할 것, 지방관(地方官)은 선택해 보내야 할 것, 농(農)·상(商)·공(工)업은 마땅히 장려해야 할 것" 등등 이 모든 것은 마땅히 시행해야 된다고 하였는데 이상 여러 가지 중 단 한 가지라도 피모가 서로 분리될 수가 없는 것과 같이 목하 긴급을 요하지 않는 것은 없습니다. 국권(國權)이 서지 못하고는 일만 가지고 일이 다 성효(成效, 좋은 결과)를 얻을 수 없는 것이니 이것이 이른바 기초를 정(定)하지 못하고 방향을 살피지 못하면 혼란을 면치 못하고 전복하는 불행을 피할 수 없다는 것이어서 이치와 추세가 어찌할 수 없이 그렇게 되고 마는 것입니다.』

: 지금 요로에서 정부에 올리는 건의가 있습니다. 이를 나쁘게 생각하지 말아야 합니다. 그 말은 하나도 그릇된 말이 아니기 때문입니다.

첫째, 궁중(황실, 청와대)이 신성 거룩하여 권위가 있을 것
둘째, 정부 내각은 유능한 인재가 정사를 관장할 것
셋째, 간신 무리는 마땅히 척결되어 함

넷째, 국가 재정은 바르고 투명하게 집행될 것

다섯째, 군인은 훈련을

여섯째, 외교는 균형 잡힌 외교를

일곱째, 법은 모두에게 공평하게 집행될 것

여덟째, 교육의 기회는 차별되지 않을 것

아홉째, 무당이나 점쟁이를 단속할 것

열째, 지방 관리가 적임자로 뽑힐 것

열한째, 농부와 상인과 공업기술 발달을 촉진할 것

이상 어느 하나라도 살과 터럭이 떨어지지 않듯 해야 하는데 지금 모든 것이 시급하다 하겠습니다. 그러므로 국권이 흔들리는 것입니다.

열심히 한다고만 하여 결실을 맺지 못합니다. 기초가 부실하여 방향을 잃었습니다. 그래서 혼란하고 정부가 전복될 위기를 맞은 것입니다. 이것이 진리이며 진리를 떠난 까닭에 그럴 수밖에 없지 않습니까?

『그러면 목금(目今) 우리나라에 있어서 가장 급한 일로 제일 먼저 할 일이 무엇이냐고 물을 것 같으면 바로 대답하기를 국권을 공고히 하는 것이라고 할 것입니다. 국권을 어떻게 공고히 할 것이냐 하면 황권(惶權, 황제의 권위)을 존중해야 한다고 할 것이며 황권을 어떻게 해야 존중하게 하느냐고 하면 정부에서 각각 그 직권과 책임을 완수하는 데 있다고 할 것이니 정부의 권력은 민중의 힘으로부터 나오는 것이 아니겠습니까?』

: 외람되오나 그러면 당장 무엇을 어떻게 해야 하겠습니까? 국권을 탄탄히 다져야 한다는 것입니다. 국권을 어이 다지면 되겠습니까. 첫째는 황제폐하(대통령)의 권위를 공고히 다지고 극진히 존중받

아야 합니다.

황권 존중, 이게 무슨 말인고 하면, 정부가 정부의 책임을 완수하라는 것입니다. 황실의 권위는 오로지 정부가 어이 하는가에 달렸습니다. 그러므로 반드시 알아야 할 것이 있습니다. 정부는 그 힘이 국민으로부터 나온다고 하는 사실입니다. 국민을 위한 정부가 국민의 뜻을 받들지 못하면 정부는 국민과 더불어 황권마저 허물어뜨리게 된다는 것입니다. 그러므로 국권의 경중(輕重)은 오로지 민력(民力, 백성의 힘)의 다과(多寡, 많고 적음)와 단결의 여하에 달린 것이므로 정부가 국민의 힘을 잃어 정부 혼자만으로서 권력을 발동하면 황권을 공고하게 하고 국권을 공고하게 할 수 있겠습니까?

헌법제정 제청

『만근(輓近, 몇 년 전부터 지금까지) 백년 이래 천하열강의 모든 정치가들이 고금을 비교 연구하여 오로지 천리(天理, 하늘의 이치)에 합당하고 인정에 맞도록 추구하여 헌법(憲法)을 만들어 내어서 전에 억울했던 사람들을 풀어주고 전일에 속박했던 사람들을 자유롭게 해방해서 문화와 부강이 나날이 무럭무럭 자라고 있습니다. 그런데 우리나라는 외국들과 교섭을 개시하고 정치제도를 경장(更張, 고쳐서 널리 폄)한 지도 이미 여러 해가 되었건마는 쥐 죽은 듯이 한마디도 여기 대해서는 말이 없는 것은 어찌된 일입니까?』

　: 멀리 또는 가까이, 지금 세계 강국들이 변하고 있습니다. 잘 들어 꼭 그리해 주시기 바랍니다.

바로 헌법제정(憲法制定)이 최우선입니다.

우리나라도 헌법을 만들어 이를 토대로 국민을 위해 일하는 정부가 되어야 합니다. 만인평등과 원칙대로 나라를 다스려, 민권회복·자유증진·문화개혁입니다. 국민의 삶을 위해 정부가 앞장서자는 것입니다. 그들 나라는 지금 무럭무럭 자라고 있습니다.

그러나 우리나라는 정치제도를 포함한 경장(更張, 개혁)을 편지 여러 해가 지났어도 여전히 제자리요 오히려 나빠졌습니다. 문제는 그러함에도 불구하고 누구 한 사람도 이에 대해 쥐 죽은 듯 조용하여 말을 하는 사람도 없습니다. 참 딱한 노릇입니다.

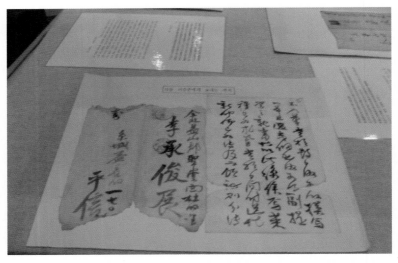

막내아들 승준(이차순의 부친)에게 쓴 월남의 친필 편지
(서천 한산면 월남 유물관 소장)

상정부서2 집중분석

무한한 감동의 직소(直訴)
국태민안을 위하여
잘한다고 한 것이 죄가 되기도 한다
한산의 월남 가족과 수안군수로 간 숭인

무한한 감동의 직소(直訴)

『불학무식한 무리들이 일신의 영욕(榮辱)만 생각하고 국가의 흥망은 돌아보지 않고 황권을 보호한다는 것을 빙자해서 황권이 사실상 민중의 힘에서 나온 것인 줄 모르고 권문(權門)에 아부하여 농권(弄權, 함부로 쓰는 권력)하기를 못할 짓이 없이 하고 국민의 생명을 위협하며 국민의 재산을 송두리째 강탈해 가고 있으니 이것은 사실상 황제의 보위(寶位)가 도리어 고립되어 국권이 자립할 수 없게 되는 것입니다. 이자들의 소행은 이것만으로 그치는 것이 아니라 민중을 원수같이 보고 한자의 민자(民字)라도 쓰인 것을 보면 트집을 잡는 데 이르기까지 극심한 지경에 이르렀습니다.』

: 보면 정부 관료들이 무지하여 도무지 생각이 없습니다. 무엇을 제대로 배우지도 못해 불학무식이 극에 이른다 할 정도입니다. 그들은 높은 자리를 자기자리로 알고 있습니다.

국민의 자리에 앉아 국민의 고혈을 짜 먹으면서 그게 영달이요 그게 영광으로 생각하며 그게 행복인 줄 착각합니다. 악마의 나라처럼 사탄의 무리가 정부를 차지하고 있습니다.

말로는 황권보호를 외치지만 황권이 국민으로부터 나왔으매 국민보호가 황권보호라는 사실을 망각하여 내장(국민)을 도륙하면서 피부(황권)에 분칠만 하는 격입니다.

저런 어리석기 그지없는 세도가들은 자나 깨나 더 높은 세도가의 문전만 드나들며 날로 더 악행을 저지를 무기나 다름없는 권력 나누기와 뒤집기에 몰두하니 국민의 생명과 재산을 강탈하는 것과 무엇이 다르다 하겠습니까? 나라의 뿌리가 썩어 말라가고 있습니다.

결론은 황제폐하의 보위가 무너지는 것입니다. 이런 자들의 행위는 뿐만 아닙니다. 국민을 뜯어먹을 어육의 대상으로 보고 국민의 國자만 꺼내도 모함하며 트집을 잡기에 혈안입니다. 정부의 부패가 극에 달했습니다.

『그리하여 한두 사람의 뜻이 있는 인사로서 시국을 이해하고 개탄하는 말을 한다면 당장에 그자들의 승진의 호재료(好材料)가 되어 황제를 위해(危害)하려는 자로 지목하여 민권당(民權黨, 황권을 거역하는 무리)이라고 위협하는 동시에 감언이설로 꾀어 끝끝내 얽어서 사지(死地)로 몰아넣고야 마니, 하물며 그자들도 대한의 신민(臣民, 신하와 백성)이거늘 어찌 나라와 국민이 망하고 종묘사직(宗廟社稷, 왕실과 나라 전체)이 폐허되기를 달게 여기기를 이처럼 심하게 할 수가 있겠습니까? 그 심장을 추구하건대 참으로 잔인하고도 악독하기 짝이 없는 것입니다.』

: 현실을 보면 집권자 몇몇이 권력을 휘두르고 있습니다. 국민이 고깃덩어리인 양 멋대로 가르고 나누어 제육처럼 나누어 삼키고

있습니다.

문제는 이자들을 교훈하면 당장에 목을 자르라 외치고 결국은 제거해 버립니다.

황제에게 도전했다는 죄목을 씌워 가차 없이 직을 파해 흡혈귀 세상이 돼 버렸습니다.

그들은 모함하여 이르기를,

"저들이 황권보다 민권이 윗자리라 한다."는 것입니다.

결국 의로운 관리는 사지로 몰리고 부정한 자들이 자리를 꿰찬 상태입니다. 이래서야 어찌 종묘사직의 터가 무너지지 않겠습니까? 나라를 말아먹어도 유분수요 아무리 보아도 그들의 심장은 참으로 잔인하고 극악무도하기 짝이 없습니다.

『또 오늘날 내가 말한 이 언동으로 위해가 이 몸에 닥칠 것은 분명히 알고 있으며 또 그자들이 무슨 말로 나를 얽을 것인지 예측할 수 없지만 이렇게 국가의 안위(安危)가 목첩(目睫, 눈과 눈썹)에 임박한 긴급한 이때를 당하여 한결같이 일언도 없이 묵묵히 보고만 있다면 자신의 이익만 꾀하고 국가를 망각하는 자들과 조금도 다를 바 없으므로 이렇게 진언하는 바이오니 즉시 각의(閣議, 내각 '정부' 회의)를 경유하여 각국의 입헌제도(立憲制度,헌법을 정하고 그에 따라 정치함)에 따라서 우리나라 구규(舊規, 과거의 규칙)를 참작하여 특히 국민이 국사를 의논하는 권리를 부여하도록 상주하여 시급히 법률을 제정 반포케 하여 주시기 바랍니다. 이것은 이른바 일거삼득(一擧三得)이니,』

: 그러나 저는 압니다. 지금 올리는 이 상소문으로 인하여 이 몸에 어떤 위험이 닥칠지도 모른다고 짐작합니다. 분명 어떤 말로 나

를 얽어매어 쓸어낼지 짐작만 되나 정확하게는 모를 일 같습니다만, 지금 국가안위가 풍전등화일진대 어찌 참겠습니까.

하온데도 그러거나 말거나 본 듯 만 듯 입을 닫는다면 그들과 다를 게 뭐겠습니까? 자기 이득만 챙기는 무리들과 다른 저의 충정을 아시겠습니까?

하오니 속히 국무회의(閣議)를 열어주시기 바랍니다. 헌법제정을 속히 추진해 주시기 바랍니다.

국민이 국사에 대해 알고 같이 의논하는 국민의 천부적 권리를 인정해 주시기 바랍니다.

하던 대로 하지 말고 새로운 법으로 다스려 주시기 바랍니다. 그것은 헌법을 비롯한 관련 법률제정 반포(頒布)입니다. 그리하시면 그로서 효과는 세 배가 될 것인즉,

국태민안을 위하여

『첫째로, 하느님으로부터 받은 자연지성(自然之性)을 보양하는 것이며 돌고 돌아 맑게 변화하는 천명을 순수(順守, 도리를 따름)하는 것도 되는 것입니다. 둘째로, 수백 년간 속박되어 오던 국민의 질곡(桎梏, 차꼬와 수갑의 뜻, 고통의 세월)을 풀어 자유를 주어 활발하게 살게 하는 것이니 국민으로부터 환심을 사게 되는 것입니다. 셋째로, 위로 천명(天命)을 지키고 아래로 국민의 환심을 얻어서 근본을 북돋아 기초를 확립하는 것이니 이것이 국권을 공고하게 하는 것입니다.』

 : 첫째는 順天者 興이요 逆天者 亡, 하늘의 뜻에 따라 망함이 사라

지고 흥함이 널리 펼쳐질 것입니다.

둘째로 일체의 모든 국민의 아픔과 원망 불평이 사라져 국민이 활발하게 살아가며 정부와 황실을 고맙게 생각하여 나라가 부강해질 것입니다.

셋째는 황상폐하의 보위가 견고해져 천명이 지켜질 것입니다.

이것이 국가의 힘이요 권력이며 이것이 정부의 존립목적이며 황제폐하(대통령)의 음덕을 존경하는 편안한 나라가 되는 길입니다.

『성명(聖明, 거룩하고 밝은 하늘의 기상)이 위에 계시고 현재상(賢宰相, 어진 재상, 신하)이 자리에 있고 이천만 국민이 아래서 활동하여 상하가 협력하여 함께 전진하면 위태로웠다가 편안하고 망하였다가 다시 일어나는 것이 꼭 오늘에 달렸으니 혼연일체(渾然一體)가 되어 움직이는 곳에 무슨 내우(內愚)와 외모(外侮, 밖의 모욕)가 있겠습니까? 각하는 재량하여 주시기 바랍니다.』

: 하늘의 거룩한 뜻(성명)이 우리나라에 임재하기에, 우리 황제폐하를 모시고 정부 관리의 지시에 따라 국격이 고상하고 외세가 맥을 못 추는 복된 나라로 가는 길이 여기라고 생각하여 간곡히 제청하오니

황제를 모시는 총리대신 각하는 이 상소를 받아 실행해 주시기 바랍니다.

이상,

월남이 이 상소문을 민중들에게 외치자 우뢰와 같은 박수가 터져 나왔다.

그리하여 월남은 작성한 대로 정부에 올리기로 전원 찬성으로 채택 받았다.

"이에 아니면 아니라 하시오!"

월남은 4,000여 명의 청중에게 재차 물었다.

"아니면 아니라 하시오! 어디 고쳐야 할 데는 없습니까?!"

"없습니다!!!"

4,000여 명 청중은 일제히 박수로 찬성 통과하여 의정부에 올리기로 했다.

오늘도 박수갈채가 종로에 물결친다.

그러나, 마침내 이제 곧 만민공동회가 강제 해산됨으로써 대한제국은 수구파와 황국협회 일색의 수구파·보부상 정부로 변질되고 말 것이다.

그 이유는 바로 '헌의6조'와 '상정부서2'라고 하는 월남 이상재를 비롯한 신진개화세력과 독립협회 및 만민공동회가 정부에 올린 애국충정의 상소문이 평가 절하되어 반대로 역모를 뒤집어쓰게 되는 까닭이다.

만민공동회가 막을 내림으로 인해, 대한제국의 개혁을 위한 마지막 시도는 좌절되었다.

문제의 본질을 좀 더 자세히 들여다보자.

당시 의정부 참정 조병식, 군무대신 서리 유기환, 법부협판 이기동 등이 상소문을 역해(逆解)하여 고종임금에게 이들을 벌해야 한다고 상주한 것이다.

"폐하! 이 상소문(상정부서2)과 헌의6조라고 하는 것은, 말로는 황권강화라고 하지만 진의는 황권붕괴입니다."

"저들은 지금 군주제를 폐지하자는 말입니다."

"이제 민주주의라는 궤변으로 공화제를 실시하여 이미 내락이 되어 있다고 알고 있습니다."

"이미 새 대통령에 박정양, 부통령에 윤치호, 내부대신에 이상재, 외부대신에는 정교, 그 밖의 전 각부대신의 자리에 독립협회와 만민공동회 간부들을 임명할 것이라는 소문이 자자합니다."

월남은 꿈도 꾸지 않은 일이었으며,

박정양도 참석하였으나 생각지도 않은 말들이 고종을 헷갈리게 하였다.

이것이 모함은 줄 모르는 고종은 마침내 11월 5일 황명을 내려 이들을 모두 잡아들이고 독립협회를 해체하라는 조칙을 내렸다.

정부 수뇌급은

"독립협회가 황제를 폐하고 공화제를 실시하려 한다."라고 무고(誣告)함으로써 이상재 이하 17명의 독립협회 간부를 체포하게 한 것이다.

독립협회는 이승만을 중심으로 하여 모든 회원을 총동원하고 석방을 요구하였으나, 정부는 어용단체인 황국협회(皇國協會)를 시켜 부보상(負褓商) 수천 명을 서울에 불러들여 독립협회 회원들에게 테러를 가하게 하여 유혈사태를 빚었다.

이에 흥분한 민중은 고관의 집을 습격하는 등 소란을 일으키게 되었다.

11월 고종은 부득이 내각을 개편하고 양 협회 대표자에게 그들의 요구를 모두 수용할 것을 약속하고 해산을 명하였다. 이로써 협회는 해산되었으나, 그 후 만민공동회라는 이름으로 존속하다가 1899년 초 해산하였고, 그 후 대한자강회(大韓自强會)와 대한협회(大韓協會)로 그 정신이 이어졌다.

아무튼,

이로써 독립협회 간부 17명이 무더기로 잡혀 옥사에 들어간다.

고종은 완전히 그렇다고 믿고 오판한 것이다.

이때 잡혀간 독립협회 회원은 14명이다.

17인중에 윤치호(尹致昊), 최정덕(최정덕), 안영수(安寧洙) 3인은 몸을 피해 잡히지 않았고

이상재(李商在), 정교(鄭喬), 남궁억(南宮檍), 이건호(李建護), 방한덕(方漢德), 김두현(金斗鉉), 윤하영(尹夏榮), 염중모(廉仲謨), 김구현(金龜鉉), 한치유(韓致愈), 유 맹(劉猛), 현제창(玄濟昶), 정환모(鄭桓模), 홍정후(洪正厚) 이상의 14명은 감옥에 들어간다.

이로써 박정양은 의정부 참정에서 파면되고 월남은 옥사에 잡혀가는 일이 터졌다.

옥사라고 하는 곳.

월남이 장가(15세)가던 신행길 첫날이었다.(제1권 참조)

그날 부친 희택 공이 옥사에 잡혀 갇힌 일이 있었다.

월남은 신방에 들 기력을 잃고 부친의 석방을 눈물로 호소하느라 처음 옥사에 가 본 일이 있은 후 장장 34년여의 세월이 흘러간 지금 월남(49세)이 옥사에 갇힌 것이다.

아내 월예가 알면 억장이 무너지고 하늘이 무너질 일이다.

옥사에 직접 갇혀 보는 것은 처음이다.

경운궁 옆 러시아 공사관 부근 손탁호텔에서 멀지 않은 곳이다.

죽천 박정양이나 경암 대감이나 옥사에 갇힌 바 없어 면회하러도 들어와 볼 일은 없던 월남이다.

홍영식도 바로 죽어 옥사에 갇힌 일이 없고 주변 지인들이 옥에 갇히지는 않아 처음이다.

첫날부터 밥을 굶기더니만 밤이 되자 재우지도 않고 취조하여 거진 반 고문하다시피 하였다.

누가 대통령을 하려고 음모를 꾸몄느냐는 것이며

누가 이 일을 주도했느냐고 따지는 것이다.

특히 월남에게 집중하여 취조가 강행되고 있다.

만민공동회에서 했던 연설문을 적어들고 이게 무슨 소리냐 저게 무슨 뜻이냐느니, 상정부서2의 글귀들을 들이밀고 이건 무슨 말을 한 것이냐고도 따진다.

특히 헌의6조에서 5번째를 해석하라는 추궁이다.

어째서 대황제가 칙임관을 임명할 때 정부의 과반수 찬성을 받아야 한다는 것이냐는 추궁이다.

문제는 말귀가 통할 자들이 아니다.

헌의6조 2번을 가지고도 따진다.

대외조약 사무를 어째서 각부대신과 중추원장이 합동 날인하라고 했느냐는 추궁이다.

이런 자들에게 미국식이다 민주주의다, 혹은 그것이 황제를 모시는 충성된 신하의 길이라는 말을 해봤자 이해하기를 바란다는 것은 불가한 일이다.

"내 설명할 생각도 없다. 그러니 위에서 하라고 한 대로나 하라. 말이란 비틀어 버리면 같은 말도 틀리게 들리는 법이다."

월남은 이렇게 근 열흘을 옥사에서 보내야 했다.

오만가지 생각이 머리를 휘감지만 이자들이 편케 두지를 않고 번

갈아가며 사람을 괴롭혀 댄다.

잡념도 공상도 할 시간을 주지 않는다.

겨우 주먹밥이냐고 콩보다 좀 크다고 할까?

그래서 물이라도 많이 마시고 싶지만 목이 타 죽지 않을 정도로만 줄 뿐이다.

말하라고 족친다.

월남은 나오는 대로 지껄여댔다.

"오늘 내가 이 고초를 당하는 것은 결코 황상폐하를 원망할 일이 아니다."

"이자가 무슨 소리야? 묻는 말에나 대답하라!"

하여도 월남은 하던 말만 계속하였다.

"나라가 있어야 형리노릇도 하는 거라오. 이러다가 나라가 무너지면 형리는 우리 민족차지가 오지도 않소. 민족끼리 죄를 캐묻고 변명하고 두들겨 맞아도 이것은 행복한 것이요."

"누가 주동자냐고 묻잖아?"

"주동자는 난데 나는 애국충정과 황제폐하의 신하된 올바른 도리를 찾자는 것이지 우리가 민란 일으켜 누구를 몰아내자고 했소? 황제폐하를 편히 모시자는 건데 그렇게 못 알아듣소?"

쇠귀다. 거기다 경문읽기다.

"당신이나 나나 우리는 다 충직한 백성이고 국민이지만, 요컨대 조정의 신하들이 썩어서 문제지 나나 당신이 무슨 잘못이 있겠소이까?"

그래도 해는 지고 뜬다.

밤이 가고 아침이 간다.

꼭 열이틀이 지나자 갑자기 나가라 하여 11월 5일에 잡혀왔다가 11

월 17일 풀어주어 감옥에서 나왔다. 전원 무죄석방이라는 것이다.

그 사이 월남은 알지 못한 일이 벌어졌다.

17인에 대한 칙령이 반포되자 남은 독립협회간부들과 민중들이 이들을 석방하라는 수천 명의 집회가 강렬하게 열린 것이다.

종로는 물론이고 대안(한)문 앞에서였다.

연일 만민공동회 복설을 요구하는 집회가 모여 경무청으로도 달려갔다.

일반인, 청년, 학생 시민들이 참여하면서 부녀자들도 모여들어 금품과 식량을 나누어주며 그들의 우국충정이 억울한 누명으로 둔갑했다는 외침이다.

이를 저지하려는 황국협회와 보부상들은 만민공동회에 쳐들어 와 몽둥이 곤봉을 휘둘렀으나 이승만을 비롯한 만민공동회는 평화주의 비폭력을 지향하기에 속수무책 당할 수밖에 없었다.

그제야 고종은 그들의 상소가 반역이 아니라는 것을 깨닫고 전원 석방을 명한 것이다.

이 일에는 이승만과 양홍묵이 앞장섰다.

"나라가 구태를 벗고 세계열강들처럼 강해지기 위해서는 미국이나 선진국의 제도를 받아들여 교육과 충효정신으로 무장해야 한다는 것이 애국이지 역모가 아니지 않습니까?"

외치는 함성에 수긍한 고종은 만민공동회 대표 수십 명을 중추원 의관에 임명한다는 절충안도 내어놓으며 만민공동회 해산을 요구하였다.

그럼에도 불구하고 보부상들과 만민공동회의 충돌은 그치지 않아 혼란이 극에 달하게 된다.

고종은 독립협회와 만민공동회는 더 이상의 활동을 중단하라는 조건으로 양측을 무마함에 드디어 1898년 12월을 맞아 민중집회가 사라지고 독립협회도 만민공동회도 사그라진다.

그래도 꺼지지 않자 12월 25일에는 340인을 다시 잡아들였다.

서재필은 이미 6개월 전에 미국으로 되돌아갔고, 윤치호는 한성부윤으로 자리를 옮겨 더 이상 독립협회에 참여할 수 없게 되었고, 이승만은 붙들려 감옥에 들어갔다.

월남은 더 이상 직을 수행하지 못하겠다 하고 의정부 총무국장직을 내어놓기로 작심하였다.

그럴 때(1899년 1월) 이승만은 최선봉에 서서 이를 성토하며 군중시위를 지휘하다가 체포되어 한성감옥에 수감되어 들어간 것이다.

문제는 이때(이승만) 그만 탈옥하여 도주하기도 했는데, 다시 잡히는 바람에 아예 종신형을 언도받은 것이다.

이렇게 종신형을 받은 이승만은, 후일 이상재와 옥중에서 다시 만나기에 앞서, 옥중생활 중 내한선교사 아펜젤러, 벙커 등이 넣어주는 성경 및 기독교 관련 서적들을 읽다가 예수를 믿기로 작정하였다.

잘한다고 한 것이 죄가 되기도 한다

감옥에서 나와 보니 죽천대감이 파직되었다.

월남은 주저 없이 사직상소를 올렸다.

"소신이 애국충정이라고 생각했던 일들이 도리어 황제폐하의 심려만 되고 말았습니다. 이에 그 책임을 지고 의정부 내각총서 직을 사직하고자 하오니 윤허해 주옵소서!"

이런 내용으로 상소를 올리자 고종은 월남을 불렀다.

"월남 총서께서 올린 사직 상소를 보았소이다. 헌데 파직할 마음은 없습니다. 사직상소를 거두라고 불렀습니다."

그러나 어딘가 고종의 용안은 어둡다.

"잘잘못을 묻지 않으시고 옥에서 풀어주신 은혜 하늘같사옵니다. 하오나 파직함이 마땅하다 생각하는 신료들이 왜 없겠습니까. 소신은 사직함이 옳다고 생각하옵나이다."

고종이 웃는다.

"그렇지 않습니다. 책임은… 아깝지만 죽천에게 지운 것만으로도 족합니다. 뒤늦게 알고 보니 공연히 죽천의 파직이 앞섰을 뿐입니다. 죽천의 충정은 혹 실수가 있어도 과인이 묻어주어 마땅하지만 일이 이렇게 되었을 뿐이니 월남은 직에 충성하기 바랍니다."

월남은 어느 안전이라고 거절하랴 싶지만 어렵게 아뢰었다.

"폐하! 이 불충한 신을 벌하소서. 폐하의 성은을 받들지 못하겠사옵니다."

그리고 무릎을 꿇었다.

"아, 아닙니다. 사직상소를 거두시면 되십니다."

하는 수 없어 월남이 다시 아뢰었다.

"소신 망령되어 감히 올려서는 안 되는 줄 아오나 전하께서 윤허치 않기를 원하시오니 황공하오나 아뢰올까 하옵나이다."

"예, 말씀하세요."

"신이 모시던 죽천대감은 파직되었는데 저만 직에 머문다는 것이 신의와 예의가 아니라 사료되옵나이다."

고종이 짐짓 놀란다.

"아, 그게 그 말씀입니까? 미국공사로 갔다가 미(未) 환국일 때도 내 영을 받지 않더니마는… 아, 지금도 그게 그렇다는 말입니까?"

"황공하옵나이다."

"허허… 그것 참… 내가 그 일을 깜빡 잊었습니다. 그러니까 이번에도 머물기 어렵다는 말씀이지요?"

올릴 말씀이 마뜩찮다.

"황공하옵나이다."

"예, 알았습니다. 월남은 참 그때도 그랬었군요. 그럼 다시 때를 보는 수밖에요. 그럼 우선 그렇게 하기로 합시다."

월남은 몸 둘 바를 모르겠다.

"그래서 다시 종로로 나가려 하십니까?"

월남은 깜짝 놀랐다.

"아아, 아니옵니다. 우선은 귀향할 생각입니다."

"그러세요. 우선은 종로를 잠시 떠나는 것도 괜찮을 것입니다. 고향에 가 계세요. 내가 기억하고 있으리이다."

얼굴이 화끈거리고 가슴이 방망이질을 해대는데 어전에서 일어서려 하니 다시 부른다.

"한 번 더 묻겠습니다. 자식들은 어떻게 삽니까?"

월남은 할 말이 없다.

"하하, 대답은 안 해도 괜찮습니다. 내 이미 월남의 대답을 알아요. 다른 말 하지 말고 올려 보내세요. 내 들어서 압니다. 맏이를 보내든가 둘째를 보내든가 해서 뭔가 하도록 해야 하지 않겠습니까?"

"폐하! 그릇이 작은데 무엇을 담겠습니까?"

"작은 그릇에는 조금만 담으면 될 것이고, 큰 그릇이면 많이 담으면 되지 않겠습니까? 그 문제는 내 죽천과 상의하겠습니다."

정신이 없다.

승륜이? 승인이? 어느덧 나이 30줄에 들었으나, 어디다 내놓아 이 어지러운 관리 세계에서 배겨나게 할 것인가?

그저 고맙게 받고만 말아야 한다.

생각은 아직도 독립협회요, 아직도 헌의6조와 상정부서2 그대로다. 그러나 모두가 부서지고 허사다.

'안 되는 것은 안 되는 것이로구나.'

그렇다고 빡빡 우겨 폐하에게 옳다 거니 그르다 거니 할 수가 없다.

폐하를 향해 설득을 한다는 것은 말도 안 된다.

백번 천번 만번 독립협회가 옳고 만민공동회가 골 천만번 정당한 상소를 올렸다 하여도 어디까지나 대 정부에 올린 것이지 폐하에게 올린 상소도 아니었다.

나아가, 자신만 폐하를 모시는 것도 아니다.

하다못해 간신배 탐관오리도 폐하 앞에서는 그것이 충성이라고 한다는 것도 안다. 요컨대 세월이 흘러 나중에 가보아야 잘잘못도 가려지고 누가 옳고 그르고도 판명 나는 것이 세상이치라 감히 폐하 전에 변명을 늘어놓을 일도 아니다.

한편,

월남과 생각이 다른 신하들은 폐하 앞에서 저자는 더럽고, 악하고 추하고 나쁜 놈이라고 직소하기를 주저하지 않는다.

'나마저도 그래서야 되겠는가?'

의심의 여지가 없는 얘기다.

임금 앞에서 같은 신하끼리 평가하고 비판하고 욕하는 문제….

월남의 머리가 복잡하다.

이것을 주저하면 악신(惡臣)이고 간신(奸臣)이다.

흑백을 분명하게 가리고

정곡을 찔러 확실하게 아뢰어야 폐하께서 판단을 할 것이 아니겠는가?

그렇다면 눈물로 직소하여 아뢰옵기를,

'폐하! 독립협회는 폐하와 조정을 흔들어 모함하자는 것이 아니었습니다. 첫째는 세계만방에 우리의 자주권을 알리자는 것입니다. 폐하를 부정하고 황권을 흔들려고 했다는 진언은 사실과 다릅니다. 황권 아래 민주주의를 두자는 것이며, 이를 위한 첫째 조건이라면 고위관료들이 우선 인식을 전환해야 한다는 목청을 낸 것입니다. 누구를 지목하여 그는 적임자가 아니다 한 바가 없습니다. 두루뭉술하게 너 나 가릴 것 없이 모두가 나라와 폐하를 편히 모시자는 것뿐이었습니다.'

뭐 이런 말씀을 올릴 일도 아니다.

심사가 복잡하다.

죽천대감께 누가 되었는가 싶어 대쪽 같았던 만민공동회의 연설이 마음에 걸린다.

'옳은 소리를 잘한다는 것이 참 어렵구나.'

방법을 생각해 보았다.

그른 소리는 옳은 자들에게 인정받지 못한다.

반대로 옳은 소리는 또 그른 자들에게 시기를 받는다.

잘난 척한다고 미워하고, 저대로 하면 자신의 자리가 위태해지고, 결국 폐하께서 옳은 자의 말을 받아들이게 되면 미처 거기까지 생각지 못한 신하들이

"폐하! 그게 아니옵니다. 사실은 이러합니다."

하고 나서,

"이는 군주제를 폐지하고 자기네가 누구를 대통령을 만들고 벼슬을 장악하고자 하는 암계가 숨었다고 아뢰옵니다."

했다가는 감옥에 가는 수밖에 도리가 없다.

머리가 빙빙 도는 월남은 아예 고향에 내려가 대궐이고 조정이고 일단은 접어두고 싶었다.

이렇게 내려가 몇 년이고 묵고 싶은 마음뿐이다.

한산의 월남 가족과 수안군수로 간 승인

1899년 5월.

한양 종로거리에는 가로등이 들어서고 전차 도로망이 생겼다.

동경보다 3년이나 앞서 개설하고 개통한 것이 전차다.

이미 1896년에는 덕수궁 앞을 5거리로 나누어 중심에 드넓은 광장을 만들었다.

박정양과 월남이 워싱턴 광장을 보고 돌아와 우리도 저런 광장을 가지자고 합의하여 워싱턴에서 이채연이 그려온 연구한 도시도로 자료를 토대로 본떠 만든 것이다.[3]

"과연 월남이야. 이채연이 도로를 그려온 걸 어찌 알고 이런 생각을 다 하였는고. 정말 좋구면."

---

3) 현재의 서울광장을 말한다. 현 서울광장은 '월남광장'이라고 해야 옳다.

죽천이 만족해 한다.

"대감마님께서 전하께 윤허를 받아내셨으니 될 일이지 어디 생각이 있다고 그대로 되겠습니까?"

월남과 이채연은 죽천에게 공을 돌리는데 죽천은 월남의 공으로 돌린다.

"자네가 지도를 그리기에 돌아가면 우리도 만들고 싶었으나 되지 못할 생각이라고 접었었네. 그런데 마침 생각이 나서 말씀 드리니 이렇게 잘 될 줄이야. 이것은 자네들(월남+이채연)의 공 일세나."

세 사람은 뚫린 도로를 보고 광장을 보며 문득 돌멩이가 날라 오던 그날의 워싱턴광장을 떠올리기도 하였다.

'이 광장에는 돌멩이가 날아다니면 안 된다.'

이런 생각을 하고 월남은 일단 고향 집으로 내려왔다.

그러나 감옥에서 받은 억울함과 수모가 지워지지 않는다.

그런데 세월이 흘러 이제는 한산에서 가장 높은 벼슬자리에 앉아 있던 터라 관아의 군수 품계도 한참 아래다. 군수는 종4품이다.

월남이 왔다는 말에 군수가 찾아와 절을 한다.

"내게 절할 일 없고 받을 일도 아니오. 그러나 오셨으니 잠시 쉬었다는 가시구려."

나이는 오히려 연상이지 싶다.

그러나 종4품이므로 한참이 아래다.

"대감마님! 미력한 소신을 많이 지도해 주시옵소서!"

누구보다 월예의 기가 살았다.

"군수영감님이 참 극진하게 잘해 주십니다. 달마다 녹봉수레를 보내시고는 다달이 안부를 묻고 잘 받았는지 신경을 많이 써 주셨어요."

"고맙구려. 살기가 힘든 백성들도 그렇게 챙겨주시오."

군수가 말한다.

"불편한 게 있으시거든 하시라도 말씀해 주십시오. 제가 잘 모시겠습니다."

"아닙니다. 정부에서 벼슬을 했으면 한 거지 고향에 내려와서까지 어깨에 힘이나 주고 힘없는 백성들을 괴롭게 해서야 쓰겠소이까? 그런 걱정은 안 해도 됩니다."

그런데,

조정에서 보냈다고 하여 여전히 녹봉이 내려온다(곧 끊김).

직을 떠났는데도 내려주시다니 폐하께서 그러라고 하신 것 같다.

'아…, 이 미려한 것을 신하라고 이렇게까지 챙기시다니.'

월남은 생각에 잠겼다.

그렇다면 나라를 위해 녹봉 값은 못해도 고마운 표시는 해야 마땅하다.

순간 떠오른 것이 바로 승륜이와 승인이의 장래 문제다.

승륜이는 33세, 승인이가 29세다.

승간이도 있고 딸 미연이가 있으며 막내 승준이도 있는데 나이마저 아름거린다.

일찍이 승륜이와 승인이에게 과거를 보지 말라고 한 게 이제와 생각하니 잘못한 생각이 아닌가 하는 생각도 든다.

"승륜이나 승인이를 보면 당신이 원망스러워요. 아비가 아무리 잘되면 뭣하겠습니까? 자식에게 길을 열어 줬어야지 후손이 부실하면 선조의 훌륭함이 무슨 가치가 있겠습니까? 당신이 내려주는 녹봉이나 받아먹고 살아서야 어찌 부모의 도리를 제대로 했다하겠습니까?"

월예의 가슴이 부어 있다.

"뉘께 고 하리요, 어디 대고 이 가슴을 터놓지도 못하고, 그저 당신만… 당신만… 오로지 당신이 훌륭한 신하가 되고 큰 인물이 되시기만 바라는 사이에… 정말 말이 안 나옵니다."

"다 털어내시오. 내 아무리 생각해 보아도 참 못난 아비라 놓으니당신에게 야단맞고 원망소리 듣는 것 당연하다고 생각합니다."

월예가 운다.

"승인(承仁, 차남)이의 딸아이가 둘(후일 김남수와 박원명의 처)이에요. 작은 손녀가 걸음마를 하고, 승륜이(장남)의 맏아들 선직(宣稙)이가 열한 살입니다. 아래로 딸이 여덟 살, 네 살… 손자손녀가 다섯이나 되는데… 도대체 수신(修身)이 뭐며 제가(齊家)가 무엇인가 생각하다 보면 당신의 품계가 아무리 올라가도 정신이 하나도 없습니다."

셋째 승간(承侃)이 이야기는 하지 않았어도 안다.

열일곱 살이나 되었으니 장가도 보내야 한다.

넷째는 딸 미연이인데

다섯째 막내아들 승준(承俊)이는 이제 다섯 살, 손자 선직이 보다도한참 어리다.

무슨 말을 하겠는가?

월남은 순간 전부 몇 식구인가 세어 본다.

아내, 승륜이, 승인이, 승간이, 미연이, 승준이… 6명이다.

손자손녀는 승륜이 한테서 셋, 승인이 한테서 둘… 이렇게 5명이다.

11명에다 자신을 합치니 모두 12식구다.

"도대체 우리가 몇 식구인지나 아세요?"

월예가 갑자기 묻는데 다행이 이제 막 세어 본 터라 단박에 열둘이라 할 수도 있으나 선뜻 대답이 나오지 않는다.

"우리가 열두 식구예요. 식구가 몇인지도 모르는 어른이 대감마님이 되셨습니다 그려."

그러나 왜 모르겠느냐고 항변할 기력이 없다.

"성재 서방님네는 왜 빼요?"

"쳐봐요? 당신을 볶자고 하는 말이 아닙니다."

돌아가신(1894년) 희택 공은 살아생전 동네방네 다니며 월남이야기로만 사셨다고 한다.

그러면 고개를 끄떡이기도 하지만 자주 면박을 당하기도 하였다 한다.

"벼슬이 그 정도로 높으면 죽은 김 참의처럼 농토 100마지기는 안 돼도 50마지기는 샀어야 하잖여?"

"너무 맑은가벼? 안 그려? 나오는 녹봉만 곶감처럼 빼먹을 게 아니라, 이럴 때 한주먹 잔뜩 거머쥐어야 자손들이 사는 거 아녀?"

그러면 질색을 하셨다고 했다.

"이보시게들! 벼슬이 무슨 도적질이냐고오?!"

자주 다투기도 하셨단다.

"난 돈도 싫고 난 땅도 싫다고. 내 아들은 목은의 후손이야."

사람들은 고개를 끄덕이면서도 한마디씩 했다고 한다.

월남은,

"승륜이 처갓집이 부자니까 그나마 다행 아니오?"

이렇게 며칠을 머물다 생각하니 아무래도 누군가를 벼슬자리에 보내기는 해야 할 것 같다.

"누가 갈 테냐?"

맏이 승륜이와 둘째 승인이를 불러 앉혔다.

"내가 같이 올라갈 일은 아니다. 둘 중에 누가 가서 죽천대감을 만나거라. 가서 아버지가 보냈다 하고, 어디든 관아에 보내달라고 하여라."

"그럼 무슨 일을 하라는 말씀이세요?"

"나도 모른다. 죽천대감께서 가라는 대로 가라. 잘은 몰라도 정9품이나 종9품으로 가라고는 안 할 것이다."

"그럼요?"

승륜이가 다잡아 묻는다.

"나도 모르겠지만 그보다는 높게 가라 하실 것이다.

"그럼 승인이를 보내세요. 승인이가 저보다는 낫겠습니다. 저는 맏아들이니 아버지도 모셔야 하고 어머니도 모셔야 하니까요."

"그래? 승인이 너는 하라 하시면 하기는 하겠느냐?"

"관리 경험이 없어서요. 공부는 했지만 공부한 것과 다른 게 많지 않겠습니까?"

"가면 너를 시험해보고 갈 만하고 할 만한 데로 보내실 테지."

승인이가 걱정 반, 기대 반인 모양이다.

"그래도 아버지하고 같이 가야 되지 않겠어요?"

"가자마자 어딜 가라고야 하시겠느냐? 가게 되거든 그때나 내가 같이 가도 늦지 않아. 우선은 면접을 해보라고 하는 거니까."

그리고 승인이를 보냈다.

승인이가 보름 만에 돌아왔다.

"황해도로 가라 하셔요. 수안군 부군수(종5품)로 가라 하십니다."

"부군수 씩이나? 아니, 네가 어찌 부군수를 하겠느냐?"

"할 수 있다 하셨습니다. 한 1년이고 반년이고 가서 눈썰미 있게

배우라 하셨습니다. 게다가 바로 군수로 임명해 주신다고까지 하셨습
니다.”

“수안군이라… 부군수라…. 허기야 나는 너를 어리게만 보여서 잘
모르겠으나 죽천대감께서 그러라 하시면 늦은들 무슨 상관이냐. 가서
잘 배워라. 종5품인 모양인데 그저 도적질만 배우지 말고 뭐든 정신
차리고 그저 청렴결백하며 올곧고 지혜로워야 한다.”

“아버지! 그런데 죽천대감께서 가라 하시면 되는 것입니까?”

“그건 안심해도 된다. 황제폐하께서 죽천대감이 보내신다면 윤허
하실 것은 믿어도 된다. 내게도 언질을 주시기는 했으니까.”

“죽천대감께서는 지금 면직이라 하시던데요.”

“그래 안다. 그러나 그것은 상관없는 일이다.”

그러자 승륜이는 걱정한다.

“나이 서른이나 됐다지만 승인이가 잘할까요?”

월예가 말을 받는다.

“승인이는 할 수 있다. 누구보다도 네가 잘 알지 않니? 너희들이야

월남 선생 유품(필묵)

과거만 안 봤지 못할 게 없다."

　수안군 부군수로 간 차남 승인은 1년이 못돼 1901년 군수로 승진
하였다.

개혁당사건으로
감옥에 갇히다

상경하여 집에 와 보니
한성감옥 전옥서(典獄署)에 갇히다
옥중에서

상경하여 집에 와 보니

월남은 다시 한양으로 올라왔다. 승인이가 승진되어 군수가 된 황해도를 가볼까 하다 수하들 앞에 아비의 얼굴을 보여주는 것이 바람직하지 않다는 생각에 포기하였다.

장성하여 군수가 된 아들을 벼슬이 높은 아비가 찾아가면 승인이를 유약하게 보이게 할 우려 때문이다.

다시 올라온 한양의 집은 벌써 십수 년 전부터 월남이 살아오던 집이다. 돈이 있어 산 집은 아니고 매년 도지(賭地, 집세)를 주고 빌린 집이다. 넉넉지 못하여 행랑방에 지킴이는 두었다 말다 해 왔다. 행랑채 문석은 일본공사 하야시 곤스케(林權助)의 공사관에 아우가 근무한단다.

"대감마님! 그건 말하지 마세요. 그네들이 싫어한답니다."

"싫어해? 왜?"

"저들끼리 뭔 비밀이 있지 않겠습니까? 그래서 티를 안 냅니다. 참

우직한 동생입니다."

"그래? 나하고는 상관도 없는 일일세."

"저는 자유롭게 대감께서 필요하실 때만 와 일을 하겠습니다."

그렇게 해온 지도 벌써 5년이다.

"오래 걸리시겠습니까?"

"정함이 없네. 와서 연락 할 테니 그동안 신경 쓰지 않아도 되네."

그렇게 고향으로 내려가면서 집을 비워 두어 벌써 1년이다 돼 간다.

"올라가 집 소제도 해 드려야지 행랑 내외도 없다면서요?"

월예가 말하지만 같이 올라갈 형편은 아니다.

"됐소이다. 가서 문석이 내외를 오라 하면 됩니다."

그리고 올라와 보니 3칸짜리 방이 있는 집이 깨끗하게 치워져 있다.

문석이 다녀 갔겠거니 했는데 뜻밖에도 또 순재가 와 있다.

"아니? 숙부인께서 여기 어인 일입니까?"

"제가 어디 여기 처음 왔습니까? 벌써 몇 번짼데 뭘 그렇게 놀라세요?"

순재가 월남의 한양 집을 안 지는 오래되었다.

1894년 처음 만난 이후 1896년부터 월남의 벼슬이 높아지자 집을 얻었는데 그때도 한두 번 왔으나 월남은 오면 보냈다. 만날 일도 없지만 만민공동회에서 봤을 때도 이 집으로 안 오고 죽천의 사가로 갔던 것은 남의 이목이 있기 때문이었다. 그래도 네댓 번을 찾아 왔으나 돌려보냈다.

문석에게는 순재가 누구라고 설명하기란 쉽지 않았다. 결국 정신이 온전하지 않다 하여 문석도 알아들었다.

"집 청소하고 반찬도 만들어 놓으려고요."

"아니 내가 언제 올 줄 알고 청소고 반찬이고 해서 어쩌려고요?"

"늦게 오시면 제가 먹고 자면 되는 거지요 뭐. 안 그래요?"

"그럼 여기서 주무시기도 했습니까?"

"왜요? 먹고 잤으면 안 되나요?"

"어른들이 아시면 얼마나 걱정하겠습니까?"

"알아요. 왔다가도 가셨어요."

"예? 언제요?"

"두 번이나 오셨었어요. 가자고 해서 여기가 월남대감 사택이라 하고 잘 있을 테니 그냥 가시라고 했어요."

"그럼 여기서 몇 밤이나 잤습니까?"

"자다 말다 여러 날 했지요. 행랑내외(문석)도 와서 봤거든요."

"아니 주인도 없는 집에서 어쩐 일입니까? 역시 아직도 영 건강이 좋지 않으시군요. 안 될 일입니다."

"안 될 게 뭐가 있습니까. 사람이 먹고 자는 거야 당연한 건데…."

"마님, 그것은 안 될 일입니다. 할 게 있고 말 게 있는데 양반 댁 규수가 이런 일이 어디 있습니까?"

"나를 미쳤다고 하는 데야 무슨 상관입니까? 나는 아무렇지도 않아요."

"그러니 그게 병입니다."

"병이나마나 다 아시는데 뭘 걱정하세요. 어서 진지나 드세요. 제가 씨라기(시래기)국도 끓였거든요. 어쩐지 오늘 오실 것 같았습니다. 아침에 까치가 와서 잔치판을 벌리며 울더라고요."

"이거 참 이래서는 정말 안 되십니다. 제가 차려 먹을 테니 이제 돌아가세요. 나는 죽천대감님께 왔다고 인사부터 다녀와야 합니다."

"같이 가요. 안 그래도 아세요. 정경부인께서도 언니가 좋으면 그러라고 했거든요. 여기 갈아입을 옷 다려 놨어요."

여전이 아픈 사람이다. 증세가 더 심한 모양이다.

"아닙니다. 나 혼자 갔다 올게요."

"아니라니까요. 같이 가자고요."

순재가 따라나선다.

"마당도 깨끗하지요? 풀도 다 뽑고 쓸고 측간도 다 치우라고 해서 비웠고요, 또 관복도 잘 다려놓고 서재고 뒤란이고 보세요. 소제를 다 했습니다."

집이 깔끔하다.

"참 내, 이렇게까지 잘해 놓으시다니…."

죽천의 사가로 같이 올 수밖에 없었다.

죽천은 순재가 같이 온 것에 대해 아무런 반응이 없다.

"대감마님! 숙부인이 저러시니 참 걱정입니다."

그러나,

"왜요? 제가 뭘 어째서요?"

하는데 죽천은,

"하루 이틀 일입니까 어디? 처형이 월남이라면 편해 하시니 말길 재간도 없고 내버려 두십시다."

"남들이 볼 때 이게 될 일입니까? 오해하기 십상입니다."

"하하하! 월남이 딴생각을 하십니까? 내가 보는 월남은 그게 아닌데…? 아파서 그런 사람을 누가 뭐라 하겠습니까? 그리고 거의가 다 알잖아요? 그래서 월남과 동서지간이 되는 것 아니냐고 농도 합디다. '떼끼 이 사람!' 내가 호통을 쳤어요. 병이 나서 그런 사람을 어떻게 치료할지가 걱정이지 딴 걱정을 해 뭣하겠습니까?"

"아닙니다. 자고 간 날도 있다니까요."

"자고 가든 먹고 가든 불쌍히 여기는 월남의 마음을 내가 잘 압니다."

"거봐요. 내가 안다고 안 했어요? 나 미치지 않았어요. 나랏일 하시는 서방님 밥 좀 해드리는 것이 무슨 죄짓는 것입니까?"

죽천이 웃는다.

"처형, 월남에게 고마운 줄은 아셔야 합니다."

"알지요. 나한테 그래도 말 친구가 되어 주는 서방님 같은 분이 누가 있습니까. 모두 도망치기 바빠요. 말소리 들어보고 눈빛만 보면 압니다."

돌아오며 생각해보아도 남의 눈에 이건 말이 아니다. 하지만 알 만한 사람은 이미 알만큼 안다. 그래서 한 수 접고 두 수 접어 그러려니 하는 사람이 많다. 그사이 서울에는 일본 미국처럼 종로거리에 가로등이 생겼다. 민간자본으로 처음 시험용 3개의 가로등이 생긴 이후 그 수가 점점 늘어나고 있다.

서울-인천 간에는 철도가 개통되었다. 한강철교를 가설하기 시작하였고 경인 간에는 시외 전화까지 개통되었다.

이제는 서울-부산 간에도 철도공사가 시작되었으므로 세상은 하루가 다르게 변모해간다. 영등포에서 서울-부산 경부철도 북부구간 기공식이 열리고 부산-초량 사이 기공식도 열렸다 하고, 서울-충주와 부산-창원 사이에도 전선공사가 마감되어 개통되었다 한다.

미국에서 돌아와 3년 동안 세상이 눈부시게 발전하는 중인데 문제는 철도시설공사를 일본이 따내서 공사 중인 만큼 아직은 힘도 약하고 능력이 없는 대한제국이나 월남의 힘으로 어떻게 할 방도가 있는 것은 아니다.

월남이 돌아왔다는 말에 동지들이 찾아온다. 독립협회에서 같이 활동하던 사람들 만민공동회에서 만난 이들, 친러파 관리도 오고 친일파 관리들도 찾아왔다.

순재는 돌아가지 않고 밥도 하고 소제도 하며 시중을 들어도 준다. 문석 내외가 그러려니 하고, 찾아온 동지들도 죽천의 처형인 줄 알기에 웃으며 바라본다.

"어서 병이 나아야 하니 월남이 신경을 많이 쓰셔야 하겠습니다."

놀리는 건지 걱정을 해 주는 것인지….

달래서 보내기도 하고, 가면 한동안 아예 잊은 듯이 무소식이기도 하다.4)

한성감옥 전옥서(典獄署)에 갇히다

이렇게 다시 1년이 지나 1902년이 되었다. 문제는 월남이 돌아와 구 동지들과 만난다는 것이 알려지자 친일 집권세력들은 극도로 긴장하였다.

특히 의정부 참정 조병식, 군무대신서리 유기환, 법부협판 이기동 등이 중심이 되어 한참 월남을 묶은 가둬버릴 궁리를 하고 있다.

"그 월남이 문제야. 문제의 월남이 돌아왔으니 또 무슨 일을 꾸밀

---

4) 다음은 『梅泉野錄』 제2권 光武 2년 戊戌(1898년) 독립협회원 이상재, 방한덕 등의 태형(기록에서 지난 이야기를 뽑은 글임)

　獨立協會의 두목 李商在, 方漢德, 劉猛, 鄭恒謨, 玄濟昶, 洪正厚, 李建鎬, 卞河璉, 趙漢禹, 廉仲謨, 韓致愈, 南宮檍, 鄭喬, 金斗鉉, 金龜鉉, 俞鶴柱, 尹夏榮 등을 법부에 수감한 후 법률에 의하여 笞 40대로 징계하였다. 廉仲謨는 前左議政 鄭範朝의 하인으로 갑오년(1894) 이후 朝班에 올랐다. 하루는 그가 中樞院에 가서 여러 재상들에게 말하기를, "諸公들은 옛날 먼지가 뱃속에 가득 차 있으니 어느 때 開化를 하겠습니까? 개화를 하려고 하면 이 仲謨의 집에서 皇室과 혼인하는 날이 와야 할 것입니다."라고 하였다. 이 말을 들은 사람들은 모두 분통해 하였다. 이것은 시속배들과의 인품이 이미 혼동되어 조금만큼의 名分의 한계도 없어진 것이다. 士大夫가 옛날 하인들과 椅子에 마주앉아 동등한 예우를 하고 있지만 그들에게 오히려 침해를 당하여 종종 생각지도 않은 모독을 당하기도 하였다.

지 몰라."

"그자는 가만히 있지를 못해. 꼭 말썽을 부릴 자라니까."

"맞아 독립협회를 되살리고 만민공동회를 부활시키려 할 걸세."

"월남의 발목을 잡아 묶어야 하네. 지금 묶어놓지 않으면 반드시 일을 망칠 사람이야."

"맞아. 이미 차남 이승인이를 수안군수로 보낸 것만 봐도 알지 않 겠는가? 왜 벼슬자리에 보냈겠는가? 결국 월남은 이제 이승인을 앞장 세워 더 강력한 군중운동을 펼치려 할 걸세. 이승인은 월남보다 젊으 니 오죽 잘하겠는가? 지지하는 국민이 많은데다가 젊은 차남까지 합 쳐지면 아니라도 추종자가 많은데 어찌 감당하겠는가?"

"죽천의 줄을 타고 이승인이 조정에라도 들어오는 날에는 월남의 피보다 더 진한 이승인과 같이 개혁운동에 앞장설 게 분명해."

"이승인을 봤는가? 키는 훤칠하게 크고 월남을 빼다 박았어. 게다 가 젊으니까 기골이 강골일 것이야. 사전에 미리미리 막아야 하네. 이 승인의 비리도 캐봐야 해."

"그러니 먼저 월남의 집에 모이는 자들의 성향을 분석하고 뭘 하나 잘 살펴봐야 하네. 황해도에도 사람을 풀어 수안군수 이승인의 일거 수일투족도 감시해야 할 것일세."

"그러나 이번에는 그저 몇 달 살다 나오면 소용없어. 보내려면 한 5년 보내야지. 아니면 또 들고 일어날 걸세."

"5년? 아예 한 10년 20년 처박아야지, 5년 가지고 되겠어? 이승인 이도 아예 싹을 잘라내야 해."

이렇게 해서 월남을 잡으려는 무서운 모사가 꾸며지고 있었다. 이 런 사실을 알 턱이 없는 월남은 거리낌이란 없으므로 정교(鄭喬), 남궁억(南宮檍), 이건호(李建護), 방한덕(方漢德), 김두현(金斗鉉), 윤하영(尹夏榮), 염중모(廉仲謨), 김구현(金龜鉉), 한치유(韓致愈), 유맹(劉猛), 현제창(玄濟昶), 정환모(鄭桓模), 홍정후(洪正厚) 등 옥중 동지들과 교차로 만나 여전히 별 생각 없이 나랏일을 걱정하였다.

"만민공동회를 부활시킵시다."

"일본이 정말 위험합니다. 반일집회를 열어야 해요."

"이승만부터 꺼내 와야 합니다. 결국 월남대감 석방운동하다 들어갔는데 종신형이랍니다. 우리는 면회도 안 받아줘요."

"일할 만한 서재필도 망명하였으니 이제 이승만이 대들보가 돼야 하는데 저놈들이 알아차린 거야."

"우선 이승인 군수를 조정으로 불러내어 조정의 움직임부터 믿고 살피도록 해야 합니다."

그러나 월남은 지쳤다.

"아하, 그런 소리 말게. 나는 아무런 의욕이 없어. 충신이 역적이 되고 역적이 충신이 되는 세월일세. 말이 통해야 하는데 사람이 맑지 못하면 맑은 물에서 살지 못해요. 탁류에서 놀던 사람들은 벼슬이 높을수록 어두운 것에만 관심이 많아요. 독립협회를 역적협회로 몰고, 만민공동회를 정부 전복하려는 역도로 몰아가는 세월에서 종전의 방식으로는 안 되네. 특히 승인이는 나하고 달라서 그저 탐관오리가 되지 않기만 하면 되네. 탐오(貪汚)척결 운동은 승인이 하고는 상관없어. 하려면 내 몫이야. 그러나 나는 내 몫을 할 여력이 없네."

"해야 합니다. 이대로는 안 됩니다."

"이 군수도 참여시켜야 합니다."

"글쎄, 그런 말 하지 말라니까. 내가 그냥 집에다 둘 것을 괜한 짓을 한 모양이야. 또 군수는 군 살림을 해야지 무슨 놈의 개혁운동을 한단 말인가? 벼슬은 품계대로 직을 수행하는 것이고 지방관들은 지방 살림을 하는 것이지 나랏일에 지방관이 대들어 무엇에 쓸 것인가?"

그러나 친일세력의 영역은 점점 넓어져 간다. 그들의 음모는 점점 옥죄어 들고 있다. 아니나 다를까. 그러던 어느 초겨울 어느 날, 월남은 다시 붙잡혀 느닷없이 감옥에 갇히고 말았다. 러시아 공관 옆 옥사가 아니라 종로 전옥서(典獄署)이다.5)

옥에 들어오니 혹독한 고문이 시작되었다.

"대보시오. '개혁당'이란 것을 만든 자가 당신이오?"

이 무슨 날벼락이란 말인가?

"개혁당이라니? 나는 들도 보도 못한 당명이로소이다."

"뭐요? 당신 집에 모여 현 정부체제를 뒤집자고 개혁당을 만들기로 해놓고 왜 시치미를 떼시오?"

"뭐요? 체제 전복? 이게 또 무슨 소리요?"

"그럼 모여서 무슨 얘길 했습니까? 이승인이를 조정에 불러들이자고 한 말은 누가 한 것입니까?"

"이건 또 무슨 소립니까? 개혁당을 만든다고 한 일도 없고, 개혁당 소리는 들은 적도 없소. 더구나 나라의 체제를 무너뜨린다는 생각 자체가 없는 사람이 나요. 나라를 떠받쳐야 한다는 내가 왜 나라를 전복시키려 하겠습니까? 이게 누구 명령으로 족치는 문초요?"

"역모를 꾸며 놓고 무슨 말이 그렇게 많은 거야?"

내려친다.

---

5) 서대문 형무소(1908년 설립)가 생기기 전. 서대문 형무소 수형기록에는 월남 이상재가 없다.

등이 으스러지는 듯 몽둥이로 후려치고 잠을 재우지 않고 밥을 굶긴다.

'세상이라는 것이 참 어찌 이렇단 말인가'

탄식한들 소용이 없다.

그때 내각총서를 사직하고 내려간 차에 그냥 고향에서 살다 죽을 일을 왜 다시 올라와 지금 이런 고초를 당하는가도 싶다.

그러나 생각해 본다. 나라의 영양분이 다 빠져 나가는 중이다. 황제폐하는 더욱 어렵다. 도대체 황제폐하 이어(移御, 이사)만 몇 번인가? 어느 하루도 편히 잠들지 못하는데도 일본과 청국은 이빨을 더 드러내고 아라사(러시아)도 끼어들고 있다. 나라 경영이 중심을 잃어 버렸다.

충신으로 알았던 이들이 점점 친일로 돌아선다. 송병준은 이미 일제와 손잡고 매판자본을 살포하며 배를 불려간단다.

믿었던 사람들이 뻔질나게 일본 공사관을 드나든다는 소문도 들린다. 이렇게 시작해 갇히고 고초를 당한 지도 한 달이 지났다. 그런데 난데없이 둘째 승인이가 오랏줄에 묶여 붙들려 들어 왔다.

"자네 아비가 맞는가?"

승인이의 눈이 휘둥그레진다.

"아, 아버지…!"

"꿇어 앉아!"

승인의 등목을 내려쳐 꿇려 앉힌다.

"개혁당은 언제부터 조직했는가?"

승인은 더더욱 영문도 모른다.

"개혁당이라니요?"

"이거 왜 이래? 아비하고 개혁당 만들어서 나라를 뒤집자고 한 것다 알아!"

월남이 할 말을 잃는다.

하루 이틀 사흘….

연달아 월남 앞에 승인을 끌고와 모진 고문을 가한다. 승인의 목을 조이고 주리를 틀고 송곳으로 찌르기도 해 댄다. 승인이가 기절한다. 이렇게 하기를 열흘여가 지났다.

매일 데려와 혼절해야만 끝나는 고문, 월남은 가슴이 터진다. 굶어 기진맥진한 승인의 이마에서, 등에서 피가 흐른다.

"이놈들아! 개혁당이라는 말은 나도 모르는데 어쩌라는 것이냐?"

"월남! 이래도 잡아떼? 정말 자백하지 못하겠소? 당신이 먼저 죽을 거요? 아니면 아들을 먼저 죽일 거요?"

눈앞에 차마 보아서는 안 될 모진 고문이 이어진다. 이렇게 전옥서에 들어온 지 두 달이 지나고 승인이가 들어와 하루 한 번 씩 고초 당하기를 한 달이 지났다.

"여봐라!"

월남이 형리를 불렀다.

"자백할 거요?"

"조건이 있다."

"조건이라니? 자백한다는 조건인가?"

"그렇다. 고문을 하려면 나나 할 것이지 부자지간을 같이 잡아다가 이게 인간이 할 짓이냐?"

그러자 승인을 더 심하게 팬다.

승인이 몇 번을 혼절하여 이제는 죽을까 싶다.

"자백하라!"

월남은 자기의 고초는 각오가 되었다. 그러나 승인이의 고문은 눈 뜨고 보지 못하겠다.

"자백인지 뭔지 하라면 하겠다. 그러나 조건이 있다."

"조건? 조건이 뭐냐?"

"자백할 테니까 승인이를 풀어주어라. 승인이를 풀어주지 않으면 누 가 죽든 나는 자백하지 못한다."

"자식을 먼저 죽여도 못한다? 오호라 이 양반이 아직도 머리를 굴 리네. 당신은 역모야. 사형 아니면 종신유배야. 지금은 유배형이 없어 진 것 몰라. 그러면 사형이야. 자백을 해야 정상참작이 되고 죽음을 면한다고."

"그러니 조건이 있다는 것이다."

"말하라."

"첫째는 아들을 풀어주라는 것이다."

"그리고?"

"둘째는 자백조서에 도장을 찍을 테니 구체적인 내용은 묻고 따지 지 말라."

"뭐라? 묻지 말라? 그게 자백인가? 아들을 풀어주라는 것은 좋다. 그러나 그 대신 사실대로 자백을 하거라. 육하원칙에 따라 개혁당의 전모를 밝히지 않으면 자백이라 하겠는가?"

"그래, 좋다. 승인이를 먼저 내보내라. 그러면 자백하겠다."

월남이 무너져 내렸다.

'나를 죽이는 것은 죽어도 좋다. 하지만 승인이를 눈앞에서 죽게 둘 수는 없는 것이다.'

"자술서에 자백부터 하라. 그러면 풀어준다. 부자를 처벌하는 것은 법이라도 야박하니 아비만 처벌을 하라고 요청할 테다."

"글쎄, 풀어부터 주라니깐!"

"어림없어. 자술서를 쓰면 풀어준다 했지?"

하고 더욱 심하게 승인을 내려친다.

승인의 신음소리가 월남의 가슴을 찌른다.

월남이 또 무너진다.

"그만! 그래, 내가 또 져주겠다. 그러나 인간이 할 짓이 있고 말 짓이 있다는 것만 알아라. 자술서 가져와라."

월남 앞에 자술서가 왔다.

"일단 승인이를 딴 방으로 보내라. 인간의 탈을 썼다면 당연한 것 아니냐?"

승인이 밖으로 나가자 월남이 말했다.

"내가 한 톨도 숨김없이 말할 것이다. 단, 그대로 말하면 승인이가 죽게 생겼다. 그런데도 사실대로 말할 게 없다. 그러면 너희들의 취조는 허사가 된다. 그러니 너희들이 써라. 육하원칙은 너희들이 맞춰 써라. 나는 도장을 찍든 지장을 찍든 묻지 않고 찍을 것이다."

"뭐라고? 우리가 쓰라고?"

"난 쓸 게 없다 했지 않느냐?"

그러자 기다리라 하고 한 녀석이 나갔다 돌아온다.

"우리 손으로 써도 된답니다. 단 읽어주고 지장을 받고 도장을 받으라 하십니다."

이렇게 두 달 하고 한 치레가 지난 오늘 월남은 듣도 보도 못한 개혁당을 발기했다는 자술서에 도장과 지장을 있는 대로 찍어 주었다.

"읽어드리겠습니다."

이제야 공대라고 한다.

"아, 필요 없다지 않소? 읽어보고 찍으라고 할 때 이미 그럴 필요 없다 하지 않았소?"

"명령입니다. 그래도 들으셔야 합니다."

"듣기 싫소."

"그럼 여기에 지장을 한 번 더 찍으시오."

내용인 즉, 취조문을 잘 읽었다는 간단한 종이 한 장이다.

월남이 화급히 말했다.

"하라는 대로 했으니 승인이를 한 번 만나보고 내보내주시오."

"예예, 알았습니다."

그런데,

승인이가 아파서 만날 수도 내보낼 수도 없으니 며칠 치료하고 나서 만나게 한 후에 내보내겠단다.

이틀 후 승인이를 만났다.

"아버지! 어떻게 되었습니까?"

"모든 게 끝났다. 벼슬이고 군수고 다 접어치우고 고향으로 내려가거라. 가서 어머니께 우선은 내 이야기를 하지 말아야 한다. 이놈들이 면회를 시킬지 모르겠으나 다음에 나하고 상의해서 그때나 말씀드려야 한다."

월남은 실형 20년을 구형받고 15년의 징역에 처해졌다. 그러나 말로만 풀어준다 하고 승인을 풀어주지도 않았다. 한두 달이 지난 후 승인이가 수형중이라는 것을 알았으나 방도가 없다.

옥중에서

나라를 위해, 임금을 위해 훌륭한 신하가 되어보겠다는 월남의 꿈이 산산이 부서졌다. 죽천이 면회라도 오고 싶어 몸살이 날건데 죽천의 면회는 허락하지 않을 것이 뻔하다. 15년 후에 나가면 68세가 된다.

"서방님은 너무 착하세요. 그러니 살기가 고생이시지요."

난데없이 순재의 음성이 들려온다.

"착하니까 나는 좋지만 그렇게 착하기만 해서야 어찌 나랏일을 하겠습니까? 사람이 모질고 독해야지 어디 벼슬아치들이 착한 사람 말을 듣습니까?"

"내가 착한 사람이라고요? 나는 착하지 않습니다."

"그럼 독합니까?"

"독한 사람도 착한 데가 있고 착한 사람도 독한 데가 있는 것입니다. 나도 착한 데가 있는 만큼 독하답니다."

"인정이 너무 많아요. 인정 많아 좋을 것 같지만 인정머리가 없어야 좋을 때도 많습니다. 없는 사람 보면 도와주고 싶고, 아픈 사람을 보면 같이 아파하시고, 그러시면 다 주기만 하고 남는 게 없습니다."

맞는 말 같기도 하다. 월남은 공연한 생각에 빠진다 싶어 고개를 절레절레 흔들어댄다. 몸과 마음이 거칠어지고 있다.

'이놈들이 도대체 왜 나를 잡아 가두었을까?'

물론 아무 잘못이 없다. 잘못을 저지를 까닭도 없고 저지르지도 않았다.

누구를 미워하고 저주하며 죽이고 싶은 사람도 없었다.

일본 놈이나 청국, 러시아인 어느 누구라도 쳐 죽이고 싶은 마음을 가진 바도 없다. 그러니 같은 우리 대한사람을 죽도록 미워할 이유도 없고 미워하지도 않았다.

황제폐하에 대한 충심은 어떠냐고 물으면 화가 난다. 물어볼 필요도 없고 변할 까닭도 없으며 곁에서 편히 모시지 못하는 것만이 마음 아프지 일점의 반에 반도 황제에 대한 불만이 없었다.

황제를 모시는 어떤 신하도 죽기를 바라지도 않았다.

곰곰이 생각에 잠겨 '내가 가장 미운 놈이 어떤 놈인가?'

하는 문제를 생각해 보았다.

속이 있는 건지 배알도 없는 것인지 모르겠지만 아무리 찾아봐도 미운 놈은 없고 쳐 죽일 놈도 없다. 굳이 있다면 불특정 탐관오리다. 하지만 탐관오리도 개인적으로는 한 가정의 가장이며 남편이고 자식이니 개인적으로는 미워 죽여야 한다는 악심을 가져본 사람은 없다. 심지어는 부정하게 벼슬을 사는 자나 파는 자라도 인간까지 미워하지는 않았다.

"그러면 안 됩니다. 어서 마음을 돌이키시오."

그저 돌이키기를 바라고 오리(汚吏, 썩은 관리)가 깨끗한 마음으로 나라에 충성하고 직무에 충실하도록 변화되기를 바랄 뿐이었지 저놈은 희망 없다고 반드시 몰아내고 꼭 죽여야지 나라가 살고 황제가 편하시다고 미운털을 박은 그 누구도 없다.

한마디로 벼락 맞을 짓을 한 바가 없다. 한마디로 죄를 지어 당연히 죗값을 받아 마땅한 짓을 한 것이 없다. 그럼에도 불구하고 죄인이라고 하여 이 고통을 받고 감옥에 갇혀버렸다.

이에 대해 '그놈은 그래도 싸다'고 할 자가 누구일까? 나를 향해 마땅히 감옥에 보내야 한다고 할 자가 누구인가? 누군가와 원수진 사람이 있는가도 생각해 보았다. 나 월남이라면 이를 득득 갈 사람도 쉽게 떠오르지 않는다. 그럼에도 불구하고 누가 왜 나를 죄 있다 하여 정부전복이라 죄를 만들어 여기에 쳐 넣었는가?

개혁당이라는 것은 꿈에도 해본 생각도 아니고 있지도 않은 말인데 개혁당을 만들자 했다고 가두어 놓다니 이것은 말도 안 되는 소리고 억울하고 분한 일이다. 죄 없이 옥에 갇힌 신세. 도무지 이게 어떤 놈의 짓거리인지 도무지 짐작도 안 된다. 그래서 그럴 만한 녀석들을 돌아가며 곰곰 생각해본다. 누굴까? 열 명 백 명 이백 명을 돌려보아도 나를 잡아 가둘 놈은 딱히 이놈이다 싶은 놈이 없다. 있다면 분명 외세(친일파)다.

조선시대의 옥사 건물

청국에서 나를 싫다하 겠지만 벌써 미국에서 돌아 온 지가 3~4년
되고 이제 와서 청국이 이상재를 잡아야 자기네가 힘쓴다고 할 이유
는 말이 안 된다. 친청파도 반청파도 아니었고 친러파도 반러파도 아
니었고 친일파도 반일파도 아니었고 오직 고종파였다고 하기에는 부
족할지언정 대쪽 같은 죽천의 수하이며 굳이 파를 대라면 죽천파다.

그렇다면 죽천을 미워하는 자가 죽천에게 원수 갚자고 나를 가두
었을까 생각해보지만 죽천을 죽이라고 아우성친 일도 없고 죽천은
누구하고 눈을 까뒤집어 쓰지도 않았으며 물 흐르는 듯 순리를 따르
면서 생각이 달라도 앙칼진 대립으로 험한 말을 주고받지도 않아 편
도 없지만 적도 없는 사람이 죽천이다.

물에 물 탄듯 할 정도로 사람이 부드럽지만 충심이 반듯하고 유순
하면서도 영특하여 월남이 볼 때는 죽천 같은 신하는 둘도 없다고 보
여 자신은 따라가지 못하는 선비 체질이 죽천이다.

그에 비해 자신은 독한 가시가 있기는 하다. 아니다 싶으면 직방
쏘아붙이지만 그것이 어디 무경우이거나 인간의 인정마저 무시하여
감정을 상하게 할 정도로 처세에 모가 나고 가시가 솟았었을까?

그러지도 않았고 그럴 생각도 없어서 누구라도 손잡고 나라와 황
제를 같이 잘 모시자는 것이 근본사고의 바탕이다. 그런데 잡아 가두
었다. 배후에 누가 모사를 어찌 꾸민 것인지 도무지 알 길이 없다.

하나는 분명하지 싶다. 친러파를 주저앉힐 때 만민공동회까지 무
너뜨리려 한 외세가 일본이다. 현재의 정부도 친일이라고 보아야 한
다. 죽천을 파직한 황제는 이제 친일파의 숲에 갇혔다. 그러니까 월남
을 잡아 가두자고 한 중심세력은 누군지 짚어내지는 못하겠으나 친
일파요 친일파의 뒤를 봐주는 일본이라는 사실이다.

일본은 직접 가본 나라다. 신사유람단으로 갔을 때나 그 후 죽천을 모시러 갔을 때의 일본인은 어디로 보나 부드럽고 친절했고 깨끗한 양심으로 우리를 해칠 이유가 없다고 보이는 침략 근성이 아닌 평화주의자(온건파)들이어서 이웃하기에 나쁠 게 없게 보였다.

그러나 현 일본공사 하야시 곤스케나 앞전 하나부사 요시모토, 구로다, 이노우에 가오루, 오카모토 유노스케, 다케조에 신이치로, 메카다 다네다로, 다치야마 데이스케, 오오시이 마사미, 오오토리 게이스케, 고무라 슈타로, 모토아리 노스케, 이토 히로부미까지.

그동안 조선공사로 오고간 일본인들을 거의 다 알고 있는데 이들은 달랐다. 이들은 월남에 대해 어찌 보면 큰 관심도 갖지 않았다.

'그래도 이놈들 짓인가?'

그러나 그놈들이 나를 어찌 중요 인물이라고 잡아 가둔다는 것은 쉽게 이해되지 않는 일이다.

'맞아, 독립협회이며 만민공동회가 맞다. 여기에 민중이 모여드니 이것이 큰 힘을 낼까 우려한 것일지도 모른다.'

통분하고 통탄할 일이나 악을 쓸 수도 없다.

이제는 마음을 다스려 진정시켜야 한다.

그럼에도 불구하고 걱정이 많다.

더불어 지나간 세월이 주마등처럼 흘러가는 것을 어이하리.

나이 11세였을 그때.

현만은 어린 상재로 하여금 세상을 보는 안목을 열어 주었다.

"적자와 서자를 차별하지도 말자는 것인가요? 어찌 서자와 적자를 같다 하겠습니까? 그것은 최제우가 서자 출신이라 자기입장에서 하는 말이 아닐까요?"

상재의 물음에 현만이 대답하였다.

"사람은 적자나 서자의 선택이 자기에게 있지 아니하다. 왕후장상의 씨가 따로 있다는 말과는 다른 것이다. 아버지가 첩을 들이고 왕이 후비를 들인 것이 태어난 자식의 책임은 아니며, 그러기에 적자나 서자나 똑같은 하나의 인간으로서의 권리는 동일하다고 보는 것은 그르다 하지 못하고 이에 찬성하는 것이 서자들뿐만 아니라 적자나 학자들도 많다는 것은 판단의 균형이 잘 잡힌 것이라고 보아 그르다 할 수는 없는 일이다."

"그런데 왜 조정에서 그렇게 좋은 일에 압박하고 반대하는 것일까요?"

"그 이유가 있지. 인간은 누구나 자기 능력에 따라 적재적소에서 맞는 일을 하는 데 있어 과거제도나 입신양명에서도 차별이 없어야 한다는 것이 얼마나 좋으냐. 그러나 그렇게 되면 자기들의 권력이 나누어지고 평등이라는 이유로 인하여 특권층, 즉 지금으로 말하면 안동김씨네 세도가 약해질 것을 우려하는 것이니 누가 옳고 그른가를 판단하는 것은 백성의 몫이요 그것이 학자가 학문을 배우는 목적이 되어야 한다는 것이다."

"인내천 사상이라 한다면 천주교와 같은 사상 아닙니까? 하느님을 믿으면 양반이나 상인이나 임금이나 평민이나 똑같이 하느님의 아들이라 하여 하느님 안에서 영적으로 형제가 되고 자매지간이 된다는 논리는 부모자식도 형제가 된다는 말과 같아서 이것은 유학의 근본을 망각하는 것이라 과연 막아야 하지 않겠습니까?"

"그것은 어려운 질문이다. 나는 불가(佛家)에 들어와 수행으로 자비(성불)를 얻는다는 것에 동의하는 입장인데 천주를 믿는 사람들은 수행과는 상관이 없고 오로지 믿음으로(믿기만 하면) 구원을 받는다 하니 성불이라고 하는 것이 어찌 거저주워 얻는 것이라는 것인지 나는 설명을 하지 못한다. 이해도 못하겠고. 다만, 내가 인정할 것은 나는 천주교인이 아니므로 과연 천주교인이 되어보지 않은 상태에서 단면만 보고 판단하고 아니다 그르다 반대하는 것은 자격을 갖추지 못한 행동이라고 본다는 것이다. 책도 고루 배워 학문을 닦는 것이 중요하지만 세상이 돌아가는 현실을 제대로 알고, 각각 상대가 처한 위치에서 상대를 제대로 다 이해하지 못하면서 거부하고 들으려고도 않고 틀렸다거나 악하다 평가하는 것은 옳다고 보기 어렵다는 것을 말하는 것이다."

"조정을 모르고 백성의 형편을 모르고야 글을 읽고 붓을 놀린 듯 무엇에 쓸 것이냐. 균형을 잃어도 안 되고 치우쳐도 안 되니 세상을 모르고 백성을 모르는 지식은 반드시 사복(私腹, 자기 배)만 채우게 되어 있어서 학자가 부패하면 무지랭이만도 못 하느니라."

현만은 노령에 병약한 몸으로 늘 강조하며 월남을 가르쳤다.

"중심을 잡으려면 넓게 보고 전체를 알아야 하고 삐뚤어지지 않은 정도(正道)를 가려면 상하를 알아야 한다. 그러나 위아래만 알고 좌우를 모르면 수평이 어긋나 말과 행실이 못쓰게 된다. 탐관오리라는 게 결국은 이 세 가지 중 하나가 허술해 삼발이 다리 하나가 부러진 것이다. 넘어지게 돼 있고 넘어지는 최대의 피해자는 첫째가 백성이요 다음은 임금이다. 대신 본인의 결국은 효수(梟首, 목을 베어 높은 곳에 매달아 놓던 형벌)이거나 능지처참 당하고 멸족이 된다."

"나라? 나라를 알려면 먼저 부모를 알아야 한다. 우리가 충효(忠孝)라 하는데 이건 순서가 충이 먼저가 아니라 효가 먼저다. 부모는 가족의 기초다. 가족이 모이면 그것이 나라가 된다. 그러므로 나라가 되려면 백성이 있어야 하는데 백성은 살아갈 땅이 있어야 한다. 땅과 백성은 나라의 절대 요소다. 이 백성과 땅에는 임금이 있다. 임금은 나라의 주인인데 실은 백성이 주인이기도 하다. 임금은 어떻게 그 자리에 앉느냐 하면 하늘이 앉힌다 하여 천제(上帝)를 대신한다고도 한다. 그래서 땅과 백성을 위하여 전쟁을 하게 되고 전쟁에서 지면 나라는 멸망한다. 고구려를 세운 주몽이나 고려를 세운 왕건은 장군이었다. 그러나 전쟁에 이기고 지는 것은 그 명운이 하늘에 달렸다. 춘추좌씨전(春秋左氏傳)에서 말하고 네가 배우는 것이 바로 그런 것이다."

"허허, 알아듣긴 네가 뭘 알아듣느냐? 알아듣지 못하는 말이니 이다음에 가르쳐 주겠다. 다만 공부하지 말라는 말은 아니다. 그러나 공부는 해서 뭣 하느냐는 말이기도 하다. 심사가 고약하여 제 입만 알고 더러우면 배울수록 역적질이나 하고 간신배가 되어 임금을 힘들게 하고 백성을 괴롭게 한다는 것인데 아직 알아들을 턱이 없다. 이다음에 얘기하자."

"글이란 말의 또 다른 표현수단이다. 말로 할 게 있고 글로 해야 할 말이 있다. 같은 말도 글로 하면 말격이 달라져 글격이 갖는 효과를 거두게 된다."

"정치는 덕(德)이다. 백성을 아끼고 보살피는 덕치를 하지 않고 백성의 피와 땀으로 지은 식량을 과대하게 거두어 가면 백성은 살기가 어려워진다. 물론 나라를 유지하려면 백성이 세금을 내야 하는데 인간으로 비유한다면 머리만 잘 먹어서는 안 되는 것처럼 사지(四肢)가 다 튼튼하고 건강해야 하니 여기서 지혜롭고 덕망 높은 임금이 요구되는 것이다."

아무리 되새겨 봐도 어디서 이런 가르침을 주신 것인지 놀랍기만 하다.

'아! 나는 무엇인가? 나는 누구를 어떻게 가르쳐왔는가?'

생각하면 헛되게 살아왔다.

자주 심장이 아프고 뒤틀린다.

죽천 같은 신하가 황제 곁에 있어야 하고 누가 뭐래도 자신 월남이 죽천의 곁에 있어야 하는데 이 나라가 어디로 기울어 갈지 모를 일이다.

'기운다면 결국 일본으로 기울겠구나.'

그런데 막을 방도가 없다.

미국에 같이 갔던 공사관 동지들이나 서재필 이승만 같은 독립협회 애국파들이 모두 수족이 잘려버렸다.

황제폐하의 사람이 없고 이제는 모두가 일본의 앞잡이가 에워쌀 것이다.

한숨이 절로 나오는 감옥에서 당장 뛰쳐나갈 수도 없는 일이다.

'죽천대감마님은 어떻게 무엇을 하고 계실까?'

'나라가 무너질지도 모르는 이때 무슨 방도를 찾아내지는 못하실까?'

'만나봐야 수를 내고 방법을 찾겠는데 까마득하다.'

'이놈들이 나를 쉽게 내보낼 것 같지를 않아.'

월남의 한숨으로 땅이 꺼진다.

제6부

감옥에서 하나님을
만나다

만들지도 않은 개혁당
옥중회상
마룻바닥 틈새에 낀 쪽복음서 마태복음

만들지도 않은 개혁당

죽천은 고통으로 몸져누웠다. 파직을 당한 것은 고통이라 할 바 아
닌데 월남이 죄 없이 붙들려간 것이 가슴을 찌른다.

"면회는 안 시킵니다."

정교(鄭喬), 남궁억(南宮檍), 이건호(李建護), 방한덕(方漢德), 김두현
(金斗鉉), 윤하영(尹夏榮) 등이 문병차 찾아와 애를 태우지만 방도가
없다.

"그럴 테지. 그놈들이 작심을 하였을 테니까."

"어찌 보면 우리 독립협회나 만민공동회가 너무 성공적인 탓 같기
도 합니다."

"그것이 우리의 뜻이라던가? 그것은 하늘의 뜻일세. 민심이 곧 천
심이라 하지 않던가?"

"그런데도 반역이라 하다니 이제 독립협회고 만민공동회고 다 끝
나버린 모양입니다."

"그래요. 정말 나라를 위해 큰 기가 꺾인 것 맞습니다."

"우리끼리 힘을 합쳐 어떻게 해서든지 운동을 부활시켜야 하지 않겠습니까?"

"생각은 좋지만 한 사람이 소중한데 이젠 머리가 잘린 격이야. 월남은 일일이 내 수족같이 움직여 왔고 자주 내 머리 위에 올라타 나를 움직여 주었지. 나는 월남의 생각이 곧 내 생각인 것을 이번에도 확인하였네. 그런데 이승만도 잡혀가고 서재필도 망명하고 윤치호는 발을 묶었으니 다 모여도 힘든 판인데, 게다가 내가 유하다 보니 앞서지지도 않고… 이것 참 걱정일세."

"일단은 좀 두고 보아야 하겠지요?"

"15년이야. 15년간 두고 볼 일인가 이것이?"

해답이 나오지 않는다. 이에 죽천이 말한다.

"내 말을 잘 들어보시게. 나는 월남이 없는 우리 대한을 걱정하지 않을 수 없네. 이제 앞으로 어떤 길로 접어들게 될까가 큰 걱정이란 말일세. 친일파가 자리를 굳히면 다음 차례는 무엇이라 하겠는가? 청국과 러시아의 제재 사슬을 끊고 이어서 무슨 짓을 한다고 보는가? 눈에 환하게 보이네. 일본은 우리 대한제국을 통째로 삼키는 수순을 밟아 갈 것일세."

"월남 대감은 언제쯤이나 내보내줄 것 같으세요?"

"15년이라지만 갇혀 있을 연수는 의미가 없고 그러는 사이 세상이 얼마나 어떻게 변할 것인가가 가장 큰 우려고 이게 정말 심각한 문젤세."

"무슨 말씀이십니까?"

"제발 내 예상이 빗나가기를 비는 마음뿐일세. 불길해."

"무엇이 불길하십니까?"

"저놈들은 월남을 감옥에 가두고 일제침략 작전을 전개한다고 보아야 하네. 정말 빗나갔으면 좋겠어. 그런데 내 예측이 맞을 것만 같으니 뼈가 시리고 아프네."

"아, 월남을 묶어 버리면 이젠 방해세력이 맥을 못 출 것이다? 그 사이에 일본의 야욕을 행동에 옮긴다? 뭐 이런 뜻입니까?"

"바로 그걸세. 그러나 이걸 아는 사람이 없어. 황제폐하도 모르시지. 그렇다고 이를 주청 드린다고 해서 대 황제폐하가 월남을 석방할 상황도 없다는 것을 나는 잘 안다네. 폐하의 위치가 지금 어디 뜻대로 나라를 다스릴 형편이신가? 내가 폐하라고 해도 폐하도 방도가 없는 상태란 말일세."

"그렇다면 자칫 이 나라가 일제의 마구(魔口)에 들어갈 수도 있다는 말씀입니까?"

"그렇다네. 그래서 월남이야 월남. 월남이 숨을 못 쉬면 일제가 편하고 친일파가 활개를 치게 되지."

"헌데 월남은 언제나 석방되겠습니까?"

"그걸 맞히면 귀신이지? 다만 하나는 분명하다고 보네. 침략의 기반이 조성되면 머잖아 월남부터 풀어줄 것일세. 월남이 나오면 그때는 때가 늦지. 어쩌면 상황이 끝나야 내보낼 수도 있다고 보이나 그러면 직설적인 오해를 받을까 하여, 아마도 미리 직전에 내보내 줄 것일세."

"그러면 이제 우리는 어떻게 해야 하겠습니까?"

"막아야지. 어떻게든 일제건 청국이건 어느 나라도 우리의 자주 독립권을 허물지 못하게 막아야 하네."

"방법이 있겠습니까?"

"방법이 안보여. 월남이 있어야 비폭력 무저항이면서도 온전한 방책이 나온다고 믿는 나는 낙심천만이야. 때가 늦는구나 싶어."

"휴…."

"이 나라가 잘못되면 이건 분명 월남이 없는 탓이다! 나는 이렇게 단정하겠네."

옥중회상

옥에 갇힌 월남의 기력은 점점 쇠약해진다.

이것이 일제침략의 기반이 된다고 생각할 기력도 없다.

공상만 하게 된다.

일정 스님도 떠오른다.

"몰라서 행치 못하는 사람이 있고 알고도 행치 않는 사람이 있으나 더 중요한 것은 배워서 아는 사람들 끼리 해석이 달라서 하나는 동(東)이라 하고 하나는 서(西)라고 하면 어려워진다. 가령 임금 밑에 두 사람의 신하가 있다고 치자. 둘이가 재친민 재지어지선(在親民在止於至善)에 대한 해석이 달라서 하나는 이래야 한다 하고 하나는 저래야 한다 하고 둘의 의견이 갈라지면 감당이 안 되는 것이다."

"그러면 임금님이 듣고 판단하실 것 아니겠습니까? 분명히 기록돼 있는 글을 가지고 어찌 행동은 달라져야 한다는 것인지요?"

"거기서 바로 충신과 역신이 갈라지는 것이다. 네 중시조 할아버지 목은의 경우에도 똑같은 일이 일어난 것이다. 목은은 창왕을 모셔야 한다고 하였고 이성계는 공양왕을 세워야 한다고 했다. 이성계도 在親民在止於至善을 따르기 위해 공양왕을 세운다 한 것이고 이에 반대한 포은이나 목은을 죽인 것도 在親民在止於至善이라는 주장이며, 심지어 이성계는 새로운 왕조를 세우는 목적도 在親民在止於至善이요 스스로 왕위에 올라가야만 在親民在止於至善이 된다고 강력하게 주장하면서 국호를 고려에서 조선으로 바꾸는 것 역시도 在親民在止於至善이라고 주장한다면 너는 어떻게 생각하려느냐?"

"스승님! 그것은 목은의 후손으로서 저를 무시하고 목은을 욕보이시는 말씀으로 들립니다."

"뭐야? 이 녀석 봐라. 지금은 정의와 불의가 주제가 아니라 지금은 학문을 토론 하는 시간이다. 내가 포은이나 목은의 제자인데 너보다 더 존경하거늘 욕을 보인다니 네가 더 괘씸하구나, 이놈아!"

"그럴 수가 있다. 있는 정도가 아니라 너무나도 많다. 우선 신하를 어떤 자리에 앉히면 그가 유능하여도 신료들이 그자는 아니라고 강력하게 상소를 올리면 선량한 신료가 직에서 물러나고 심지어는 죽거나 유배를 가기도 한다. 그러므로 학문은 배우는 것이지만 배운 학문은 싸움을 하는 원인이 된다. 아마 못 알아들을 것 같다."

"바로 그것을 말하는 것이다. 충신이 무엇이냐? 백성의 입장을 살펴 그쪽에 서는 것이 충신이므로 충신은 배를 채우는 것을 거부한다. 역신은 백성을 내세우지만 사실은 사욕을 채우려 하는 쪽이다. 그것은 양심이 더러운 것이지만 그자는 아니라고 우긴다. 아니, 알지 못한다. 그것이 민복(民福)이라고 생각하고 그래야 임금의 자리가 튼튼하다고 보는지도 모른다. 그러니 학문도 어렵지만 벼슬은 더 어렵고 벼슬아치들 사이에 알력과 권력 투쟁이 훨씬 더 무섭다는 얘기다."

"말글로 배워 뒷글로 쓴다는 말이 있고, 뒷글로 배워 말글로 쓴다는 말이 있다. 학식이 높아도 그로서 나라와 백성에게 피해가 간다면 지금 일어나는 민란을 맞게 되는데, 역신은 민란 백성을 역적으로 몬다. 사형시켜 마땅하다 하지. 그러나 충신은 그들을 도와주자고 한다. 결국 신료들끼리 싸우게 되고 결국 모함하고 귀양 보내고 목을 베도록 임금께 간언함으로 배우되 배워서 어떤 신하가 되느냐 하는 것이 무엇보다 중요하다는 말이다."

"사람이란 잘되면 좋아하는데 안 되는 것이 잘되는 경우가 훨씬 더 많다. 가령 금덩어리를 주우면 잘된 것이라고 좋아라 하겠지만 그게 소문이 나게 돼 있고 그래서 그날 밤에 강도가 들어와 칼로 찌르고 금덩어리를 빼앗아 가 버린다면 공연히 칼에만 찔리고 금덩어리는 주운 것이 줍지 않은 것만 못해 독이다. 인생이라는 것이 꼭 과거에 급제해야만 좋아할 게 아니란 말이지. 장원급제가 곧 훗날 사형장에서 목이 날아가는 길로 들어서게 되는 경우도 있다. 그런 경우가 허다하게 많다. 꼭 좋아하거나 실망할 게 아니다. 공부 잘해서 유배를 가고 옳은 소리가 역적이 되어 목숨을 잃는다면 차라리 무식한 것이 낫다."

"그래서 좋은 일이 생겨도 깔딱 넘어가게 좋아하지 말 것이요, 만약 나쁜 일이 생겨도 크게 낙심하지 말라는 것이 바로 중용이다. 사나이는 일희일비 하지 않는다. 감정에 따라 살면 인생은 실패다. 오늘 장원이다 차석이다 한 녀석들이 네 말대로 부정합격이라면 앞날은 뻔하다. 권력이란 허무한 것이라 세도의 축이 바뀌면 그것이 들통 나게 돼 있고 결국은 그 죗값을 받는 것이다. 어쩌면 사형장으로 가면서 춤추는 등신춤을 추게 되는 어리석은 것이 인간이다."

"그러나 너처럼 잘하고도 낙방하면 그럴 일은 없겠지? 사람은 오늘만 사는 것이 아니다. 오늘의 불행이 내일의 행복이 되고, 반대로 복이라고 본 것이 화가 되는 경우가 다반사이니 너는 마음을 비워라. 부처님은 공수래공수거라 하였다. 중요한 것은 불심이며 성불이다. 십년공부 도루아미타불이라고도 하지만 그것은 순간만을 말하는 것이다. 반대로 공든 탑은 무너지지 않는다는 말도 있다. 오늘은 도루아미타불이라도 내일은 무너지지 않는 탑이 될 터이니 네 불심이야 내 알지 못하나 모든 것을 부처님의 공덕으로 쌓아야 옳다."

"네 마음 가는 대로 살아라. 과거를 또 보든 말든 난 강요하지 않는다. 네 생각이 올바르면 그것이 바로 부처님의 뜻이다."

"인생사 뜬구름이라니까. 그래서 세상만사불여의(世上萬事不如意)라 하는 것이고 인생무상(人生無常)이라 하는 것 아닌가? 뜻대로 안 되니 불여의요 늘 같지 않으니 무상이라는 것이지. 오늘만 살면 그게 성공일세. 길게 잡아도 올해만 잘 살면 그건 아주 대 성공이야. 누가 오늘밤에 밥숟갈 놓고 세상 뜰 줄 알 것이며, 누가 내일 홍수가 날 줄 알 것인가? 상재는 우리 마음대로 안 되지. 누구나 마찬가지만 상재는 한 가지 분명한 것이 있어. 예사로운 아이가 아니란 말이지. 아참! 아이가 아닌가? 하하하!"

어디 그뿐인가?

생각해 볼수록 스승 복은 많았다.

혜산스승님이 그중에 한 분이시다.

그러다 보니 갑자기,

'맞아. 스승님이라면 죽천대감을 따를 이가 뉘리오.'

하여 배우는 복은 흘러 넘쳤다.

경암대감이 그러하셨고 아버지 희택의 집념이 여기까지 오게 하였다.

하지만 지금은 감옥이다.

이제는 더 이상 어떻게 하여 황제폐하 앞에 나갈 방도도 없다.

훌륭한 신하의 꿈이 무너졌고, 죽천대감과 그려왔던 나라를 위한 큰 그림도 사라지고 말았다.

월예 생각.

일본에 갔던 신사유람단.

미국에 갔던 공사관의 일들.

내각 총서.

그리고 독립협회와 만민 공동회.

무두가 다 한바탕 일장춘몽이 되어 흘러갔다.

지루한 죄수의 몸이 되어 갇힌 신세.

영어(囹圄)의 날들은 무한정이며 이제 돌아가신 희택 아버지 앞에 중죄인이 되어 묶였다.

'내 아무리 올곧으면 무엇 하는가?'

결론은 죄인이 되어 갇혔으니 아버지의 혼이 알면 혼이라도 몸져 누우실 일이다.

갑자기 불안한 날도 맞는다.

'갑자기 월예가 면회를 오시기라도 하면 어쩐다지?'

'맞아, 벼슬길이라고 하는 곳으로 나온 게 잘못인지도 몰라.'

낙심하고 절망에도 빠져버린다.

'절대로 자식들은 이제 벼슬길은 끝이다.'

군수도 싫고 영감도 싫다.

대감도 싫고 정승 판서도 다 싫다.

이 더럽고도 무서운 권모술수가 판을 치는 살벌한 벌판에 감투라고 쓰고 나가봤자 영원하지도 못하고 알아주지도 않는 것이다.

임금이 아무리 치하하셔도 결국 그 입으로 죄를 묻고 감옥에 처넣으라 한다.

권력이란 물거품이요 아침 이슬이며 뜬구름이며 안개다.

'죽어버릴까?'

별별 생각이 다 드는데도 때가 되면 밥을 기다리다니 육체는 배고프다고 안달이다.

살기 위한 욕구가 살아 꿈틀대는데도 생각은 절망과 낙심이다.

15년 징역이라는 세월이 지나가기 전에 죽을지도 모른다.

여기서 나가면 자그마치 68세가 될 것인즉, 나라님이 그때까지 살아 계실지도 의문이다.

세자(순종)가 왕위에 오르면 신료라는 자리가 조변석개라 이제 다시는 신하의 길로 갈 희망도 없다.

다시 가서 될 일도 아니고 가지지도 않는다.

가장 무섭고 떨리는 것이 있다.

죽천대감이 올해 62세다.

아들딸 3남매를 낳으셨지만 옥에서 나가면 77세가 된다.

장수하셔서 그때까지 계실지 역시 돌아가실지도 모를 일이다.

절망의 늪에 빠져 문득 순재를 떠올린다.

'순재처럼 미칠 방도는 없나?'

미치면 어떨지 가늠이 안 되지만 미치면 웃기도 잘하고 복잡한 생각도 사라질 것 같은데 미치지도 않을 모양이다.

늦게야 알고 장남 승륜이가 어렵게 면회를 온 것은 반년이 지난 늦봄이다.

"어머니도 아시느냐?"

"아직 모르십니다. 언제까지 숨길지 모르겠습니다. 저만 알아요. 만일 아시게 되더라도 별것 아니고 몇 달 있다 나오실 것으로 말씀 드릴 수밖에 없겠습니다."

승륜이가 펑펑 운다.

월남의 지난 생일날 왔었는데 허락을 하지 않아 내려갔었단다.

"그래, 우선은 내가 배겨나지를 못하겠으니 어머니한테는 비밀로 해야 된다. 그런데 죽천대감마님은 찾아뵈었느냐?"

"지난해 생신날도 뵙고 갔고 어제 올라와서 사랑에서 자고 왔어요."

"뭐라 하시더냐?"

"면회를 못하게 해서 엄청 괴롭다 하셨습니다. 면회 오시고 싶어 하는 사람이 백 명은 될 것이라 하셨습니다. 전부 속을 태우며 걱정을 하신답니다. 그런데…."

"그런데 뭐냐?"

"예, 그 저기…."

하며 형리를 바라본다.

단방에 눈치를 채었다.

"말할 것 없다. 알면 무엇 하고 들은들 무엇 할 거냐. 됐다."

"이제 죽천대감도 힘들어 하십니다. 건강이 좋지 않으십니다."

"그래… 원체 건강이 안 좋으셨으니 그러실 것이다."

"자, 그만 하세요."

그때 형리가 마치고 나가라 한다.

"승륜아! 죽천대감께 들러서 내 안부 전해드리고 가야 된다. 알았지?"

이렇게 헤어지면 언제 다시 볼지….

마룻바닥 틈새에 낀 쪽복음서 마태복음

그리고 곰곰이 생각 보았다.

승륜이가 분명 무슨 말인가를 하려다가 못한 말.

틀림없는 것은 출옥하게 할 방도를 찾지만 안 된다는 얘기일 것이다.

혹은 만민공동회 때처럼 대규모 군중집회를 열고 월남을 석방하게 할 방도를 찾는데 안 되고 있다는 얘기일 것이다.

무엇보다 답답해 미칠 지경이다.

어느덧 일곱 달이 지나 여름이 다가오고 있다.

그런데도 감옥 안에서 바깥 물정은 알려주지 않아 모른다.

하루에 한 시간, 그것도 혼자 옥방을 나와 체조할 시간이라고 주는데 역시 혼자다.

그렇게 여름이 오자 낮이면 파리떼가, 밤이면 모기떼가 극성이다.

'먹어라 그냥. 너나 실컷 뜯어먹으려무나.'

포기. 도저히 막지 못한다.

그러고 보니 몸이 바싹 말라버려 피가 넉넉지도 않아 먹일 것도 없겠다.

'어디 부잣집에 가서 양반들이나 만나야 뜯어먹을 게 있지…'

쓴웃음이 나온다.

긁었더니 부스럼이 되는 건지 물집도 나오는데

소나기가 쏟아져 감옥바닥에는 빗물까지 스며드나 닦을 걸레도 없다.

"여기 물 구레가 돼서 누워 있지를 못하겠으니 이거 좀 손을 봐줘요"

해 보았으나 소용없는 말이다.

알았다고 하고서는 그만이다.

물이 스며드는 마룻바닥.

틈새로 물이 빠져 나가면 어디로 갈 건지.

'이러다 한강 되는 것 아닐까?'

다행히 어디론가 스며 흘러들어 가면 더 이상 차오르지는 않는다.

그런데 가만히 보면 마룻바닥 사이에 웬 얇은 책자 하나가 꽂혀 있다.

'이게 뭘까?'

심심한데 빼내 보려니까 잘 빠지지를 않는다.

끙끙거리고 어렵게 빼어보니 보기 싫은 것,

성경 마태복음을 한글로 쓴 쪽복음 얇은 소책자다.

어딘가를 펼치자,

"심령이 가난한 자는 복이 있나니 천국이 그들의 것임이요
애통하는 자는 복이 있나니 그들이 위로를 받을 것임이요
온유한 자는 복이 있나니 그들이 땅을 기업으로 받을 것임이요
의에 주리고 목마른 자는 복이 있나니 그들이 배부를 것임이요
긍휼히 여기는 자는 복이 있나니 그들이 긍휼히 여김을 받을 것임
이요
마음이 청결한 자는 복이 있나니 그들이 하나님을 볼 것임이요
화평하게 하는 자는 복이 있나니 그들이 하나님의 아들이라 일컬
음을 받을 것임이요
의를 위하여 박해를 받은 자는 복이 있나니 천국이 그들의 것임이라
나로 말미암아 너희를 욕하고 박해하고 거짓으로 너희를 거슬러
모든 악한 말을 할 때에는 너희에게 복이 있나니
기뻐하고 즐거워하라 하늘에서 너희의 상이 큼이라 너희 전에 있
던 선지자들도 이같이 박해하였느니라."

'이 도대체 무슨 귀신 씻나락 까먹는 소리란 말인가?'

내던지자 저녁밥이 들어온다.

콩과 보리를 섞은 밥.

반찬은 달랑 김치 3쪽.

찢어 아껴 먹어야 한다.

다행이 소금보다 더 짜다.

그래봤자 배는 반도 안 찬다.

그래서 몸이 바짝 말랐다.

'제길헐, 무슨 연설이라도 들으라 하고, 어디 모이라고 하여 강연도 들으라고 할 것 같은데 벌써 이게 몇 달인가? 장장 여덟 달이 넘어간다.'

그때 갑자기 바짝 마른 쥐 한 마리가 나타났다.

얼마나 굶었기에 뼈가 앙상하고 늙어 기운이 하나도 없다.

'네 신세나 내 신세나….'

고개를 돌리고 밥을 퍼먹다 보니 아뿔싸 마지막 한 수저를 입에 넣으려는데 순간 허기진 쥐가 딱하다.

"하하하, 먹을래?"

자신도 모르게 물어 보았다.

쥐는 눈물이 흐르는 눈으로 월남을 바라본다.

"그래 이거라도 먹어라. 까짓 열 배라도 내 배는 어차피 차지 않는데 너도 요기나 하여라."

쥐에게 던져주니 놀라 도망을 친다.

도로 집어먹으려 하는데 재빨리 되돌아왔다.

"그래, 먹어라."

월남이 몸을 끌어 비켜주자 쥐가 먹는다.

"맛있냐?"

순식간에 먹어치우자 웃음이 나온다.

"배가 안 차지? 야 이놈아, 진작 오지 그랬어. 한 숟갈도 안 되니 배가 차겠느냐?"

그런데 이 녀석이 하루 열두 번은 오나 보다.

"야야, 때가 돼야 밥을 주지. 시도 때도 없이 오면 날보고 어쩌라는 거여? 나도 너 줄 것이 넉넉지 않다."

쓴웃음이 나오는데 다음 날도 다음 날도 툭하면 나타난다.

밥을 덜 먹고 두 숟갈을 남겨 놓고 기다렸더니 뜸하다가 나타났다.

"야 인마! 때를 맞춰 와. 너 기다리다 내 배만 골았다."

쥐가 신바람 나게 먹어댄다.

이러기를 열흘이 넘었더니 쥐가 조금씩 기운을 차리고 마침내 눈빛이 달라졌다.

"그래, 친구라고 너라도 찾아오니 내가 좀 참으란다."

여름내 쥐가 드나들어 어떤 날 안 보이면 기다려도 진다.

가을이 오자 드디어 매 월요일에는 옥회(獄會)를 한다고 나오라 한다.

한 100명씩 모아 하루에 네 번을 한다니까 죄수가 400명?

여덟달 만에 처음 불러내니까 아직도 불러내지 않는 죄수들도 있을 테니 그보다 많을지도 모른다.

들어볼 말도 아니다. 전부 자기네 자랑뿐이다. 그러니 죄 짓지 말라는 소리다. 그래도 기다려진다.

마침내 선교사 강의가 있으니 듣고 싶으면 가도 된단다.

서양 선교사라면 월남은 이미 친숙하다.

미국 갈 때 알렌과 프레이저랑, 미 국무성의 브라운이랑, 무두가 교회를 다니고 예수 믿으라고 졸랐던 사람들이다.

"다 믿어도 난 안 믿습니다. 여보게! 자네들도 믿을 생각 말어!"

적극 반대자였던 월남이었으나 선교사를 미워하거나 거부한 것은 아니다. 그저 나는 믿어지지도 않는다는 것이고 믿기 싫다는 것이다.

허나 국내에 이미 많은 선교사들이 와 있다는 것은 알고 있다.

"나도 갈랍니다."

월남이 말했다.

시간이 지루하고 따분하니 이렇게라도 바람을 쐰다고 자청하여 잠시라도 골방을 나가고 싶어서다.

헌데 한번 오후에 가라 해서 왔더니만 생각지도 못한 차남 승인이가 출옥을 못하고 나왔다. 승륜이가 왔을 때 미처 승인이 소식은 물어보지도 못했으니 너무 놀라 말이 막힌다.

"아니? 너 나가지 못했니? 이런 고얀 놈들…!"

"아버지!"

말을 막는다.

"저는 잘 있습니다. 아버지께서나 몸조심 하십시오."

보니 다행히도 건강은 좋게 보인다.

그 후 이번에는 생각지도 못한 이승만을 만난다.

"아, 우남!(雩南: 李承晩의 號) 나 때문에 여기 들어와서(1998년 말에 월남을 포함한 17인 석방 요구 집회 건으로 구속됨) 내가 면회를 와도 허락해주지 않았어요. 벌써 3년째지요? 면회도 못 왔더니 그게 죄였습니다. 그 죗값으로 나도 들어 왔나 봐요."

"월남 스승님! 가맣게 몰랐습니다. 언제 들어오셨습니까?"

큰 소리로는 못 한다.

그러나 선교사의 설교가 길어 제법 이야기를 나눌 수가 있다.

"저는 종신징역이랍니다. 대감마님은 몇 년이래요?"

"알아요. 나는 15년이라 하오. 개혁당을 만든 죄랍니다. 이거야 원 알지도 못하는 것을 꾸며 죄라고 뒤집어 씌웠습니다."

"스승님! 줄어듭니다. 두고 보세요. 곧 나가실 것입니다."

"무슨 소리요 그게?"

"이놈들이 죄인이라고 하는 사람이 바로 의로운 사람입니다. 저는 걱정하지 않습니다. 종신은 말도 안 되고 바로 나갈 줄로 믿고 있습니다. 걱정하지 마세요."

"무슨 소리요? 이게?"

"하나님의 말씀입니다. 성경은 확실하게 말합니다. '의를 위하여 박해를 받은 자는 복이 있나니 천국이 그들의 것임이라. 나로 말미암아 너희를 욕하고 박해하고 거짓으로 너희를 거슬러 모든 악한 말을 할 때에는 너희에게 복이 있나니 기뻐하고 즐거워하라 하늘에서 너희의 상이 큼이라 너희 전에 있던 선지자들도 이같이 박해하였느니라.' 아셨지요? 억울하게 옥에 갇히는 것이 하나님의 은혜라고 하십니다."

어디서 본 듯 들은 듯한 말…. 그렇다 바로 마룻장 틈새에서 꺼내 보았던 그 얘기다.

"아니? 우남? 예수를 믿습니까? 그러면 그게 이렇게 되는 거예요? 미쳤군요. 지금 제정신입니까? 윤치호도 예수쟁이가 됐던데 우남도 예수쟁이가 되었습니까?"

그러나 곧 나갈 거라니까 듣기는 좋다. 듣기만 좋은 게 아니라 우남을 만날 수 있게 되었다는 것이 기분이 좋다. 일요일만 기다려진다.

"스승님!(우남은 월남을 초기 스승님이라 부르다가 나중에는 각하 (閣下)라 부른다.) 일요일 오후에는 성경공부 시간이 있습니다. 독방에 계시느니 참석한다 하세요. 그러면 잠시 자유롭기도 하고 성경을 배워 하나님을 만나시니 일거양득입니다. 성경공부시간은 장시간도 허락합니다."

"그래요? 그렇기는 한데 어디 믿어지겠습니까? 난 안 될 거요."

"안 되더라도 나오세요. 저하고 같이 보내서 좋고 나중에 믿어지면 더 좋지 않습니까?"

"그런데 이놈들이 그렇게 자유 시간을 많이 줍니까?"

"안 줄 수가 없습니다. 죄수들을 죄에서 돌이켜 준다는데 막지 못해요. 세계적 대세가 종교자유는 못 막습니다. 막고 싶어도 안 돼요."

"우남을 오래 만난다니 그렇게 합시다. 알았어요."

"스승님! 뿐만 아니라 제가 오래 있다 보니 여기다 서재를 꾸몄습니다."

"서재? 여기서도 책을 보게 하는가요?"

"모두 성경공부 하는 책이고 사람의 영혼을 살찌울 책입니다. 좋은 책이 많습니다. 갖다 보셔도 되십니다. 스승님이 읽고 보고 믿으시면 하나님이 두 손 높이 들고 감싸 안아 반기실 것입니다."

성경공부에 오니 벙커(D. A. Bunker), 길모어(G. W. Gilmore) 부부, 헐버트(H. B. Hulbert) 등 선교사들이 찾아와 가르친다. 월남은 제대로 들리지도 않는 말이다.

그런 월남이 벙커(한국명 방거 房巨, D. A. Bunker, Dalziel Ellers Bunker, 1860년 8월 31일~1938년 10월 8일) 목사(선교사)를 만나 토론하게 된다.

"하나님이 누굽니까?"

나오는 대로 물을 수밖에 없다.

"그분이 어째서 아버지라는 것입니까?"

묻고 싶은 질문이 줄을 이었다.

"하나씩만 물으세요."

서툰 한국말로 알려주었다.

"그분은 천지와 만물과 인간을 창조하신 창조주이십니다. 눈에 보이지 않아도 영으로 계십니다. 한국에는 안 보이는 혼이 있다 하는 것처럼 혼과도 다른 영으로 계시는 분이십니다. 안 보여도 계십니다. 보이는 것만 존재하는 것이 아닙니다. 바람이 부나 바람이 보이지 않듯이 하나님은 물질이 아닌 영입니다. 그 영이 우리의 육신 안에 생령이 되어 살아 움직입니다. 몸만 있어서는 안 되는 것처럼 영이 있어야 인간이며, 하나님은 인간에게 영을 부어주신 분입니다. 틀림없이 살아 계십니다."

"무엇으로 믿습니까?"

"믿음으로 믿음을 얻습니다. 믿음은 하나님의 선물입니다. 오늘 우리가 만나 하나님을 소개하고 받는 것은 이미 하나님의 성령께서 믿음의 선물을 주시는 덕분입니다."

"그렇다고 해서 나를 낳은 아버지가 계신데 그분을 두고 하나님을 어찌 아버지라 부를 수 있습니까? 아버지가 둘이라니 이해가 안 갑니다."

"아버지는 한 분입니다. 그러나 아버지를 낳으신 분이 계시므로 그분을 할아버지라고 부르나 '할' 자를 빼면 '아버지'는 똑같습니다. 증조에서 증조를 빼도 아버지고 고조에서도 고조를 빼면 아버지입니다. 하나님은 그렇게 끝없이 올라가면 한 분을 마치게 되는 '하나님' 자를 붙여 아버지라 하는 것이니 그냥 아버지와 구별됩니다. 하나님이 아버지가 되는 까닭은 할아버지나 증조, 고조할아버지가 아버지인 것과 같습니다."

"그렇게 올라가면 중시조와 시조할아버지가 나와야지 왜 하나님이 나옵니까?"

"족보에서 말하는 시조할아버지는 대개가 조선시대 이전 고려시대나 삼국시대에서 마쳐집니다. 그러나 삼국시대 이전에도 사람이 살았습니다. 그분들이 삼국시대의 할아버지들도 낳으신 분입니다. 그 이전에는 우리가 몰라서 가리지 못할 뿐입니다. 한없이 올라가면 첫 사람 아담을 만나게 되는데 몸은 흙으로 만들고 생기를 불어 넣어 숨을 쉬게 하셨으니 그분이 영과 육을 만들고 번성하여 자식을 낳으라 한 것입니다."

"그런 말은 전설 같은 이야기 아닌가요? 어떻게 증거합니까?"

"믿음으로 합니다. 가령 나는 나를 낳은 아버지나 어머니를 조금도 의심하지 않습니다. 하지만 나를 낳았다는 증거는 눈으로 본 바 없어 아니라고 하면 아닐 것이나 아닌 게 아닙니다. 이것이 믿음입니다. 의심 없이 아버지라 하고 어머니라 하는 것과 똑같습니다. 이것이 성경이고 하나님의 말씀입니다."

"성경이 하나님의 말씀이라는 것은 또 어떻게 믿습니까?"

"성경은 세상의 다른 책과 달리 하나님이 말씀하시는 대로 받아서 쓴 책이라는 말씀이 성경에 있습니다. 불경은 사람이 썼고 중국고전도 사람이 썼지만 성경은 하나님의 감동으로 쓴 하나님의 말씀이라는 것이 다릅니다. 이게 믿어지는 날이 옵니다. 그때가 은혜 받는 때요 하나님이 부르시고 믿음의 선물을 주시는 때입니다. 지금이 그때입니다. 아직도 믿기는커녕 거짓말 같다고 하면 때가 오지 않았기 때문입니다. 차츰 믿어집니다. 그것은 지식으로 되지 않고 오직 하나님의 영으로만 얻어지는 하나님의 선물입니다. 그러니 이 책을 찬찬히 읽어보세요. 읽다 보면 틀림없이 믿어집니다. 사실이 그렇습니다. 이 책대로입니다."

그래서 받아온 책이 요한복음서다.

월남이 요한복음을 읽기 시작하였다.

그러나 절반은 무료한 시간을 보내기 위함일 뿐 귀에 들어오지 않는 말이다.

긴 한숨만 나온다.

'허무하다. 모든 것이 허사로구나.'

부친 희택 공을 생각하면 가슴이 저리고, 죽천대감은 어찌하고 계시나 궁금하고, 아내 월예가 알면 얼마나 실망할까 생각사로 괴롭기만 하다.

아무리 생각해 보아도 생사람을 잡아다 강제로 가둔 것이다.

나라가 부요해지고 백성이 잘살고 임금을 편히 모시고자 하는 진심은 여지없이 역적으로 몰려버렸다.

'이게 바로 귀양살이로구나.'

귀양 가서 10년 20년을 살았던 충신들의 심정이 이런 것이다 싶으나 공상일 뿐이다. 언제 다시 나가서 무엇을 할 것인가?

아무리 생각해도 절망이다.

'고향에 내려가 은둔하고 세상을 바라보지도 말아야지.'

그러나 갇힌 신세다.

애꿎은 선교사들과 입씨름만 하게 된다.

그래도 일요일은 좋다.

"목사님! 도대체 하나님은 누가 만들었습니까? 스스로 계신다는 말이 사실입니다. 날 보고 그런 줄이나 알고 그냥 믿으라고요? 믿고 싶지만 믿어지지를 않으니 어쩌겠습니까?"

"스스로 계시고 만물의 창조자라고 하는 것이 믿어진다는 것은 지식이 아닌 감동으로만 가능합니다. 이렇게 생각해 보세요. 모든 것은 피조물입니다. 피조물은 모두 만든 사람이나 무엇이 있어 인간의 경우 창조주가 있습니다. 그분이 하나님인데, 그렇다면 하나님은 누가 만들었느냐고 물으면 영원 전부터 계신분이라고밖에 말할 수 없습니다. 이것을 알게 하자는 것이 하나님의 현현(顯現)입니다. 현현이란 하나님이 하나님 자신을 드러내는 것으로 현현을 계시라고도 말합니다. 계시(啓示)라는 말도 드러내 알게 한다는 말이지요. 계시에는 두 가지 방법이 있습니다. 하나는 자연계시며 하나는 특별계시입니다. 자연계시는 우주만물 속에 드러나는 하나님입니다. 하늘의 별과 태양을 보면서 하나님이 거기 계시다는 것을 안다면 이는 하나님의 속성 중에 하나인 편재성(偏在性)입니다. 편재성이란 동시에 어디에나 계신다는 뜻입니다. 하늘에도 땅에도 우주에도 인간 속에도 한순간 같이 동시에 계시는 하나님을 말하며 우리는 그것이 사실인 것을 알 수 있습니다. 이것을 모르는 사람은 아직 계시나 현현에 이르지 못한 탓입니다. 다음은 특별계시로서 하나님의 말씀이 되는 성경입니다. 성경은 자연계를 입증해 주는 하나님의 말씀으로 특별계시라 합니다. 성경이 어째서 하나님의 말씀이냐는 문제도 쉽지 않을 것입니다마는 곧 아주 쉽게 알게 됩니다. 성경은 성경 스스로가 하나님의 말씀이지 사람의 말이 아니라는 것을 증거합니다. 이런 정도로 흡족하다 할 수는 없지요? 그래서 말씀 속에 역사하시는 성령의 감동이 뒤따라야 합니다. 성령의 감동은 체험을 통해서, 또는 진리의 말씀을 깨닫는 은혜를 통해서, 아니면 어떤 사연인지 알지도 못하는 사이에 하나님이 천지의 창조주라는 것이 믿어지게 하는 능이 있습니다. 제가 지금 하는 이 말 속에도 성령이 역사하면 감동이 일어납니다. 믿어지는 날이 곧 올 것입니다. 아니, 이미 믿음이 있으십니다. 아니면 이런 말이 귀에 들리지도 않지요. 말씀을 들으면 믿음이 생깁니다. 그래서 성경은 말했습니다. 믿음은 들음에서 나며 들음은 그리스도의 말씀으로 말미암느니라. 아멘 하십시오."

"아멘!"

일단은 어렵잖게 아멘 소리가 나온다.

"지금 하나님의 성령께서 역사하고 계십니다."

"아멘!"

그야 뭐 아멘 소리 하기가 어려운 것도 아니다.

옥중의 월남(원안)과 아들 이승인(뒷줄 우측부터 2번째)

제7부

감옥에서 만난 하나님

옥중세례
YMCA의 전신 황성기독교청년회 창립
옥 바깥세상
순재 병나다

옥중세례

이제는 감옥생활에도 어느 정도 적응되었다. 승인이를 석방시키지 않아 들끓던 분노도 체념으로 잦아들었다.

일주일에 한 번씩 승인이를 보게 되는 것도 옥중 예배와 성경공부 시간을 기다려지게 했고, 승인이를 보면 여전히 건장한 체구에 의젓한 모습이 몸에는 별 이상이 없게 보여 그것이 낙이 되고도 있다.

'감옥에 들어오지 않았더라면 내 언제 승인이를 이렇게 자주 볼 것인가?'

한편으로는 승인이와 몇 년에 한 번씩 보다가 이제 매주 보게 된다는 것이 옥 생활의 즐거움이 되기도 하였다.

우남 이승만과도 매주 만나고 이원긍, 김정식, 유성준, 안국선 등 같이 만민공동회 활동을 했던 동지들과도 매주 만나니 예배와 성경공부가 유일한 낙이 되었다.

'이렇게라도 곁에서 승인이를 지켜보는 데 만족하자.'

스스로 마음을 달래며 손꼽아 일요일이 오기만 기다리는데 어떨 때는 지루하지만 때로는 어느새 예배드리는 날이 왔다.

옥중의 괴로움이 차츰 무디어 사라져 간다.

성경을 보는 것은 권장한다니 성경책을 보는 것에도 재미가 붙었다.

이승만이 차렸다는 서재에서도 책을 골라 와 읽었다.

선교사들은 감옥에 들어온 죄수를 차별하지 않았다. 차별하기는커녕 반대로 오히려 너무 많은 관심을 가지고 챙겨주었다. 억울한 일을 당하지 않도록 감옥생활에 일일이 간섭도 하였다. 마치 감옥만 챙기는 사명자로도 보일 정도다.

가져온 요한복음을 열 번 이상 읽었다.

한글자도 흘려 건성으로 읽지 않고 어려서 공부할 때처럼 꼼꼼히 새기며 읽었다. 도무지 믿어지지 않던 하나님에 대한 거부감이 사라지고 도리어 참 고맙다는 생각이 든다.

꿈도 못 꾼 하나님의 존재가 느껴져 오기도 하였다.

"태초에 말씀이 계시니라 이 말씀이 하나님과 함께 계셨으니 이 말씀은 곧 하나님이시니라."

태초에 아득한 먼 옛날보다 더 아득하여 아무것도 없던 그때에도 말씀이 있었다고 한다. 말씀이란 하나님이란 뜻이겠다. 감옥에 있어도 나라를 생각하며, 일본이나 멀리 태평양을 건너갔을 때도 생각은 조선과 왕실과 조선 백성에게 있었던 것처럼 인간에게도 있는 그런 하나님의 뜻이라고 볼 수 있는 말씀이 있었더라는 얘기다.

이 말씀은 누구인가? 바로 말씀이 곧 하나님이시라는 것이다. 도무지 이해가 안 되던 말이 '말씀=하나님'으로 믿어져 왔다.

'말씀은 곧 하나님이야.'

여기에 의심이 생기지 않았다.

"그가(말씀) 태초에 하나님과 함께 계셨고 만물이 그로 말미암아 지은 바 되었으니 지은 것이 하나도 그가 없이는 된 것이 없느니라."

말씀이 하나님과 함께 계셨더란다. 둘이 둘이 아닌 하나이므로 말씀은 곧 하나님이라 당연히 함께 계셨다는 것이다. 이 말씀으로 말미암아 만물이 지어졌으므로 무엇하나라도 말씀과 하나님 없이 만들어진 것은 없다는 것이다.

"태초에 하나님이 천지를 창조하시니라."

천지와 만물과 동식물과 바다의 고기와 산과 들과 산천초목은 물론 인간도 하나님이 지었다는 것은 상상도 안 된 것이 믿어진다. 인간을 하나님이 지었다고 열심히 설명하시던 헐버트 목사님과 벙커 목사님은 그러므로 인간을 지으신 하나님께 감사하며 찬양해야 한다고 진지하게 말 할 때도 이해가 안 되고 믿기지도 않았으나 믿어지기 시작한 것이다.

"그(말씀+하나님) 안에 생명이 있었으니 이 생명은 사람들의 빛이라 빛이 어둠에 비치되 어둠이 깨닫지 못하더라 하나님께로부터 보내심을 받은 사람이 있으니 그의 이름은 요한이라 그가(요한=헐버트) 증언하러 왔으니 곧 빛에 대하여 증언하고 모든 사람이 자기로(벙커+헐버트) 말미암아 믿게 하려 함이라 (그러나) 그는 이 빛이 아니요 이 빛에 대하여 증언하러 온 자라 참 빛 곧 세상에 와서 각 사람에게 비추는 빛이 있었나니

그가(말씀+하나님+예수) 세상에 계셨으며 세상은 그로 말미암아 지은바 되었으되 세상이 그를 알지 못하였고 자기(하나님과 우리의) 땅에 오매 자기 백성이(지으신 하나님의) 영접하지 아니하였으나 영

접하는(믿는) 자 곧 그 이름을 믿는 자(영접하는 자)들에게는 하나님의 자녀(아들+딸)가 되는 권세(선물)를 주셨으니 이는(믿음) 혈통(육체의 부모+조상)으로나 육정(결혼)으로나 사람의 뜻(가르침과 생각)으로 나지 아니하고 오직 하나님께로부터(말씀을 믿음으로) 난 자(기독교인)들이니라 말씀(하나님)이 육신(사람·인간)이 되어 우리 가운데 거하시매 우리가 그(예수)의 영광(존재하심과 사랑하심)을 보니 아버지(하나님)의 독생자(특별한)의 영광이요 은혜(사랑)와 진리(믿음)가 충만하더라.”

쉽지는 않다. 그러나…

‘맞아, 천지와 만물은 처음에 누군가 지은 분이 계신 거야.’

믿음이 이해되고 받아들여진다.

‘참 이것은 상상도 못한 것이로구나.’

지금까지 많은 것을 배워왔다. 높은 자리에 올라 임금님도 모셔보았다. 미국에 갔을 때도 교회도 가보고 성경도 읽어 보았다. 그러나 말 같지도 않고 믿어지지도 않아 도대체 정신 나간 사람들의 말이라는 생각만 들었었다.

그런데 이렇게 쏙쏙 이해가 되다니 갑자기 기쁨이 넘쳐 여기가 감옥이라는 것도 잊었다.

그러나,

곤하여 잠이 드려 하는데 다시 되돌아간다.

‘내가 왜 헛소리에 감동한다지? 아니야, 아니야, 무엇엔가 홀린 거야.’

그리고 잠이 들었다.

비몽사몽간이었다.

순간 자기는 ‘위대한 왕의 사자’라고 하는 분이 나타나

"이보시게 월남! 그대는 죄인이다."라고 불호령을 치며 말하기를,

"나는 몇 년 전 그대가 워싱턴에 갔을 때 네 손에 성경을 들려주고 믿을 수 있는 기회를 주었지만 그대는 이를 거절하였다. 이것이 첫 번째 죄이다."

"또 나는 그대가 독립협회에 있을 때에도 기회를 주었지만 당신은 반항하였을 뿐만 아니라 다른 사람들이 믿는 것까지도 방해를 하였다. 이런 식으로 당신은 민족이 앞으로 나아갈 길을 막았으니 이것이 더욱 큰 죄이다."

"나는 그대의 생명을 구원하기 위하여 이번에는 감옥에 두었는데 이것은 내가 그대에게 신앙을 갖게 하는 새로운 기회를 준 것이다. 만일 그대가 지금도 회개하지 않는다면 그 죄는 이전보다 더욱 큰 것이 될 것이다."라고 말했다.6)

월남은 그 즉시 벌떡 일어나

"주여!!"

하고 외치며 나가는 분을 붙잡았다.

"이유 조건 핑계대지 않고 이제는 주를 믿겠나이다. 나를 붙잡으소서. 천지와 만물을 창조하시고 나를 낳으셨으며 부모의 부모를 지으시고 우리에게 생명을 주시고 육신을 주신 하나님을 믿겠습니다."

"나는 죄인입니다. 참 진리를 거부하고 지금껏 세상의 지식만을 따랐습니다. 내가 판단하여 이것이 배울 것이라고 하는 것만 배우고 하나님을 배우지 않은 중죄인입니다. 내 죄를 용서하시고 나를 죄에서 건져주소서!"

---

6) 이상은 월남과 YMCA에서 함께 일했던 브로크만(F. M. Brockman)의 증언을 토대로 썼음.

월남은 어서 주일이 오기를 기다렸다.

"나는 말씀이 하나님이며 예수님이라는 것을 믿습니다. 나에게도 다른 사람들처럼 구원의 징표로 세례를 받게 해 주십시오"

하고 간청하였다.

벙커 선교사는 단방에 허락하였다.

"물론 절차가 있습니다만 다 생략하고 그렇게 하겠습니다. 앞서 몇 말씀만 질문하겠습니다. 말씀과 예수와 하나님을 믿습니까?"

"예, 확실하게 믿습니다."

"성부 하나님이 천지를 창조하시고 성자 예수님이 우리를 대속하시고 성령하나님이 우리 안에 역사하시는 삼위일체 하나님을 믿습니까?"

"예, 미국서도 들었고 여기 와서도 설교를 들어 다 알고 있었습니다. 그러나 그것이 믿어지지 않았으나 이제는 확실하게 믿어집니다."

"아멘. 그러면 이제부터 하나님을 아버지로 모시고 예수님을 주님으로 영접하고 성령님의 인도를 받아 살면서 주의 종들과 교회에 충성하며 하나님의 백성으로서 하나님의 영광을 돌리며 일생 주님만 찬양하며 살기로 맹세합니까?"

"맹세합니다."

이에 벙커 목사는 월남에게 곧바로 세례를 베풀었다.

"예수를 믿는 사람 이상재에게 내가 성부와 성자와 성령의 이름으로 세례를 주노라!"

월남의 눈에서 눈물이 흘러 멈추지 않는다.

"조선의 소금이 되어야 합니다. 어두운 심령들에게 빛이 되어야 합니다. 거룩하고 신령한 그리스도 주 예수의 충성스러운 종이 되어야 합니다. 하나님께서 불러주신 사명에 따라 살고 죽어야 합니다. 그렇게 할 분으로 믿습니다. 할렐루야!"

"아멘… 아멘… 아멘…."

월남의 눈물이 멈추지 않는다.

그렇다면 월남에게 옥중세례를 준 선교사 벙커는 누구인가?

우리나라 이름으로 방거(房巨)라고 불렸던 D. A. 벙커(1853년 미국 태생)는 1883년 오벌린 대학을 졸업한 뒤 유니온 신학교를 나왔다. 그는 우리나라의 초빙 교사로 발탁되어 왔다.

조선 왕실은 1882년 조미조약이 체결된 이후 갑자기 대두되는 근대 교육의 요청에 부응하기 위하여 미국에서 교사를 초빙하기로 했던 것이다.

그렇게 발탁되어 오게 된 세 명의 교사가 벙커, 헐버트, 길모어다.

이들은 모두 일류 대학을 졸업하고 신학을 전공한 유능한 청년들이었다. 벙커가 가르치던 '육영공원'은 우리나라 역사상 최초의 관립 근대 교육 기관이었다. 그는 그곳에서 9년간 영어 교사로 지냈다.

벙커는 우리나라에 도착한 다음 해인 1887년 애니 엘러즈와 결혼하였다. 엘러즈는 1886년에 광혜원의 의사로 오게 되었는데 얼마 뒤 명성왕후가 자신의 시의로 채용하였다.

벙커 부부 내외는 1894년~1895년의 동학농민운동, 청일전쟁, 명성황후 시해, 고종의 아관파천 등 어려운 한민족의 고난상을 목격해 왔다. 그리고 민권운동의 동역자이며 후원자이며 그 운동의 주역을 맡았던 기독교인이 된 서재필, 윤치호 등은 모두 벙커와 동지이고, 배재학당의 강사들이었다.

그런데 사랑하는 제자들이 학생운동을 하다가 체포되어 감옥에 수감되었다.

벙커는 감옥 안의 참상을 보고만 있을 수 없어 동료 선교사들과 같이 힘을 합하여 정부 당국에 죄수들의 처우 개선, 야만적인 고문 제도 폐지 등을 강력하게 건의하였다.

그리하여 벙커는 정부의 특별 허가를 받아 감옥에 무상출입하면서 위로도 하고 예배도 드리게 되어, 그 결과 이상재, 이원긍, 김정식, 유성준, 안국선 등이 감옥 안에서 예수를 믿기 시작했다.

벙커는 그때 배재학당의 제3대 교장으로 한국 교회 연합운동에도 크게 공헌했다. 그는 조용히 전도와 교육 사업에 종사하다가 1926년 7월 4일 75세의 노령으로 은퇴한 후 미국으로 돌아갔다가 80세 때 샌디에이고 시에서 별세했다.

그러나 마지막을 숨을 거두는 순간,

"나의 유골이나마 한국 땅에 묻어 달라."고 하는 유언을 남기고 죽었으며 그의 묘비는 의미심장한 묘비명이 새겨져 있다.

"날이 새고 흑암이 물러갈 때까지"라고 하는 문구이다.

YMCA의 전신 황성기독교청년회 창립

기다리느니 일요일이다.

승인이를 만나는 것과 독립협회 동지들을 만나고 서투나마 영어도 하면서 역시 서툰 우리말로 하나님의 말씀을 들려주는 선교사들과 만남이 유일한 낙이 된 것이다.

헐버트, 길모어, 세례를 준 벙커 선교사와 함께 연못골(연동)교회 게일(奇一)목사도 찾아와 활발한 인권운동을 펼치며 월남에게 관심을 기울여 준다.

"헐버트 목사님! 그런데 이제 예수를 믿었으니 앞으로는 어떻게 살아야 합니까?"

"좋은 질문입니다. 그저 '주여 믿습니다! 주여, 주여!'라고 해서만은 안 됩니다. 일을 하셔야 합니다."

"그러나 무슨 일을 하겠습니까. 갇힌 몸이 풀려야 일을 하지 않겠습니까?"

"예, 풀릴 것입니다. 그러나 지금도 일할 게 많습니다. 군인이 전쟁을 하려면 훈련을 받는 것처럼 여기는 지금 하나님의 훈련장입니다. 마음을 지키고 다스리셔야 합니다. 소망을 가지고 때를 기다려야 합니다. 일례로 미국은 한국 복음화를 위해 수십 년을 희생했습니다. 무고한 생명이 수도 없이 죽기도 했습니다. 그들은 죽음으로서 하나님의 일을 한 것이며, 지금 월남이 감옥에 있는 것 또한 하나님의 일입니다. 예수를 믿게 되었다고 하는 일은 어떤 일보다 큰일입니다. 독립운동의 연장이며 완성이 될 것입니다. 잘 믿고 기도하세요. 이처럼 내할 일만 하고 하나님의 때를 기다려야 합니다. 때를 주실 것입니다. 믿으세요."

"제가 15년을 언도받았습니다. 다 늙어서 석방돼서야 무슨 일을 할까 싶기도 합니다."

"그건 걱정하지 않아도 되십니다. 월남에게 일을 시켜야 하겠다 싶으시면 하나님은 내일이라도 내보내십니다. 훈련만 열심히 받으십시오. 일꾼의 능력이 갖춰지면 금년이라도 내보내십니다. 허나 빨리 나가는 것도 좋지만 그보다 더 중요한 것은 나가서 무엇을 할 것이냐의 문제입니다. 죄악이 만연한 세상에서 그들과 싸울 게 아니라 하나님을 믿고 맡기신 일만 하면 절로 빛이 비쳐 저들의 어두움이 물러갑니다."

들을수록 감동과 은혜를 받는다.

"근간 황성기독교청년회가 창설되었습니다. 150여 명의 한국 청년들이 YMCA의 창설을 요구함으로써 언더우드와 아펜젤러 두 선교사의 요청으로 북미 YMCA연합회 국제위원회가 한국YMCA 창설을 결의한바, 1901년에 질레트 선교사를 파송하여 지난 10월 28일(1903년, 금년) 조선 처음의 YMCA인 서울YMCA가 <황성기독교청년회>로 창립되었습니다. 정회원 28명, 준회원 9명으로 황성기독교청년회(현 서울YMCA의 전신)로 창설된 것입니다. 젊은이들의 정신적·영적 상태 개선을 목적으로 하고, 청소년의 인격과 지도력 훈련교육, 청소년 문화사업 등을 주요사업으로 하지요. YMCA란 세계적인 기독교 평신도 운동단체로서 1844년 6월 영국 런던의 히치콕로저스 상점의 점원이던 조지 윌리엄스(George Williams)가 12명의 청년들과 함께 산업혁명 직후의 혼란한 사회 속에서 젊은이들의 정신적·영적 상태의 개선을 도모하고자 처음 설립하였습니다. 이는 분명 월남 선생에게 하나님이 하나님의 일을 시킬 일터가 될 것이라고 생각합니다."

"그럴까요? 그럼 기독교청년회라면 기독교인 주에서도 청년들만 모이는 것입니까?"

"아닙니다. 꼭 나이가 젊은 사람들만 대상으로 하지 않습니다. 원래는 Young Men's Christian Association라고 해서 약자로 YMCA라고 하는 기독교단체로 비 기독교인들의 참여도 가능하고 청년이 아닌 사람들도 참여하여 가르치고 배웁니다."

"YMCA에서 하려고 하는 일은 무엇입니까?"

"방금 월남 선생께서 말씀 것과 일치합니다. 믿기만 해서는 안 되고 믿는 자다운 생각과 행동을 하자는 조직입니다. 즉 세상의 빛과 소금이 되는 기독교인의 행동단체로서, 첫째는 하나님의 복음전파라 하겠으나 단순 전도단체가 아닙니다. 이웃을 사랑하고 서로 도우며 선한 일에 솔선수범 헌신봉사의 모범을 보이자는 것이 설립정신입니다."

"그러니까 왕실이나 조정 신료나 백성을 잘살게 하는 정치 사회단체라는 뜻입니까?"

"아! 그렇습니다. 빈부귀천이나 남녀노소 양반상놈을 가리지 않고 모두가 하나님의 복을 받아 잘살 수 있는 길을 찾아 첫째는 민중계몽운동입니다. 나라도 결국은 사람이 다스립니다. 지도자나 왕이나 정승판서나 다 하나님의 자녀들입니다. 나라를 경영하는 원칙이란 측면에서 조선의 방식을 더 효율적으로 계승시키고 미국의 방식에서도 좋은 것은 받아들이되 무엇이든 하나님의 말씀과 그 뜻에 합당한 일을 하자는 운동, 즉 민중교육을 바탕으로 합니다. 그러니까 YMCA에 들어와 일을 한다고 해서 나라운영에 불참하는 것이 아니라 보다 효과적으로 더욱 열심히 참여할 수 있습니다. 참 좋은 질문을 하셨습니다."

"좀 추상적이어서 애매모호합니다. 더 쉽게 말하면 무엇입니까?"

"YMCA운동의 궁극적 목적이란 '하나님 보시기에 아름다운 세상', 즉, '하나님의 섭리가 온전한 세상', '사회적 정의가 실현되는 세상'의 토대를 구축함으로써 택함 받은 자의 사명을 완수하자는 것입니다. 또한 조화로운 세상을 향한 YMCA운동으로 인간과 인간, 인간과 자연이 서로 상생하고 평화로운 사회를 형성해 가는 가운데 변화와 번영된 민족의 미래비전 달성을 위해 기여하자고 하는 것입니다."

"세상에 나가면 교회가 있습니다. 교회로 가서 교회에서 하라고 맡겨주는 직분을 행해야지 어찌 YMCA에 등록하여 YMCA일만 하라는 것입니까? 그것이 잘 정리가 되지 않습니다."

"아하, 무슨 말인지 알아들었습니다. 교회를 가야지 왜 **YMCA**로 가느냐… 뭐 이런 질문이시군요. 예, 말씀드리겠습니다. 출옥하시면 교회에 입적하여 교회를 섬기고 봉사하는 것 맞습니다. 그러나 **YMCA**는 반드시 교인들만 모이라는 곳이 아닙니다. 하나님을 믿는 믿음을 바탕으로 한 어떤 사회운동을 편다고 할 때 혹 교회에 나가지 않는 사람도 등록 활동이 가능한 곳입니다. 주인은 교인들만이 아니고, 꼭 장로나 집사 권사와 같은 직분자들만이 주인이 아닌 공동체입니다. '누구나'라고 하는 말은 믿음이 아예 없는 사람으로부터, 심지어는 타종교인이라도 안 되는 것은 아닙니다. 아직 믿지만 믿음이 어리다거나 약한 사람도 회원이 될 수 있습니다. 특히 가르치고 배우는 대상은 불신자도 언젠가는 하나님을 믿을 것으로 보고 가망신자(전도대상자)로 여기며 함께 선한사업을 하자는 곳이 바로 **YMCA**입니다. 그러니까 교회가 할 수 없는 일까지를 포함한 포괄적 토털공동체가 바로 **YMCA**입니다."

"그러니까 교회에서 일할 사명자가 있고, 정부에서 일할 관리가 따로 있고, 사회운동을 할 사람이 따로 있다… 뭐 이런 뜻입니까?"

"맞습니다."

"아는 것은 가르쳐주고, 모르는 것은 배워라… 바로 이것이 **YMCA**라고 보면 되겠군요."

"역시 제가 잘 보았습니다. 월남선생이 정확하게 말씀해 주셨습니다. 그렇습니다."

"그렇다면 어찌 제가 그 일에 적합하다 생각하십니까?"

"제가 볼 때는 최적합입니다. 정부를 돕기 위해 만민공동회로 모인 것도 YMCA정신과 동질성이 있습니다. 그때 보면 고위관리나 일반인, 상인이나 빈부귀천 가리지 않고 백정이라도 뜻이 같으면 독립운동에 자유롭게 참여하게 하였지요? YMCA 정신이 바로 인간과 인간, 인간과 자연, 더 나아가 인간과 하나님과의 연합입니다. 믿음으로 하나가 되자는 것이며 이로서 나라도 잘 되는 길을 찾자는 연합운동입니다."

"누가 최고책임자입니까?"

"제가(헐버트) 초대회장입니다. 이사장은 게일 목사님입니다. 연못골 교회 목사님 아시지요?"

때에 이승만이 다가왔다.

"스승님! 세례를 받으셨다고요. 축하드립니다."

"예, 우남이 기도해준 덕분입니다."

"하나님께서 부르셨기 때문입니다. 이제 스승님이 세례를 받으셨으니 우리나라는 복을 받게 될 것입니다."

"그래요? 그런데 난 아직 거기까지는 못 갔나 봐요. 나로 인하여 어찌 우리나라까지 복을 받을까요?"

"맞습니다. 아직 우리나라에 스승님 같은 위치에 계신 분이 세례 받은 일 없습니다. 더구나 독립협회를 이끌어 주신 스승님 아닙니까? 우리들이야 젊으니까 서재필이고 윤치호고 간에 모두 어려서 나라를 이끌기에는 아직 좀 젊습니다. 위에서 스승님 같은 분이 참여해 용기를 주시면 얼마나 좋겠습니까. 반드시 이 나라를 이끌고 가시게 될 것입니다."

"하하! 말은 고맙구려. 그러면 얼마나 좋겠습니까마는 아직 난 거기까지는 감이 잡히지 않고, 다만 내 심령이 이제야 평안을 얻었다는 것이 횡재입니다. 그런데 우남은 언제 세례를 받았지요?"

"저는 아직 더 익어야 한다는 생각이 있어서 미루고 있습니다. 세례를 받으라고도 하신 지 좀 됐지만 아직 세례를 받지는 않았습니다. 곧 받아야지요. 온전히 믿어지지만 때를 기다리는 중입니다."

"하하, 내가 추월해 버렸나요? 난 몰랐지 또."

"아니십니다. 제가 헐버트 목사님께 전해 들었습니다. 세례를 자청하셨다고 하시니 참 어려운 얘깁니다. 정말 축하드립니다."

승인이를 만났다.

"아버님께서 세례를 받으셨다는 말씀 들었습니다. 축하드립니다."

"그래 너는 어쩔 작정이냐?"

"저도 학습을 시작했습니다. 한 달 정도 지나면 세례를 주신다고 하셔서 기다리며 열심히 공부하는 중입니다."

승륜이가 1년 만에 면회도 왔다.

안부를 주고받으며 소식을 물으니 모두가 건강하단다.

"어머니는 아직도 모르시느냐?"

"예, 어찌 말씀드려야 할지를 모르겠습니다. 눈치를 채신 것 같아 안심하라하고 귀띔만 해 드렸습니다."

"그래, 내려가거든 이번에는 말씀 드리거라. 너무 늦으니 도리가 아닌 것 같다. 다만 들어온 지 얼마 안 된다 하고, 말이라도 곧 나갈 것이라고 하여 안심시켜야 한다."

여기서 잠시 우남 이승만의 이야기를 짚고 가자.

우남은 회심 후 드린 첫 번째 기도를 이렇게 드렸다.

"오 하나님, 우리나라를 구원해 주시고, 나의 영혼을 구원해 주시옵소서!"

나라의 독립과 개인의 구원은 그에게 있어서 별개의 것이 아니었던 것이다.

이후 이승만은 감옥당국자의 도움을 얻어 선교사들이 차입해 준 신약성경과 기타 150여 권의 종교서적과 영어사전과 기타 영어잡지 등을 모아 감옥 안 네 곳의 방에다 도서관을 차리고 옥중전도 활동을 벌여나갔다.

그 무렵에 이상재, 김정식, 이원긍, 유성준, 홍재기 등이 당시 정권을 잡고 있던 친러 내각에 의해 조작된 역모사건인 개혁당사건으로 한성감옥에 투옥되었다. 그때가 1902년 8월경이었고, 이상재는 이승만보다 25세 연장자다. 이를 계기로 한국교회는 비로소 역사가 이능화가 『조선기독교 및 외교사』에서 언급한 "관신사회신교지시"(官紳社會信敎之始, 시작)를 이루게 되었다. 즉 양반관료들이 순수한 차원에서 기독교를 신앙하는 출발이 되었던 것이다.

이들 가운데 비교적 일찍 예수를 영접한 사람은 유길준의 친 동생 유성준이었다. 그는 그해 12월경 순한문성경을 읽고 기도하던 중 돌연히 가슴이 터지는 것 같은 느낌 속에 눈물을 비 오듯 흘리며 죄를 회개하고 예수를 영접하였다. 이후 그는 이전의 원망과 복수심이 눈 녹듯 사라지고 평안이 물밀 듯 밀려옴을 경험하였다.

함께 복역 중이던 김정식도 비슷한 시기에 무디(D. L. Moody)의 설교집을 읽던 중 회심했다. 그는 당시의 상황을 다음과 같이 증언한다.

"갑자기 내 마음이 기쁨에 차올랐습니다. 내 가슴은 노래를 부르고 내 눈에서는 감격의 눈물이 쏟아져 나왔습니다. 하나님께서는 나를 용서하시고 나를 용납하시고 내 영혼은 평안을 얻게 되었습니다."

이승만을 비롯해 기독교로 회심한 이들의 삶에 일어난 변화는 눈에 두드러질 정도였다. 이와 관련해 이능화는 '지옥과 같이 비참했던 감옥이 천국으로 변했다'라고 적고 있다.

이러한 변화는 기독교를 반대하던 월남에게도 큰 영향을 끼쳤다. 월남은 그들과 성경을 읽고 함께 토론하는 가운데 드디어 믿음을 얻게 된 것이다.

기독교의 성경은 불교나 유교의 경전과는 달리 이 나라 국민에게 가장 명확하게 하나님의 섭리를 나타냈다는 사실을 확신하게 되었다.

감옥 생활도 이제는 할 만해졌다.

선교사들은 월남과 독립협회 회원들을 전도하는 일에 열과 성을 다한다.

"사진 한번 찍으실까요?"

게일 목사의 말에 월남은 처음 이게 무슨 자랑이라고 사진을 찍느냐고 거절하였으나,

"하나님은 약한 자를 들어 강한 자를 부끄럽게 하신다 하셨습니다. 이 말은 감옥에 있는 죄수를 내보내시고 죄 없다 하며 더 많은 죄를 짓는 부정한 관리들을 부끄럽게 하신다는 뜻입니다."

"그것이 사진 찍는 것과 무슨 상관이지요?" 하고 묻자,

"때가 되면 여기서 찍은 사진이 하나님께 영광도 되고 후일 더없는 기념도 될 것입니다."라는 말을 듣자

'그것도 말이 되는구나.' 싶어서 그러자고 했다.

"기왕이면 우리 승인이도 같이 찍도록 해 주세요. 우남도 꼭 같이 찍고요. 우리 동지들 합동으로 찍읍시다."

월남이 더 적극적으로 찍고 싶어졌다.

"그런데 이놈들이 허락하겠습니까?"

이제는 못 찍게 할까봐 걱정이다.

"그건 걱정하지 않아도 됩니다. 우리가 책임집니다. 죄인들을 교화한다는 데야 할 말 없지 않겠습니까?"

그래서 사진도 찍었다.

합사진도 찍고 독사진도 찍고, 승인이와 나란히 서서도 찍었다.

"내 키가 너만 하면 좋겠구나, 하하하."

웃기도 하면서 찍었다.

이승만도 승인이도 유성준도 모두 다 팔팔한데 보아 하니 월남만 나이가 들어 늙은 모양이다.[7]

사진이 나와 모두가 들여다보며 작은 기쁨을 누린다.

"사진 찍으면 병이 난다고 하는 소문이 돌았드랬습니다. 양인들이 사람을 갈아서 종이 안에 박아 넣는다고 기겁을 하고 도망들을 다니기도 했습니다. 그러나 나야말로 언제 적부터 사진을 찍었지만 멀쩡해요. 이렇게 좋은 것을…."

순간 우리 조선 사람들도 어서 사진기도 만들고 사진 찍는 기술도 배워 우리나라도 늙고 죽으면 기억도 못하는 얼굴도 남기는 날이 왔으면 하는 생각을 해본다.

"휴, 어느 세월에? 어떻게 그런 일이…?"

하지만 부러운 생각이 앞선다. 놀랍게 발전하는 세상인데 사진을 찍으면 몸을 갈아 종이에 뿌린다 하다니… 아니면 혼백을 꺼내 박는다고 하다니…. 우리나라도 빨리 배워야 한다는 생각이다.

'다음에 **YMCA**에 나가면 사진기술도 배우고 가르쳐야 하겠다.'라고 새겨둔다.

---

7) 많은 사진이 현존함.

옥 바깥세상

월남이 감옥에 갇힌 동안에도 세상은 돌아가고 있다.

구속되던 그해 1902년에는 전국에 단발령이 내려졌다.

조상이 물려준 머리를 자르고 상투를 없애라고 하는 정신적 천지개벽이 일어난 것이다.

전국의 유생들은 거세게 항의하고 일어섰다.

상소문이 편전에 가득 차고 성난 유생들의 시위가 봇물 터지듯 강산을 메아리쳤다.

왜 머리를 자르라 하는가?

이미 친러파가 득세하여 그들을 거세하기에 물불을 가리지 않은 일본은 이미 친일파가 된 신하들을 포섭하였으며,

눈엣가시와도 같은 이상재 일당을 감옥에 가두었으므로(1902년 6월) 이제는 정신개조를 시킨다는 명목으로 갖은 모략을 꾸미면서 10월 6일을 기해 단발령을 완수하라고 고종을 압박한 것이다.

고종이 먼저 머리를 잘랐다.

옥중의 월남 일행은 1차적으로 잘려버렸다.

그렇게 되자 옥중에서 머리를 잘린 월남은 기가 꺾였다.

그러나 달리 거역하고 반항할 환경이 아니다.

이에 그해 12월에는 120여 명이 하와이로 이민을 떠났다.8)

소련에는 시베리아 철도가 개통되었다.

다음해 1903년은 월남이 나이 54세로 하나님을 믿게 된 해다.

---

8) 한국 최초의 미국 이민. 그러나 미국에 도착한 것이 1903년이므로 미주 한인회는 2003년을 '이민 100주년'으로 맞고 큰 행사를 치렀다.

이해에 세상은 급격하게 바뀔 징조가 나타나 미국의 라이트형제가 비행기의 원조라고 할 글라이더를 발명한다.

앞서 말한 황성기독교청년회 YMCA가 문을 열었고

황제폐하의 어차(자동차)가 국내 처음으로 수입되어 들어와 한국 자동차 문명의 효시가 된다.

서울에 전기가 들어온 것은 이러하다.

1887년 우리나라 최초로 경복궁 건청궁에 전기가 점등된 이후로 1900년에 와서 민간점등이 시작됐다.

한성전기회사는 전등 사업을 본격화하여 동대문발전소에 200kW 발전설비를 설치, 전차와 전등에 전력을 공급하게 됐다.

민간 점등은 서울시내 전차의 야간운행을 위한 것이었다. 1901년 6월이 되면서 전등 보급이 더욱 확대되기 시작하였고 당시 진고개(지금의 충무로)에는 일본인 상가가 밀집해서 장사를 하고 있었는데 이곳에 민간조명용 전등 600개가 보급된 것이다.

정부의 고관대작, 외국사절, 상인을 비롯한 수많은 구경꾼들이 거리를 가득 메운 가운데 치러진 진고개의 점등식은 서울을 떠들썩하게 만든 성대한 이벤트였다.

또 월남이 감옥에서 석방되던 1904년 5월에는 애국가가 제정되었다.

현재 우리가 부르는 애국가의 효시가 되는 이 내용은 당시 학부에서 확정하여 몇 몇 안 되는 모든 학교에서 부르도록 가르쳤다.

그 가사는 성경에서 채용한 것이며 작자는 미상이다.9)

---

9) 현재의 하느님이 보우하사는 윤치호 작사설이 있음.

상제(上帝, 하나님의 성경적 표현)난(는) 우리 황상(황제)을 도우소서
성수무강(만수무강에서 임금의 수를 성수라 한다)하샤
해 옥 주를 산갓치 사으소서(산같이 쌓으소서)
위권(황제의 권위)을 환영(天下라는 뜻)에 떨치샤
어천만세(황제의 수가 만년)에 복록이 무궁케 하쇼셔
상제(上帝, 하나님)난(는) 우리 황제를 도우소서

그러나 이로서 다시금 고종황제 숭모정신이 되살아 날 것을 우려한 때문에 옥중에서는 부르게 하지 않아 월남은 듣지 못하였다.

순재 병나다

감옥에 들어가자 월남이 살던 집은 폐허로 변했다. 두 번 승륜이가 올라와 집 안을 정리하였으나 벌써 3년째 집이 비어 안팎이 모두 황폐해졌다. 점묵과 길덕이 어쩌다 한 번씩 와서 치워도 사람의 온기가 없는 집은 적막하고 쓸쓸하다.

처음 순재는 월남이 어디로 갔는지 알지 못하다 나중에야 알고 자주 월남의 집을 찾아와 쓸고 닦다가 지쳐버렸다.

감옥을 서성이며 월남을 만나보고 싶어 하였으나 여자이며 행색이 남루한 탓에 말도 받아 주지 않아 접근 자체가 안 되어 돌아서야 했다. 그럴 때면 이제나저제나 하고 월남의 집을 지키며 오지 않는 월남의 밥상을 차리기도 하고 소제도 하다하다 지쳐 손도 안 대고 밤새워 울기만 하였고 며칠씩 밥을 굶다 초췌한 몰골로 돌아가고 나면 여전히 횡한 흉가로 변하는 것이다.

그날은 점묵이 지나던 길에 월남의 집에 들렀다.

뜨락에 여자 고무신 하나가 있어 순재일 거라는 짐작에 들어가 보니 순재가 쓰러져 있다.

며칠을 굶었는지 큰일을 당하게 생겼지만 순재는 몸을 가누지 못한다.

일으켜 세우자 지친 몸으로 구슬프게 운다.

"아씨마님! 댁으로 모셔다 드리겠습니다. 업히세요, 어서!"

걸어서는 갈 수가 없을 정도로 까라져 버렸다.

들쳐 업으려 하자 완강하게 거절하였다.

말도 하지 못할 정도인 것으로 보아 아마 열흘은 족히 굶은 것 같다.

"아니? 이렇도록 아씨마님 댁에서는 버려둔답니까? 세상에… 아, 사람이 없어졌으면 갈 때가 여기 아니면 대감마님 댁이 뻔한데 어찌 이럴 수가 있단 말입니까?"

그래봤자 순재는 말할 기력도 잃고 픽 쓰러져 버린다.

"아씨마님! 아씨마님!"

점묵이 순재를 들쳐 업었다.

마당을 나오자 안간힘을 쓰고

"죽게 놔두란 말이에요!"

어디서 갑자기 힘이 솟았는지 제법 알아들을 만한 말이다.

"안 됩니다. 큰일 나십니다. 어서 업히세요."

"글쎄 부모님도 죽으라고 하셨다니까 왜 이러세요!"

그런 모양이다. 몇 번을 데리러 왔을 일이고 데려가 봤자 다시 오기를 반복하니 부모님이 속상해서

"차라리 죽어버려라!!"

한 모양이다.

"설마 하니 죽겠어? 제가 뭐라도 끓여 먹을 테지."

하고서는 하인들에게도

"내버려둬라!"

했던 모양이다.

"아닙니다. 아씨마님 댁에서 아시면 당장 사람을 보내셨을 것입니다. 어서 업히세요."

하자,

"나 내 동생(다른)네 집으로 데려다주세요."

힘없는 말을 남기고 축 늘어져 버린다.

길덕이 순재를 업고 순재의 집까지 가려 하나 멀어 그리로 갔다가는 순재가 위험하게 생겨 가까운 죽천의사가로 왔다.

"대감마님! 정경부인마님!"

순재를 업고 들어온 길덕의 숨이 넘어갈 듯하다.

아직도 몸져누운 죽천도 숨 넘어 가는 말에 일어나고 정경부인도 놀라 문을 열었다.

순재는 다행히 위험한 고비는 넘겼다.

며칠이 지나자 순재는 다시 월남의 집으로 가겠다 하여 월남이 거처하던 사랑채로 내려 보냈다.

"뭘 먹어야지 거길 가서야 먹겠는가? 걱정이지만 사랑채로 모시게. 집에는 안 간다니까 어쩔 수 없지."

죽천은 부인 장씨와 근심에 잠겼다.

"저 언니가 정말 참 큰 걱정입니다."

죽천은 할 말이 없다.

"밥을 안 먹으니까 어떻게 해야 좋을지…. 내 말은 듣지 않아요. 당신이 한번 얘기를 잘해보시면 어떻겠습니까?"

죽천은 장씨부인의 말에 할 말이 없다.

그러다가 죽천이 사랑채로 와 순재에게 말을 걸었다.

"처형! 도무지 밥맛이 없습니까? 왜 그런 것 같아요?"

어렵게 순재가 입을 연다.

"살고 싶지가 않아요. 굶으면 죽지 않겠습니까?"

"왜 그러는데요?"

순재는 말이 없다.

'월남 때문일까?'

순간 터놓고 물어보았다.

"혹시 월남이 안 보여서 그럽니까? 나한테만은 솔직하게 말해 보세요."

순재가 입을 열었다.

"사람이 다 나하고는 다르겠지만 나는 사실 사는 것이 싫습니다."

"사는 것이 왜 싫습니까?"

"사람이 보고 싶은 사람을 보면서 살아야지 보고 싶어도 못 보는 것이 얼마나 힘든지 모르시지요? 이게 나만 별난 사람입니까?"

"누군데요? 월남이 보고 싶습니까?"

"예, 서방님이 보고 싶은데 볼 수가 없으니까 살고 싶지가 않습니다."

죽천이 놀란다.

"처형, 혹시 월남을 연모하십니까?"

대답을 안 한다.

"괜찮아요. 보고 싶으면 보고 싶다 하시고 연모하면 연모한다 하셔도 됩니다. 나는 다 이해해요. 보고 싶을 수도 있고 연모할 수도 있는 일입니다. 그런데 속에만 담고 있으니까 밥맛도 안 나고 죽고 싶고 그렇지 않겠습니까? 나한테는 사실대로 말해도 괜찮습니다. 집사람 한테도 비밀로 하겠습니다. 말해보세요."

"내가 말을 하면?"

"말을 하면 뭐요? 누구한테 말전주할까 봐서 그래요? 안 합니다. 속을 터놓지 못하면 병이 나게 마련입니다. 말을 하세요. 걱정하지 말고 하시라니까요. 절대 괜찮습니다."

"아닙니다. 내 말은….."

"내 말은? 뭡니까?"

"내 말은 말을 해도 못 알아듣는다는 뜻입니다."

"그럴 리 없습니다. 내가 못 알아들을 말이 무에 있겠습니까? 다 알아듣습니다. 말씀하세요."

"그래요, 하기는 하는데 못 알아들어도 오해는 마세요."

"그러세요. 다 알아듣습니다."

순재가 말한다.

월남이 보고 싶은 게 맞다고 한다. 그러나 이것이 연모는 아니라고 한다. 보고 싶으면서 연모가 아니라함은 말이 안 된다 하였더니만,

"꼭 연모해야지 보고 싶은 것입니까? 나는 여자지만 여자는 남자를 보고 싶어 하면 안 돼요? 꼭 그의 아내가 되고 시집장가가야 연모하는 것입니까? 반드시 한 이불 덮고 잠자고 남녀가 몸을 섞어야만 보고 싶은 것입니까? 세상이 틀려먹었습니다. 남자하고 여자는 얼굴도 안 보고 부부가 되고 잠자리하고 아기 낳고 부모가 정하니까 싫어도 살아야 하는 것입니까? 좋으면 얼굴 보고 서로 마음을 주고받고 싫으면 살다가도 서로가 상의해서 갈라질 수도 있는 것이고…. 또 어디 남녀 사이는 만나면 꼭 운우지정을 나누어야 하는 것입니까? 난

그런 것이 아닙니다. 월남 서방님도 나를 그렇게 보지 않았고요, 나도 월남 서방님과 한방에서 여러 번 같이 잤어도 둘 다 옷 벗자고 하는 것은 꿈도 안 꿨습니다. 남자는 다 더러워요. 전부 짐승 같습니다. 생전 얼굴 한 번도 안 보고 말도 한마디 안 해 본 채 소 돼지처럼 만나면 붙어버린다고요? 이게 사람입니까? 난 그런 사람하고 결혼 못 해요. 보고 싶지도 않고 싫어요. 마음이 좋아야지 몸이 좋으면 돼지하고 다를 게 뭡니까? 월남 서방님과 저는 짐승이 아닙니다."

죽천은 너무 놀라 뜬 눈이 풀리지 않는다.

기도

월남이 되새겨보는
생각들

현만 스승
부친 희택 공과의 만남
월예와 만남
죽천과 만남

현만 스승

순재가 보고 싶다고 병이 났건만 그런 것을 알 턱이 없는 월남은 지루한 감옥에 있다. 어떤 때는 얼마나 지루하고 외로운지, 별별 생각들이 다 떠오른다. 오늘이 그런 날이다. 장대비가 하루 종일 내린다.

비가 오니 전신이 나른하다.

전신이 곤한 월남은 딱딱한 마루에 누워 잠시 눈을 붙이려 하나 쉽게 잠이 오지는 않는다. 원래 낮잠을 자는 습관이 없는 월남이기 때문인가 보다.

머리가 복잡하다. 살며시 잠이 드려 하는데 그동안 잊었던 봉서암 현만 스님이 나타난다.

"자네는 이제부터 나랏일을 어떻게 꾸릴 생각인가?"

"기조는 같은 민족끼리 나라를 위한답시고 폭력이 난무하는 것은 절대 안 될 일입니다."

"그러다 보니 감옥에 갇히고 갇힌 자네를 석방하라는 만민공동회

시위가 더 거세어지고 그러다 김덕구가 죽었으니 더 큰 폭력과 인명피해가 발생했던 것이고 그게 화근이 되어 여기까지 온 게 아닌가?"

"제가 가장 걱정하는 것이 바로 인명피해입니다. 머리가 깨지고 팔다리가 부러지는 일이 있어서는 절대 안 됩니다."

"그런데 김덕구의 시신을 동대문으로 종로로 떠메고 시위장에 나오면서 감정이 더 격화되었던 것이 아니었나?"

"만민공동회에 참여한 민중의 분노가 하늘을 찌르니 이 문제는 어용 황국협회가 원하던 일 아니겠습니까. 그래서 걱정입니다. 그런데 어째서 이미 다 지난 일에 관심이 많으세요?"

"잘 알아서 하겠지만 앞으로도 어떤 일이 있을지 몰라 하는 소리야. 폭도가 되어서는 안 되네. 비폭력 평화주의를 지향하지 않는 집회는 나라의 적이야."

"지당하십니다. 나라를 잘되게 하자는 것이 사람을 죽게 만드는 것이 되면 안 되고말고요. 그러나 이젠 그런 집회를 또 할 일도 없을 것입니다."

"그건 그렇다 치고, 지금까지 자네가 해온 일을 들어보고 싶네. 죽천대감댁에서 공부한 세월은 알아. 그건 빼고 신사유람단부터의 행적을 말해보게."

"예, 신사유람단에 유학으로 갔다 왔고 워싱턴에는 주미공사관 1등 서기관으로 가서 1년을 있다가 왔습니다."

"그래, 거기에 대해 말하겠네. 죽은 일정스님이 한 말 생각나는가? 장원급제보다 낙방이 낫다고 했지? 그게 그 말일세. 장원급제나 유람단이나 주미공사관이나 가는 것이 중요한 게 아니야. 가는 거야 갈 수 있어. 자네가 못 가면 누가 가도 가는 것은 가는 것이야. 요는 가

나마나한 행보였다면 공연히 나랏돈만 축낸 것 아니겠는가? 거기 갈 사람이 없어 월남을 가자고 한 죽천이 아니며 임금이 아니란 걸세. 갔으면 무슨 일을 해야지 얼쩡얼쩡 따라만 가서 구경이나 하고 오지는 않았는지 묻는 것일세."

"예, 그렇게 물으시면 그것이 바로 저의 고뇌라고 말씀 올리겠습니다. 신하의 일거수일투족은 항상 국록이 소비된다는 것 잘 압니다. 같은 국록을 가지고 미국에 가든 일본을 가든 결실은 하나가 될 수도 있고 백 개가 될 수도 있으며, 반대로 손해가 천 개가 나는 수도 왜 없겠습니까? 그런데 이렇게 갇힌 몸이다 보니 다 허무합니다."

"갇힌 건 갇힌 것이고 난 지금 갇혀 버린 감옥 얘기를 하자는 게 아니라 지난날을 물어보자는 거야. 가서, 말해서, 행동해서, 그래서 어떤 소득이 생겼느냐고 하는 것이 중요하네. 그때 일본 가니까 고향 집에 녹봉이 내려왔다는 식의 소득이 있었다고 하는 것은 내게 통하지 않아. 내 집에 녹봉 아니라 소가 들어와도 나라가 거둔 결실이 만 석일 때 한 석의 쌀을 받아야 하는 것이 신하인데 나라에 들어올 재화를 제집에 쌓고 녹봉은 별도로 받아 챙기는 탐관오리가 된다면 내가 관 뚜껑이라도 열고 뛰쳐나와 자네의 멱살을 잡아 챌 거라는 것은 아시겠는가?"

월남은 전신에 소름이 짝 돋는다.

"알고 있습니다. 저는 목은의 애국충정을 펼쳐 마땅한 이색 할아버지의 후손이며 현만 스승님의 제자입니다. 그 점은 늘 잊지 않고 있사옵니다."

그때 현만 스승께서 갑자기 소리를 버럭 지르신다.

"네 아비는?!"

"예?"

상재는 이게 무슨 말씀인지 깜짝 놀랐다.

"네 아비 희택 공은 어떠시었는지 묻는 말이다."

"어떠시다니요? 벌써 7~8년 전(1894년)에 돌아가셨습니다."

"누가 그걸 묻느냐? 나는 지금 네 아비는 너를 위해 어떻게 사셨는가를 묻는 것이다. 어찌 목은 할아버지만 기억하느냐고 묻는다."

"예, 아버지의 저에 대한 기대를 저는 알고 있습니다."

"그렇다. 네 얼마나 아는지 모르겠으나, 너의 아비 된 희택 공은 오늘날의 너를 만들기 위해 일생을 다 바치셨다. 미관말직보다도 낮은 자리에서 자신의 뜻을 네가 이루기를 소망하는 일념으로 마치신 생애이셨다. 집에 끼닛거리가 떨어져도 너만 먹이고 공부시키고 네 인격과 능력이 갖춰만 진다면 시궁창이라도 마다않고 들어가 네게 티도 내지 않고 사시다 돌아가셨다. 네 처와 자식들과 네 아우의 가족까지 전부 너를 위해 희생하는 줄 아시면서도 죽을힘을 다해 가족들을 굶기지 않으려 안간힘을 쓰면서도 네게 처자식 돌보라거나 어미 아비도 생각하라는 말 한마디 하지 않고 평생 너만 바라보며 사셨던 분이다."

"알고 있습니다. 그래서 아버지만 생각하면 가슴이 미어집니다."

"그렇다면 희택 공이 바란 것이 무엇이었느냐?"

"스승님. 그에 부응하지 못하였습니다."

"부응? 그렇지 부응하지 못했고말고. 그러나 한 가지는 분명한 것이다. 썩은 신하가 되어서는 안 된다는 것이다. 이건 예수 얘기가 아니야. 사복을 채운다거나 권세를 누리려는 마음이어서는 불효가 된다는 것이다. 희택 공의 중심이나 나의 중심은 분명하여 죽더라도 의를 따르고 밟히더라도 불의와 짝하지 말아야 한다는 것이다. 기왕에 벼슬이 높아져 잘나가다가 능지처참을 당하려면 낮은 자리에서 굶어죽는 것이 가치라는 것이다. 흑백을 가릴 일은 아니겠지만 김옥균만 보아도 홍종우에게 살해당하고도 시신이 되돌아와 효수당하고 종로거리에 그 목이 걸리고 민중들의 돌팔매질을 당하지 않던? 김옥균을 비하하자는 말이 아니라 신하의 길이란 이렇게 험하고 어려운 길이라는 얘기다. 지금 한규설이나 조병식 내각이 아무리 친일세력과 어우러져 친러파를 죽일 힘을 가졌다 하여도 후대 역사가들의 판단은 그것이 전부는 아니다. 하물며 갈수록 친일세력에 합세하는 동지들이 자네를 모함하는 숫자가 더 늘어난다고 할 때 그들을 평가하는 후대들의 잣대는 어떠하겠느냐?"

"그러니까 미국에 갓댄들 실상 아무런 결실도 거두지 못한 것 같아 저도 마음이 괴롭습니다."

"하하, 이보게 월남. 내가 지금 그걸 따지자는 줄 아는가?"

"돌아보니 그렇다는 말씀입니다. 러일전쟁 이기고 난 일본이 저렇게 날뛰는 꼴은 필경 불길한 징조라고 보여집니다."

"자네가 미국에 갔다 온 것은 높이 평가하네. 첫째는 세계를 올려다보다가 이제는 내려다보는 안목을 가지게 됐다는 것이고, 다음은 조미 외교의 물꼬를 터냈다고 하는 것일세."

"스승님! 물꼬를 튼 분은 마지막 스승 죽천대감이십니다."

"당연하지. 다만 죽천대감의 보필을 아주 잘했다는 것이야. 죽천에게 자네 같은 수하가 없었다면 상황은 어찌 됐을지 모를 수도 있네. 그러니 모든 공은 죽천에게 돌려 마땅할 것이나 역사는 자네의 공적도 크다고 할 것이네."

"격려의 말씀으로 받겠습니다마는 지금 당장 눈앞이 걱정입니다."

부친 희택 공과의 만남

장대비는 그치지 않는다. 내다보니 저수지처럼 빗물이 그득하다.

언제 일요일이 올지 아득하게 멀게만 느껴지는 오늘 같은 날에는 이런저런 공상만 허공을 떠다닌다.

흘러내린 물과 그 위에 끊임없이 쏟아져 내리는 빗줄기 속에 문득 그때 그 시절 앞내둑을 막으시던 부친 희택 공이 떠오른다.

회상 / 제1권 2부 말미

물이 바다를 이룬다. 과연 앞내둑은 물이 차올랐다. 물이 둑 위로 넘쳐 모래가마니를 올려쌓기에 정신이 없다. 말뚝으로 모래가마니를 지지하려 하지만 불어나는 물살을 감당하기 어렵다. 희택이 숨이 넘어가게 가마니와 말뚝을 가져오라 하는데 수레가 싣고 온 말뚝이 바닥나 버렸다.

여간 위험한 게 아닌데 희택이 가마니를 잡고 버티고 있다. 가마니 여러 개 밀기를 거듭하는데 그중에 가마니 한 개가 뒤로 넘어가려 한다. 순간 상재가 뛰어 들어 가마니를 잡는데도 희택은 상재를 알아보지도 못한다. 순간 상재가 둑 아래로 나뒹굴어 떨어진다. 그제 서야 희택은 상재가 가마니를 잡고 있었음을 알고 크게 놀란다. 그러나 희택은 손을 떼면 안 되기에 굴러 내린 상재에게로 내려가지 못한다. 상류 쪽에 얼마나 많은 비가 쏟아지는지 아차 하면 둑이 통째로 무너질 지경이다.

흙투성이가 된 상재는 얼굴을 닦으며 둑을 기어오른다. 상재가 잡았던 가마니가 위험하다. 희택의 눈빛-상재가 처음 보는 눈빛이다.

상재를 걱정하랴 둑 무너짐을 막으랴… 희택의 눈에 불빛이 번뜩인다. 저쪽에 수레가 오고 있다.

"상재야! 상재야아!"

가마니를 부여잡고 상재를 보는데 옆 가마니가 또 밀려 내리려 한다. 상재가 그 가마니로 급히 기어올라 있는 힘을 다해 막는다.

"상재야! 네가 여긴 왜 왔어 둑이 터지면 죽는다. 상재야아! 빨리 비켜라! 저쪽으로 가라."

하더니마는

"상재야, 그 옆에 가마니를 잡아라."

희택도 정신이 하나도 없다.

상재가 두 개의 가마니를 바꿔가며 밀고 선다. 말뚝을 들고 와 희택이 미는 가마니에 때려 박으려 하자 상재 가마니부터 말뚝을 치라고 소리친다. 마침내 희택이 나뒹굴고 밀던 가마니 하나가 떠내려가 물이 쏟아져 내린다. 상재가 있는 힘을 다해 희택이 밀던 가마니 옆의 밀리는 또 다른 가마니를 잡으며

"모래가마니 2개를 가져오세요!"

있는 힘을 다해 소리친다. 희택이 흙투성이가 된 채 둑으로 기어오르며 두 개의 가마니를 틀어 밀어 물길을 다시 잡았다. 상재는 수없이 보았다. 아버지의 번뜩이는 눈, 그리고 굴러 내리던 모습, 흙투성이가 되어 둑으로 오르던 모습, 그때마다 불을 뿜듯 무서운 눈빛을…. 상재는 영원토록 그 눈빛을 잊지 못할 것이다.

문득, 순간 우중에 흙탕물 범벅이 된 부친 희택 공이 감옥 안으로 들어와 옆에 앉는다. 비몽사몽이다.

"상재야! 아비가 너에 대한 바람은 변함없다는 것 알지? 물어나 보

자. 지금 우리나라는 향후 어떤 길로 나가야 한다고 생각하느냐?"

"세월이 살(矢)같이 흘러갑니다. 이제는 아무리 안에서 대문을 걸어도 걸리지 않는 세계화의 세월입니다. 이미 문호는 완전 개방되었습니다. 문제는 어느 나라와 어느 정도의 우호관계를 맺느냐가 중요한 세월입니다. 잘 못 맺으면 나라가 위태하고 잘 맺으면 나라가 강성해질 중요한 시기입니다. 그러려면 우리가 자격을 갖춰야 합니다. 이제까지 해온 정사의 방식대로는 열린 세계화 시대에 맞지 않습니다. 서양문물을 받아들이고 그들의 종교도 이해하고 자유롭게 믿게도 해주어야 합니다. 그렇다고 토속종교나 기존의 유교·불교를 없애자는 것이 아니라 정치와 종교를 분리하여 종교의 자유를 주어야 합니다. 뿐만 아니라 정치제도를 개혁해야 합니다. 황제께서 안심하고 눕고 일어나 입가에 웃음을 띠우시려면 제도가 달라져야 합니다. 그러자고 하는 것이 바로 지금껏 목청을 높여왔던 독립협회와 만민공동회입니다."

"그러나 그러기 위해서는 우선 의식이 깨어야 하는데 아직도 오리(汚吏)들이 날뛰고 있으니 이를 어쩌면 좋겠느냐?"

"오리도 문제지만 그보다 더 큰 문제는 구태에 젖어 파당을 만드는 관리들입니다. 우리는 그간 청국에 목을 매 왔습니다. 임금마저도 청국의 눈치를 보아왔고 학문과 정치제도와 관습, 심지어는 경복궁도 작은 자금성의 모형으로 지었습니다. 그러다가 난데없이 친일파 세력들이 생겨났습니다. 친일하면 일본의 은행이 점점 강화되어 돈이 많습니다. 그러다 보니 친일 쪽으로 너무 기울게 되자 친러파가 생겼습니다. 나라야 기울거나 무너지거나 아직도 어느 파에 속해야 강하고 약하냐를 저울질 해대고 있습니다. 이게 지금 가장 위험한 우리 대한제국의 실상입니다."

"그러니까 어쩌면 좋겠다는 것이 너의 생각이냐?"

"첫째는 황실입니다. 그 후에 민주주의로 돌려야 합니다. 한마디로 줄이면 황권민주주의입니다. 이것은 미국식이 아닙니다. 일본이나 영국식이라 할 것인데 이런 제도는 세계에 절반이 넘습니다. 미국은 신생독립국이라 왕도 없었고 만들 이유도 없어 황권을 뺀 단순 민주주의 방식의 나라지만 우리는 4천여 년 왕정의 나라였고 고려의 역사가 475년이요(918년~1392년) 조선만 해도 500년 왕권시대였으며, 현실 황제폐하께서 나라를 다스리시고 계시니 1,000년입니다. 그러므로 황실을 중심으로 이제는 서구 열강들의 제도를 본 따서 황권민주주의로 가자고 하는 것이 독립협회이며, 만민공동회는 기존의 황권옹호의 방책으로 민주주의적 정치제도를 만들자고 하는 주장을 하다가 여기까지 와 갇힌 것입니다."

"저들 고위관리들이 그 말을 이해하겠느냐? 단순하게 자기네를 척결하고 몰아내자는 말로 들리지 않겠어?"

"그게 문제고 어려운 숙제입니다. 다만 자기가 그 자리에 그대로 앉아 군림하고 누리려 하기 때문입니다. 나야 올라가나 내려가나 백성이 편하고 황실이 안정된다면 나는 물러나야지요?"

"그게 어디 그러냐? 기왕에 올라탄 말에서 내려 걸어가라 하면 좋다 하겠는가?"

"그게 친일세력들의 주장입니다만 그렇지 않습니다. 벼슬에 연연하는 생각을 버리고 진정으로 황제가 편하고 백성에게 유익하다면 내려오는 것이 애국이고 충성 아닙니까. 내려올 마음이 없다는 것이 방해세력입니다. 황국협회나 보부상단체는 결국 자리를 잃기 싫은 벼슬아치들의 수작입니다."

"그것이 참 어렵게 생겼다. 반대로 그쪽에 붙는 세력이 더 늘어날지도 모르니 말이야."

"문제는 그쪽으로 붙을 경우 이토 히로부미나 이노우에 같은 침략자 일본의 수하가 된다는 것이 문제입니다. 돈 주고 명예주고 감투씌워주면 그것이 애국이라고 착각하기 쉬우니 바로 그것을 일깨워주자는 것입니다."

"아무튼 나는 너만 믿는다. 이 어려운 시기에 목은 같은 충신이 되어야 한다. 이성계나 일본이 아무리 영화를 누리게 해주고, 그것을 거절함으로 인하여 나라가 무너진대도 너는 인간의 도리와 신하의 도리는 물론, 이색 할아버지의 정신과 아비의 뜻을 저버리지 않을 것으로 믿는다. 하지만 마음이 아프다. 얼마나 심적 고통이 많고 고되겠느냐. 고향에 두고 온 처자식은 또 얼마나 걸리겠느냐. 그래도 선진 문명과 제도를 아는 네가 중심을 지켜야지 나라가 부지하지 않겠느냐?"

"예, 잘 알고 있습니다. 어찌 아버지의 뜻을 저버리겠습니까. 그러나 자주 힘에 겨워 지치기도 합니다. 게다가 처자식을 생각하면 갈등이 많습니다."

"갈등이야 있을 테지만 그래도 이겨내는 것이 인격이다. 이승만을 잊지 말아야 한다. 서재필이나 윤치호를 잊어서도 안 된다. 우리 대한제국의 현실과 미래를 바라볼 때 그래도 우물 안 개구리가 아니라 큰 강물에 나간 개구리보다도 더 넓은 바다 같은 세상 물정을 배우고 경험한 후배들이 얼마나 유용한 동량이 될지 아버지는 안다."

"잘해야 합니다. 그러면 또 우물 안 개구리들과 개울물이나 강물에 나가봤다는 개구리들이 시기합니다. 우리나라는 시기가 많아 고쳐야 할 민족성이 있습니다. 다 미개한 현상이지요."

"상재야, 잘 들어라"

"예, 아버지. 말씀하십시오."

"네 어미가 너를 잉태할 때 내가 꾼 태몽 이야기를 해주었지?"

"예, 돌아가시면서 하셨습니다."

"그래, 맞다."

"그 꿈이 어쨌다는 말씀이시지요?"

"그 꿈이 아직도 마음에 걸린다."

"무슨 말씀이신지요?"

"청룡이든 황룡이든 용이면 무엇 하겠느냐?"

"알아듣지 못하겠습니다, 아버지."

"목이 잘리자 몸뚱이는 땅으로 떨어지고 잘린 머리만 하늘로 올라 갔다는 것은 재물이 없다는 뜻이라 하겠다. 배가 차지 않아 부자는 글렀다는 거지."

"부자는 사실 어렵게 생겼습니다. 더욱이 예수님까지 믿습니다. 예수님은 말씀하시기를 부자가 천국에 들어가기란 낙타가 바늘구멍으로 빠져나가는 것과 같다 하셨습니다. 그리하여 먼저 재물을 모두 가난한 자들에게 나누어 주고 나서 내게로 오라하셨습니다. 부자가 서럽게 울고 갔다 하였습니다."

"부자가 부러우냐?"

"부러울 때가 어찌 없겠습니까?"

"허나 상재야!"

"예, 아버지."

"부자보다 더 큰 부자는 하늘에 재물을 쌓은 것이라는 말도 있지 않던?"

"예, 있습니다. 그것은 가난하고 병든 자에게 재물을 나눠주고 고아와 과부를 불쌍히 여기는 것이라 하였으며, 그렇게 하면 그것이 하나님께 꾸어드리는 것이라 하셨습니다. 하나님은 꾸어 쓰고 갚아주지 않을 분이 아니라는 것입니다."

"안다. 다만 이것을 알아야 하느니라."

"예, 말씀하세요."

"재물의 부자보다 값진 부자는 마음의 부자다. 마음의 부자는 올바른 정신을 가진 사람이다. 그래서 1,600백만 대한의 백성들에게 재물이나 지식보다 중요한 유산으로 남겨야 하는 것이 있는데 그것이 바로 올바른 정신이다. 정신이 썩은 부자는 그 대가를 호되게 받을 것이다. 아니면 후손이 발붙일 곳이 없을 것이다. 가난하여도 정신이 올바른 사람은 영원무궁 존경받고 추앙받아 정신적 스승이 되는 것이다. 이를 사표라고 한다지? 민족의 등불이 되고 태양이 되고 네가 믿는 성경에서 말한 대로 빛과 소금이 되어야 한다. 그것이 어미가 꾸었던 태몽 꿈이었지 않겠니? 그러나 그런 꿈을 꾸어 너의 평생이 힘들고 가난하다고 원망하지 말 일이다. 이것은 너의 후대들도 자칫하면 너를 원망할 수도 있는 일이다. 하지만 세상이 온전해지면 정신적 스승의 후손이라는 것이 그들의 배를 채울지언정 주리게 하지 않을 것이다. 원망하지 않겠느냐?"

"결단코 원망하지 않습니다. 반대로 무한 감사하겠습니다. 후손들도 미처 생각이 미치지 못 할 때는 원망할 것이나 언젠가는 감사하리라고 믿겠습니다."

"그래, 고맙다."

그러자 이번에는 월예가 나타난다.

월예와 만남

물론 우중에 월예가 직접 나타난 것이 아니다. 장대비는 여전한데 이번에는 월남의 생각 속에 월예가 나타난 것이다.

"나는 서방님의 큰 뜻에 방해가 되고 싶지 않습니다. 저로 인하여 도움은 안 돼도 방해는 되지 말아야지요? 그래서 보고 싶어도 참고 배가 고파도 참고 아이들을 보면 마음이 아파도 참았습니다. 그러면서 생각했습니다. 인고(忍苦)의 대가는 나라가 잘되는 것이며, 서방님이 거기에 큰 역할을 하는 것이라고 스스로를 달랬습니다."

"알지요. 내 어찌 당신의 아름답고 소중한 마음의 정성을 모르겠습니까? 생각해 보면 세월이 벌써 35년입니다. 겨우 1년 같이 살고 한양으로 와서 몇 년에 한번 빠끔 내려갔다 올라오면 역시나 함흥차사처럼 언제 올지 볼지 모르는 세월을 살면서 내 가슴도 탔습니다. 나는 둔한 사람이 아닙니다. 너무 깐깐하고 예민해서 탈이라 할 정도로 예민한 사람입니다. 그래서 나의 갈등의 중심에는 늘 당신이 있었습니다. 여자로 태어나서 먹거나 굶거나 지아비와 마주보며 사는 것이 행복일진대 나는 당신에게 허상이었습니다."

"허상이 아니셨습니다. 영원한 실상이셨고 존경의 대상이셨습니다. 힘들고 아프고 가슴이 쓰릴 때면 당신이 나대신 나의 아픔을 충성스러운 신하로 우뚝 서신다는 것으로 보람을 삼았습니다."

"그 보람이 당신의 고통이 되었다는 것도 압니다. 그래서 당신과 아이들을 불러올리는 것이 저의 유일한 소원이었건만 이제는 식구마저 몇 갑절 늘어버렸습니다. 하지만 할 것입니다. 꼭 올라와 한 울안에서 같이 사는 날을 만들겠습니다."

"그러면 얼마나 좋을까마는 그래도 비록 감옥이지만 건강하게 승인이라도 같이 잘 있으니 됐습니다. 셋째 승간이도 이제는 짝도 지었고 손주도 태어났습니다. 그럼에도 불구하고 보고 싶을 때는 가슴이 터지는 것도 같지만 어디 대고 이런 속내를 터놓을 곳도 없습니다."

"보고 싶은 것은 나도 똑같습니다. 한양에는 돈도 많고 여자도 많아요. 술집도 많고 기생도 많습니다. 그러나 내게는 상관없는 일입니다. 보고 싶은 사람은 당신뿐인데 이제는 예수님을 믿으니 경멸하는 것이 간음입니다. 퇴폐적 음란의 밤으로 변하는 한양에서 저만 홀로 고고한 척하지도 않지만 세상은 병들어가고 있습니다. 그러나 나는 병들지 않으니 그 점은 믿어도 되십니다."

"믿어요. 그런데 언제면 올라와 같이 살 수 있지요?"

"그것이 영 가늠이 안 됩니다. 집이 전에 살던 집보다는 넓지만 그래도 이사를 오려면 갑절은 돼야 하니까요. 이 집도 도지(賭地, 집세)가 만만찮은데 큰 집으로 가면 더 벅차지요."

"나라에서 최소한 우리식구 살 녹봉은 줘야 되지 않았었나요?"

"녹봉이 적건 많건 끊어지지를 말아야 하는데 벼슬이라고 좀 하다가 말면 그만둔 사람에게는 일 푼도 없으니까 노동자가 손을 놓으면 당장 굶는 것이나 같습니다. 게다가 이제는 쳐다 볼 수도 없고요."

"그러면 다른 어른들은 어떻게 사신대요? 벼슬이란 것이 길어야 2~3년이고 짧으면 1년이나 6개월 아닙니까?"

"퇴직수당이라도 주면 좋지만 그런 것이 없으니 결론은 있을 때 벌자는 것이 되지요. 그래서 자리에 오르면 단박에 부를 긁어모으는 것을 반복하는 것이 역사의 악순환이었습니다.

"그러니까요. 아니, 그러면 다른 양반들은 어떻게 사느냐는 소립니다."

"다릅니다. 그들은 이미 부모님 이전부터 가진 재산이 많은 양반들입니다. 벼슬은 해도 그만 말아도 그만입니다. 게다가 벼슬자리에 앉으면 우선 긁어모읍니다. 땅장사도 합니다. 뺏기도 하고 사기도 하고 팔기도 해서 부를 잔뜩 쌓습니다. 벼슬 못하더라도 먹고살 걱정하는 사람은 거의 없습니다."

"그렇다면 당신도 땅이든 금이든 좀 샀다가 비싸게 팔기도 하고 그랬더라면 하는 생각도 듭니다."

"그게 답답합니다. 한양 온 지가 벌써 31년 32년이 되었습니다. 그러는 동안 내가 녹봉을 제대로 받은 것이 전부 얼마나 되겠습니까? 전부 합쳐봤자 5년이나 될까? 5년도 안 될 겁니다. 그리고 첫째는 녹봉이 많지 않아요. 한산의 농사짓는 중농 농부마도 못합니다. 달랑 5년 농사지은 농부가 소출로 30년을 살고 땅을 사겠습니까? 퇴직금을 주지도 않지만 주면 또 얼마를 주겠습니까? 그래서…."

월남의 말이 끊기자 월예가 재촉한다.

"그래서 뭔데요?"

"그래서 가진 자가 욕심을 부리면 안 된다는 것입니다. 이 말은 벼슬아치가 욕심을 부려서는 안 된다는 뜻입니다. 부잣집 양반자녀가 벼슬에 오르면 나라의 재물을 아끼고 아낀 재물이 백성에게 돌아가게 해야 하는데 부의 세습이 몸에 배었습니다. 부익부요 그래서 빈익빈입니다. 나라 경영의 기초가 잘못되었다는 소릴 하는 겁니다."

"그러니 투정이 아니라 충신의 처자식은 배곯아 죽어도 간신의 처자식은 배 터져 죽는 거 아니에요?"

"그래서 이런 나라를 고쳐보고 싶어 날뛰는데 갈수록 어렵습니다."

"포기하고 내려와 그냥 없으면 없는 대로 사는 것이 어떻겠어요?"

"때론 하루에도 몇 번씩 그럴까 하는 생각도 해요. 오늘 같은 날은 더 많이 고민합니다. 되지도 않을 일을 한다는 게 달걀로 바위 때리기라는 생각이 들 때면 낙심합니다."

"그 마음 제가 잘 압니다."

"하지만 그게 문제가 아니라…."

"아니라 뭡니까?"

"때려치우고 내려가고 싶다가도 나마저 내려가면 과연 이 나라가 어찌 될까를 생각하였습니다마는 이젠 몸마저 갇힌 신세라니… 한심하지요?"

"한심하다 하지 마세요. 그렇게 좋으신 하나님을 만나셨다면서 왜 그러세요? 하여간 당신의 힘이 부치지도 않겠지만 당신이 없다 한들 나라가 굴러가지 무너지겠습니까?"

"굴러가나 무너지나 결국은 백성이 죽습니다. 당신은 잘 모르겠지만…."

"무엇을 모릅니까?"

"어려서 앞내둑이 터지려 한 일이 있었습니다. 그때 아버지가 둑을 막기 위해 모래가마니를 쌓는데 손을 놓으면 다 무너지게 생겼고 달리 손은 없었던 적이 있었습니다. 그때 11살 어린 제가 그 광경을 보고 모래가마니 딱 한 개를 붙잡고 막아 터지는 둑을 막은 일이 있었습니다. 바로 이와 같습니다."

"같다니요?"

"나라의 둑도 같습니다. 모래 한가마니가 부족해서 나라의 큰 둑도 무너진다는 이치입니다. 나 한사람쯤이야 착취를 하고 부정을 해도 된다는 생각은 반역입니다. 나 하나라고 하는 가마니가 둑 전체를 지킨다는 문제입니다. 나는 약하고 힘이 없으나 아무리 생각해도 나는 조선산 허름한 가마니가 아니라 일본산보다 더 좋은 미국산 가마니 입니다. 나라고 하는 가마니가 쓸모없다면 나는 단박에 내려도 갔을 것입니다."

"내가 져야지요? 내가 당신을 이겨서야 어찌 월남의 아내라 하겠는지요."

"그러니 당신에게 면목이 없습니다."

공상은 이어져 꼬리를 물고, 그러는 사이 이번에는 죽천이 나타난다.

죽천과 만남

오늘 중에는 이 무심한 장대비가 그치지 않을 모양이다. 참 괜한 걱정이겠지만 이렇게 쏟아지면 다시 또 앞내둑이 위험할지도 모른다. 그런데도 월남의 생각 속에 이번에는 죽천 박정양이 나타난다. 몸이 불편한 죽천이다.

"이보시게 월남! 하루 진종일 힘들지도 않는가? 해도 해도 걱정이 끝이 없네 그려."

"예, 그렇습니다, 대감마님!"

"내 눈에는 영 희망이 없게만 보여."

"어떻게 보이십니까?"

"현실 조병식 내각과 새로 부임한 한규설 법부참판은 이미 맛이 갔어요. 물간 생선냄새가 진동하는 거라."

"친일에서 돌아서지 않게 보이십니까?"

"돌아서지도 않겠지만 돌아서도 희망이 없고, 반대로 오히려 더 강력한 친일이 들어설 것 같은 게 불안요소야."

"누가 불안하십니까?"

"전라감사로 내려간 이후 이완용이가 맛이 가고 있어요. 게다가 순계집장사 술장사로 돈을 번 송병준이도 이제 친일 고관대작으로 높이 올라갈까봐 영 불안하다는 게지."

"송병준이야 당초부터 친일 아닌가요?"

"그래 맞아. 문제는 친일이든 친러든 간에 누구나 돈을 벌면 어디로 가겠는가? 반드시 권세를 넘보게 돼 있어요. 송병준이의 욕심을 아는가? 그자는 돈이라면 사족을 못 쓰는 사람인데다가 왜놈들하고는 이미 짝짜꿍이 된 지 오랠세. 이토 히로부미나 이노우에를 비롯한 일본국 공사나부랭이로부터 심지어는 부대장 대대장 말단 소위까지 전부 개진장(여관 겸 요정)에 초청해서 익힐 대로 왜놈들과 면을 넓히고 익혀왔네. 그러니 다음 수순은 너무 뻔한 게 아닌가? 조정에 높은 벼슬을 차고 들어올 걸세."

"설마하니 황제폐하가 잘 아시는데 이완용이나 송병준이에게 더 큰 감투를 내리시겠습니까?"

"아니지, 아니야. 폐하가 인사권을 잃은 지가 언젠가? 임명이야 폐하가 하겠지만 추천은 친일파가 할 것이고 거부하면 폐하를 견디게 둘까? 그러니 앞이 캄캄해요. 더욱이 그 우직한 이완용이가 전라감사로 간 후로 과거의 이완용이가 아니라는 소리가 들려, 친일로 완전히 돌변 중이라고 하니 말이야."

"대감께서는 원래 높이 올라 멀리 보시오니 한수 가르쳐 주옵소서. 앞으로 어찌 돌아갈 것 같습니까?"

"보이는 대로는 말을 못하겠네. 그러면 자네가 낙심돼서 견디지 못할 테니까."

"아닙니다. 그래도 대감마님의 수족이 묶인 것과 같사오니 저라도 뭔가를 보고 알아야 판단하고 대처를 할 게 아니겠습니까?"

"최악의 가상 예측은… 아닐세, 그만 두세나. 갇힌 몸 하고 뭔 얘길 하겠는가."

"말씀해 주십시오. 나라를 걱정하시는 대감마님의 말씀 정말 들어 보고 싶습니다."

"그렇다면 최악은 빼고 최선을 이야기 해 볼까?"

"예, 최선이 중요합니다."

"불가능한 일이라서….."

"그래도 어차피 가상이라 하셨으니 말씀해 주십시오."

"그럼 말해 보지. 미국일세. 미국밖에는 해답이 없어."

"무슨 말씀이십니까?"

"이미 불가능이라고 했지만 근본 해결의 열쇠는 미국밖에 없네."

"미국이 어떤 열쇠를 가졌단 말입니까?"

"내가 하지 못할 일을 말해 무엇할까마는."

"제가 하겠습니다. 죽을 각오로 하겠습니다."

"그러니까 미국으로 가야 하네. 가서 대통령을 만나 실상을 자세하게 말하고 미국 보고 도와달라고 하게나. 대신 미국이 원하는 대로 기독교를 믿는 나라가 되도록 적극 협조한다고 하자고. 그네들은 기독교만 믿는다고 하면 뭐든 아끼지를 않지? 안 그런가?"

"맞습니다. 그러나 기독교를 믿으면 나라가 망한다고 난리를 치는데요."

"그건 그 다음의 문제고 자네의 본심만 확고하면 말은 통할 것일세. 가서 대통령을 만나 대한제국의 임시조치를 부탁하되 군대를 파견해 달라고 하여보세. 일본도 아직은 미국하고 맞붙지 못해. 미국이 공안권과 치안권을 가지는 대신 황제의 정권은 보장해 달라하시고 일정기간 안정이 되면 황권민주주의 법을 제정하고 안정되거든 철수하라고 하자는 게야."

"그러려면 이게 저 혼자서 될 입니까?"

"그래서 불가능이라 한 걸세. 누구하고 모사를 꾸미며 어디서 돈을 만들어 미국을 갈 것인가? 모두 그림에 떡인데 내가 볼 땐 미국이야. 만일 내가 건강하다면 나는 자네하고 미국을 갈 걸세. 까짓 전 재산이라도 다 팔고말고. 그래서 몇몇 마음 맞는 동지들과 힘을 합하여 미국을 우방으로 삼기만 하면 답이 나올 것일세. 공사까지 모두 몰아냈지만(1905년 공사관 압수폐쇄 하게 될 것임) 그래도 우리가 가면, 어째? 불가능일까? 헌데 내 보내주고 우리가 서로 만나 봐야 뭔 수를 내지 않겠나?"

"아닙니다. 첫째는 미국을 믿느냐는 문젠데 저는 개인적으로 믿는 집니다. 단, 자금이 감당 못할 일 같습니다. 동지들이라면야 첫째 미국에 가면 이승만이 있어 수족같이 움직여 줄 것이고 서재필도 있으니 그건 별 걱정이 안 됩니다. 두 가지 문젭니다. 첫째는 돈이고 다음은 믿음입니다. 그런데 믿음보다 돈이 더 문제라 시도를 못하게 생겼습니다."

"그러니까 앞이 캄캄하다는 거야. 빛이 안 보여. 휴… 하여간 나와서 만나가지고 할 얘기지만 돈이 여간인가? 그보다도 내 몸이 이래서 막상 가라 해도 가지도 못할 모양이고…. 나도 그런 힘이 없으니 답답해요. 뭐 되지도 않을 공상인가?"

"공상도 같고 아닌 것도 같고…. 저도 잘 모르겠습니다. 최악의 예측은 말고 말입니다."

"첫째는 폐하를 다시 경운궁에서 창덕궁으로 가시게 할 것 같지가 않아. 뿌리를 약하게 뽑은 채 그냥 버려둔다는 게지. 경복궁이나 창덕궁하고 경운궁과는 생판 다르네. 일단 왕의 기를 꺾자면 경운궁에 묶어둬야 기선을 잡는다고 판단한 것일세."

"그 다음은요?"

"충신을 제거하겠지. 친일파로 장막을 친다는 걸세. 점점 친일의 장막이 높아져 마침내는 허수아비 황제화를 시도하거나 아니면 나약하고 만만한 세자에게 보위를 넘기라 하지 않겠는가? 이게 차마 할 소리가 못되네. 끔찍하고 불경하여 어디 예상이라고 해도 될 소린가? 귀를 씻어버리게나."

"대감마님! 귀를 씻을 게 아니라 담아 두어야 하겠습니다. 오늘만 보고 현실만 보아서야 어찌 신하라 하겠습니까? 이제 친러파고 친청파는 다 고꾸라졌습니다. 오로지 친일파만이 황제폐하를 에워쌌습니다. 이 일을 어쩌면 좋겠습니까?"

"그러니 이를 어쩌겠는가? 자네가 믿는 하나님께 기도하면서 때를 기다릴 수밖에 없겠으니 말이야."

"하나님도 하늘에서 먼저 주지 않습니다. 땅에서 매어야 매고, 땅에서 풀어야 푼다고 하셨지 하늘에서 먼저 풀고 맨다고 하지는 않으셨습니다. 이 말이 바로 진인사대천명이 아니겠습니까?"

"알아듣네. 그러니 욕심을 버리시게. 일 욕심도 욕심이고 나라사랑에도 욕심이 있다네. 너무 좋고 확실하고 뚜렷한 효과가 나는 일만 계획하고 작은 것은 시시하다고 무시하고 버리지나 말게나. 작은 것이 모여야 큰 것이 된다지 않던가?"

"그래서 만민공동회가 지켜졌어야 했습니다."

"자네의 열과 성을 누가 알겠는가? 폐하는 아시겠지? 그러나 어찌 나만큼이야 아시겠는가? 폐하를 생각하면 가슴이 무너져요. 중전마마를 비명에 잃고 그놈들의 손아귀에서 연명하시니 오죽이나 힘이 드시겠는가?"

"그래도 제가 하는 집회가 폐하에게 해가 되는 것으로 착각하기도 하셨습니다. 그게 마음 아픕니다."

"모르는 소릴세. 폐하는 다 잘 아신다네. 다만 폐하의 뜻과 다르게 친일파들이 그러는 것 모르시나?"

"어찌 모르겠습니까. 폐하의 백성을 향한 극진하신 성심을 모른대서야 어찌 신하라 하겠습니까?"

2009년 10월 26일

"안다고? 안다면 됐네. 그럼 하나만 말해줄까?"

"예, 말씀하십시오."

"그럴 리는 절대 없을 것이나 만에 하나 월남에게 사약을 내리라 하여도 성심은 아니라고 믿고 마실 수 있겠는가?"

"그럴 수 있습니다. 예, 저는 폐하의 성심을 잘 알고 있습니다."

"그러면 그렇지 내가 자네의 충심을 안다네."

이를테면,

월남의 옥중 마음은 이렇게 뒤집어지기도 한다.

그러나 감옥 밖의 죽천과 순재는 월남 문제로 많은 대화를 한다.

제9부

여자를 훔치는 자는 반드시 돈도 훔친다

　월남으로 인해 하도 끼니를 걸러 맥이 다 빠진 순재와 죽천이 다시
만났다.

　하다가 말았던 말로 월남이 보고 싶어 병이 났고 죽고 싶다던 그
이야기가 또 나왔다.

　마음 같아서야 죽천은,

　'처형! 사람은 예의도덕이 있습니다. 남녀가 유별하고 7세가 부동
석인데 이런 걸 가리지 못하면 되겠습니까?'

　라고 하고도 싶지만 할 말이 아니다.

　그러나 순재가 바로 이 말을 한다.

　"사람이란 남녀가 유별하고 7세면 부동석이라면서요? 그런데 어찌
7세가 넘고 나이 스물 서른 된 생면부지에서 상 차리고 절 한 번 했
다고 해서 어찌 남녀가 교합한다는 거죠? 이것은 남녀가 무별이고 7
세가 곧 자동석 아닙니까? 모순입니다. 마음에 없으면서 몸을 주고받

고 자식을 낳는다? 이것은 돼지요 소나 개나 다를 게 없습니다."

죽천은 기가 막혀 말이 안 나온다.

"처형! 그게 그런 게 아니고요."

"압니다, 나도 잘 알아요. 벼슬 높고 돈 많은 사람은 눈에 들면 그 여자 보자마자 첩을 삼고 짐승들 새끼 낳듯 애가 태어나면 서자라고 짐승취급이나 하고 괄시하고… 마음에 들면 소나 개나 후처로 줄줄이 들어앉히고… 본처 후처 몇 집 살림을 차리고 줄줄이 새끼 낳고… 이게 벼슬아치들이고 이게 상감마마 아닙니까? 사람과 짐승의 차이가 뭡니까? 그래도 나를 보고 미쳤다 하시렵니까? 그래요, 나 미친년입니다. 짐승처럼 살지 못하는 미친 인간 맞아요. 안 미친 거룩한 인간들처럼 낯선 남자 품에 치마를 벗고 몸을 주고 아기 배고…. 나 못합니다. 이게 창녀입니까? 기생입니까?"

죽천이 이렇게까지 말문이 막혀본 일도 없다.

'도대체 순재의 말을 어떻게 받아주어야 한다지?'

"예, 나는 월남 서방님 좋아합니다. 물론 제부도 아주 좋아합니다. 이유는 단 하나, 축첩을 하지 않기 때문입니다. 제부는 왜 첩 안 들이지요? 적어도 둘이나 셋은 들여도 배곯일 일은 없잖습니까? 그런데도 첩도 없고 기생집도 안 가고 공부만 하고….나는 제부가 정말 좋아요. 그러나 내 동생하고 얼굴도 안 보고 결혼하여 애들 낳지요? 이것은 좀 마음에 들지 않지만 그래도 그건 이해하기로 했어요. 하지만 나는 내 동생과 혼례 올릴 적에 남들을 보면 곧 줄줄이 후처를 들일 저런 혼례를 하는 것이 정말 웃기더라고요. 내가 그때 왜 웃었는지 이제 아시겠어요? 우스운 게 너무 많아요. 그런데 우습지 않은 사람 딱 한 사람 봤습니다. 그가 바로 월남 서방님입니다. 보면 볼수록 독신생활

만 하시니 병신이지요? 나는 병신이 좋습니다. 누가 마누라 고향에
두고 와서 새살림 안 차릴 남자가 있겠습니까? 돈은 훔치면 쌓이는
것 아닙니까? 그런데 도둑놈은 돈만 훔치지 않습니다. 여자를 더 많
이 훔칩니다. 돈 많고 여자 안 훔친 놈 있으면 나 좀 소개 해주세요.
당장이라도 시집가렵니다. 나도 아들딸 나을 자신 있고 누구보다 좋
은 마누라 될 자신도 있습니다. 그러나 갈 놈이 없습니다. 일부일처하
고 일부종사한다면 나는 1등으로 갈 거예요. 그걸 뭘로 믿습니까? 돈
은 여자를 훔치게 하고 여자를 훔친 놈은 반드시 돈 훔치고…. 내 말
틀려요? 제부가 돈 훔친 일 있습니까? 나야 모르지만 그렇다면 분명
여자도 훔쳤습니다. 아직 내 눈에 들키지는 않았지만 훔쳤다면 하나
만 훔칠 수는 없지요? 하여간 전부 도둑놈인데 내가 왜 도둑질을 당
합니까? 무슨 꼴을 보려고 말입니다."

"그래서요? 월남은 도둑놈이 아닐 거라는 말씀입니까?"

"예, 그 서방님은 도둑질 하지 않습니다."

"그걸 어떻게 알지요?"

"나하고 자봐서 알지요? 진짜 미치기도 했지만 미친 척하고 하루
이틀만 한방에서 자본 것이 아닙니다. 그랬더니 그 서방님은 도둑놈
심보가 아니었습니다."

"도둑놈 심보라는 게 뭔데요?"

"그건 당연하지 않습니까? 볼 것도 없이 치마만 둘렀으면 달려드
는 것이지요? 상대가 누구든 안 가리고 덤비는 것입니다. 바로 돈도
안 가리고 막 처먹는 것이고 여자도 안 가린다 그겁니다. 그런데 그
서방님은 내 얼굴이 돼지도 아니고 누가 봐도 웬만하죠?"

"웬만이 뭡니까 대단한 미인이지요."

"그러나 황금을 보기를 돌같이 하라는 옛말 그대로이신 분이십니다. 미인을 보기를 돌같이 하고 나무처럼 보신다는 거지요? 그러니까 부귀영화와 황금보화나 절세가인이나 빈부귀천에서 초월한 분이었습니다. 이런 분이 어찌 제 마음에 안 들 수가 있겠습니까."

"그래서? 결론이 뭡니까? 연모한다? 좋아한다? 보고 싶다? 못 봐서 죽고 싶다? 그것입니까?"

"다 틀렸습니다. 나는 만에 하나라도 그 서방님이 짐승같이 덤벼들면 그 즉시 영영 상종치 않습니다. 그길로 방을 뛰쳐나옵니다. 그런데 그럴 분 아니거든요? 마누라가 있잖습니까? 그런 분이 그러면 돼요? 사람이란 이럴 때 절제로서 인격이 판정됩니다. 나를 돌처럼 보시니까 내가 편하다… 바로 이 말입니다."

"그런데 왜 살기가 싫다는 거지요?"

"못 봐서요. 보고 싶은데 못 보니까 힘이 듭니다. 제부는 누가 보고 싶어 본 경험은 없지요? 보기 싫은 것을 보는 것의 고통은 아시나요? 나는 둘 다 알아요? 밥 싫은 건 안 먹으면 그만이지만 사람 싫은 건 죽이지도 못하고 살지도 못하는 것 모르시지요? 나는 서방님 보는 낙으로 살았습니다. 벌써 94년부터니까 햇수로 10년이나 됐습니다. 서방님을 보면 편해요. 저런 사람하고만 살았으면 좋겠다… 뭐 이런 감정 모르시겠지요? 더럽게시리 남녀 간에 육체 쪽으로 생각하지 말아요. 마음 하나를 지키지 못하여 본처를 두고 후처에게 혼을 뺏기고 육을 탐하는 것은 진정한 사랑이라 할 수 없습니다. 그냥 같이 있어만 주어도 행복한 사람… 어려우세요? 마치 어린 아기가 엄마만 있으면 행복한 것 이해하시나요? 사내 아들이 엄마가 엄마면 되는 것이지 엄마의 육체를 탐닉합니까? 짐승들만 득실대는 더러운 이 세상. 나는 세상 남자들 미워할 일도 없지만 모두 싫습니다. 제부도 짐승처럼 보이면 난 여기도 발 딱 끊습니다."

"그럼 하나만 물어봅시다. 월남도 처음에 선도 안 보고 장가가지 않았겠어요? 그러면 월남도 짐승입니까?"

"아닙니다. 그렇게 결혼하지 말라는 말은 아니거든요. 제부가 동생하고 결혼한 것도 같습니다. 단 짐승 같은 행동과 마음이 문젠데 이것은 제대로 설명하기 어렵습니다. 그다음이 더 중요하다는 것이지요. 한 가지만 기억하세요. 아까 한 말처럼, 훔치는 자는 나라도 훔치고 임금의 자리도 훔치고 벼슬도 훔칩니다. 가장 대표적인 것은 여자를 훔친다는 것인데 여자를 훔친 것은 남이 잘 모르거든요. 월남 서방님은 훔치는 일은 없다는 것을 난 잘 알아요. 이런 사람이 진짜 선비고 진짜배기 신하라고 생각합니다."

"참내, 정말이지 상식파괴입니다. 100년 후에나 태어나셨어야 할 사람이 처형입니다."

"바봅니다. 나는 등신 같습니다."

"아니에요. 앞서셨을 뿐입니다. 어쩌면 그런 세상이 올 것입니다. 미국을 가보니까 남녀가 얼마든지 나와 다니더라고요."

"미국은 남녀가 술도 마십니까?"

"당연합니다. 미국은 남녀가 교회에도 같이 가고 놀고 춤도 춥니다."

"더러운 춤 아닙니까? 짐승들 암내 내듯이…."

"정확하게 판단하기는 어렵지만 미국은 첩이 없습니다."

"맞아요, 그게 없어져야 합니다. 그러면 1부1처입니까?"

"첩이 없다면 당연하지 않아요?"

"그러면 아마도 미국에는 탐관오리도 없을 것입니다."

"없기야 할까마는 그들은 우리같이 백이면 아흔아홉이 첩을 두는 것과는 반대입니다. 백이면 한두 명이라고 보았습니다."

"맞아요, 글쎄 그런 날이 오고 그런 세상이 와야 된다니까요. 그게 올바른 나라입니다. 공자맹자 다 소용없어요. 말로만 유식함네 해봤자 전부 짐승입니다. 제부하고 월남 서방님만 빼고… 하하."

"알아들어요. 그런데 처형! 너무 걱정하지 마세요. 월남은 곧 나올 것입니다. 오래가진 않습니다. 나오거든 친하게 지내세요. 말 그대로 후처가 될 턱은 없을 테니 말입니다."

하고 나서 죽천은 안가로 돌아왔다.

부인 장씨가 묻는다.

"얘길 좀 해보셨습니까?"

"해 봤지요. 당신 말이 맞아요. 정말 너무 똑똑해서 문제입니다."

"무슨 소립니까?"

"한마디로 시대를 초월하는 사상을 가진 분이 처형입니다."

"그래서? 이제는 밥 제대로 먹겠대요?"

"먹을 겁니다. 사람이란 첫째 말을 해야 됩니다. 마음을 터놓고 풀면 병도 낫는 것이니까 걱정하지 않아도 될 것입니다."

반성문을 써라

겨울이 한 번 가고 두 번 가니 새해가 왔으나 어느새 몇 달이 훌쩍 지나 춘삼월이 지나 4월이 왔다.

"월남! 반성문을 쓰시오."

간수가 종이와 연필을 가져다준다.

"무슨 반성문을 쓰라는 거요? 왜? 또 뭐 괴롭힐 일 생겼습니까?"

월남이 알 수도 없지만 선교사들에 의하면 바깥세상에 큰 변고나 대란이 난 것은 없다는데 어쩐 반성문이라고 해서 안 하던 짓을 하고 있다.

"따지지 말고 잘 써보시오. 감형조건에 반성문이 들어 있소이다. 15년을 다 채울 심산이 아니라면 쓰라할 때 성의껏 쓰시오."

출옥을 시킬 모양이다.

"뭐라고 쓰면 좋다 합니까?"

월남은 귀가 번쩍 띄어 물었다.

"뭐긴 뭐겠습니까? 옥 생활에서 많은 것을 생각했다. 죄가 많다. 이제 회개했다⋯. 뭐 이런 것 아니겠소?"

월남은 기가 막혔다.

도대체 무슨 죄가 있다고 회개니 뭐니 개 풀 뜯어 먹는 소릴 한단 말인가?

어처구니가 없다.

놓고나가자 생각에 잠긴다.

'이따위 짓은 못하겠다!'

라고 쓸까 생각 중인데 쥐가 왔다.

"기다려! 밥 올 것이다."

해놓고 밥을 먹이며 생각하니 울화가 치민다. 감형하고 싶으면 순순히 할 일이지 또 수작을 부리는 게 괘씸하다.

은근히 울화가 치밀어 딱 한 줄만 써서 접어가지고 올려놓았더니 가지고 가자마자 되돌아 왔다.

"이보시오! 다시 쓰시오 이게 뭐 하자는 짓이요?"

"왜요? 반성문은 내 생각한 그대로를 쓰는 것 아닙니까?"

"마음대로 쓰는 것 좋지만 '때릴 테면 때리고 죽일 테면 죽여라'? 이게 뭐요 도대체? 이건 올리지 못한답니다. 내일까지 길고 아주 자세하고 써내란 말이오."

혹시나 하여 월남은 내 생각대로 쓰라니까 좀 길게 생각 그대로를 썼다.

반성문
나 월남 이상재는 여기 와서 억울하기 한량없었소이다.
그러나 여기 와서 고마운 것이 있소이다.
선교사님들을 자유로 만나게 해주고
예배도 드리라 하고 성경공부도 시켜주고
게다가 세례까지 받았으니 나는 여기가 천국이었다고 생각하외다.

만일 여기 오지 않았다면 내 어찌 예수를 믿었겠으며
내 어찌 하나님을 아버지라 부를 은총을 받았겠소이까.
나는 이 감옥에 감사하오.
감옥을 만들어 주어서 감사하고
잡아 처넣어 주었으니 감사하고
선교사들을 보내주신 옥사장에게도 감사하고
아침저녁 먹을 것을 준 것도 감사할 뿐입니다.
이 감옥에 하나님의 은혜가 충만하기를 기도하노라.
<월남 이상재>

러일전쟁과 월남 석방되다

러일전쟁 발발에 맞춰 월남은 석방되었다.

일본은 1904년 2월8일 러시아 함대가 정박하고 있던 뤼순(여순)항을 기습 공격하여 러시아의 전함 2척과 순양함 1척을 격침시키고, 9일에는 인천항에 정박 중인 러시아 함대를 격침시킨 다음 1904년 2월 10일에 대러 선전포고를 한다.

대한제국은 1904년 1월 21일 국외중립을 선언하였으나 일본은 이를 무시하고 2월 9일 서울에 군대를 진주시켰다.

2월 23일 일본은 대한제국과 한일의정서를 체결시키고, 병력과 군수품의 수송을 위해 경부·경의철도 건설을 서둘렀으며, 조선의 통신사업을 강점했다.

5월 18일 대한제국정부로 하여금 러시아와 체결했던 모든 조약과 러시아인에게 부여했던 모든 이권의 폐기와 취소를 공포하게 했다.

일본군은 5월초 압록강을 건너 구연성과 봉황성을 함락시킨 다음 랴오양으로 향했다.

여기에서 8월 28일부터 일본군과 러시아군 사이에 대격전이 벌어졌으나, 9월4일 일본군은 전투에서 승리했으며 1905년 1월(후일)에는 뤼순항을 함락시켰다.

설상가상으로 러시아는 본국에서 1차 러시아 혁명이 시작되어 후일 (1905년 1월 9일)에는 피의 일요일라 불리는 군대의 반란과 농민 폭동이 대대적으로 일어나 이것의 진압이 급선무가 되었다. 러시아는 전쟁을 더 이상 오래 끌 수 없었으므로 유럽의 발틱 함대를 파견하여 전쟁의 조기 종결을 시도하였으나 5월 27일 대마도 해전에서 기다리고 있던 일본 함대와의 전투에서 발틱 함대가 전멸 당함으로써 전쟁의 승패는 갈리게 되었다.

러일전쟁의 결과 러시아는 부동(얼지 않는)항을 얻으려던 남하정책이 완전히 실패하고 극동에서의 막대한 이권을 잃었을 뿐만 아니라 아시아의 조그만 나라라고 생각하던 황인종의 일본에 패배한 것에 대해 대내외적으로 위신이 크게 떨어져서 국민들의 불만이 쌓이고 후의 러시아 제국붕괴와 공산국가 소련의 출현의 원인이 되었으며, 유럽에서는 독일이 러시아와의 조약을 파기하고 뒤에 1차 세계대전이 일어나는 원인이 되었다.

일본은 사실상 조선과 만주를 차지하게 되어 아시아에서의 본격적인 침략전쟁의 발판을 마련하였다.

역시 후일의 이야기지만 9월 5일 강화조약이 체결되었는데 여전히 러시아에 불리하였다. 15개조로 구성된 이 조약의 주요 내용은 다음과 같다.

(1) 러시아는 일본이 조선에서 정치·군사·경제적인 우월권이 있음을 승인하고 또 조선에 대하여 지도, 감독에 필요한 조치를 취할 수 있음을 승인한다.
(2) 러·일 양군은 요동반도 이외의 만주 지역에서 철수하며 만주에 있어서의 청나라의 주권과 기회균등원칙을 준수한다.
(3) 러시아 정부는 청국 정부의 승인을 얻어 요동반도 조차권, 장춘-여순 간의 철도, 그 지선(支線), 그리고 이와 관련된 모든 권리, 특권을 일본에 양도한다.
(4) 양국은 만주의 철도들을 비군사적인 목적으로 경영한다. 단 요동반도 지역은 예외로 한다.
(5) 북위 50도 이남의 사할린, 그 부속도서를 일본에 할양한다. 그러나 이 지역은 비무장 지역으로 하며, 소오야(宗谷), 타타르(韃靼) 해협의 자유항행을 보장한다.
(6) 동해, 오호츠크 해, 베링 해의 러시아령 연안의 어업권을 일본인에게 허용한다.

이 전쟁은 미묘하게 국내정세에 영향을 끼치게 되어 1904년 5월. 월남이 감옥에 들어 간지 만 2년 하고 1개월이 지나 햇수로는 3년째가 되자 느닷없이 감형하여 오늘부로 석방한다는 통보가 내려졌다.

"누구누구가 나가는 것이요?"

무엇보다도 승인이가 석방되는지 궁금하다.

"나가라면 나가면 되지 일일이 보고를 받으려 하시오?"

간수가 알 것 같지도 않다.

그러나 끝내 승인이가 궁금하고 이승만이나 유성준 안국선 누구하나 궁금하지 않은 이가 없다.

"이승인이도 석방이오? 그것 하나만 알아봐 주시오."

"참 내… 이승인이는 석방자 명단에 없소이다."

"그럼 이번 주간에 이미 석방되었는지 그것도 모릅니까?"

"최근 석방된 사람은 없는 걸로 아오."

아뿔싸. 승인이는 아직 풀려나지 못하는 것 같다.

"그럼 승인이 면회하고 나갈 수는 없습니까?"

면회는 거부당하고 감옥 바깥세상으로 나왔다.

'어디로 갈까?'

하다가 바로 죽천의 사가로 왔다.

죽천이 반가움에 벌떡 일어나 앉는다.

어서 상을 차려 오라하고 푸짐한 상을 받았다.

"안 됩니다. 몇 년 뱃속을 비워서 욕심대로 못 먹습니다."

"그러니까 두부를 먹어요. 두부는 괜찮습니다. 다른 건 조금만 드시오. 술도 한 잔만 가져오라 하리까?"

"저는 원래 술을 못하는데 술까지 어떻게 마십니까? 대감마님 뵙는 것이 최고로 맛있는 음식입니다."

"다른 얘기는 차차 두고 합시다."

"고향 집에부터 내려갔다 올라오겠습니다."

"그래야지요. 그러나 몸을 좀 달래서 며칠 쉬었다 내려가야 합니다. 노자는 준비해 놓을 테니 푹 쉬시구려."

죽천이 일어서려 하자

"아랫집에 가서 자고 내일 아침에 올라오겠습니다."

하고 헤어져 집으로 내려오니 뜻밖에도 순재가 와 있다.

"아니?!"

월남은 꿈인가 싶다.

"숙부인마님! 빈집에 이 어인 일이십니까?"

'하, 아직도 그 병이 낫질 않은 모양이네.'

크게 걱정하는데 순간 눈동자가 흐려지더니만 픽 쓰러져버린다.

"마님! 마님! 숙부인마님!"

월남이 놀라 어쩔 바를 모르며 물을 마시게 하자 다행히도 곧 깨어난다.

"서방님! 나 서방님 보고 싶어 죽기 직전입니다."

"예? 이 무슨 일이랍니까? 언제부터 여기 계셨는데요?"

"왔다 갔다 했어요. 왜요? 죄진 거 있습니까?"

"죄가 아니라 걱정입니다. 어떻게 이러실 수가 있단 말입니까?"

"이상하지요? 나도 이상해서 미치겠습니다. 서방님을 몇 년 못 봤잖아요? 보고 싶은데 볼 수는 없고 몇 번 혼수상태까지 갔던 것 우리 제부도 잘 알아요."

"아, 그러셨어요? 그럼 이제 아프지 마세요. 나 나왔으니 얼마든지 보시면 됩니다."

"또 붙잡혀가지 않아요?"

"아닙니다. 내보냈으니까 괜한 걱정하지 마세요."

"그럼 오늘 여기서 자고 가도 쫓아내지 않는 거지요? 내일도 자고 모레도 자고 열흘만 자고 갈게요."

"그건 안 되고요. 오늘일랑 늦었으니 자고 가시고 내일부터는 자주 오시면 되십니다."

"정말이세요? 자주 와도 괜찮지요? 그래요 그럼 내일도 오고 모레도 올 겁니다."

"그러세요. 그런데 제 몸이 좀 풀리면 고향에 가 있어야 되는데…."

"가세요. 오시면 그때 보면 되니까."

"갔다가 오면 저는 교회에 나갈 것입니다."

"교회요? 어디 교회요?"

"아직 못 정했지만 정해서 갈 거예요."

"예수 믿으세요?"

"예, 감옥에서 세례도 받았습니다."

"그럼 미국사람들처럼 예배드리고 찬송가 부르고 그러실 겁니까?"

"당연하지요. 감옥에서 그렇게 살다가 나왔습니다."

"나도 따라 가도 돼요?"

"어디? 교회 말입니까?"

"예, 교회 말입니다. 그럼 일요일마다 같이 다니니까 얼마나 좋겠어요."

"교회는 믿음이 있어야 다니는 거지 저를 보고 다니는 것은 아니거든요. 그렇지만 다니다 보면 믿음이 생길 터이니 좋으실 대로 하세요. 하지만 우선 아픈 게 나으셔야 교회도 다니실 건데…."

"나 아프지 않습니다. 서방님이 오셨는데 오기로라도 안 아플 것입니다.”

“아니 몸도 몸이지만 우선 정신이 아프지 않아야지요.”

“정신은 뭐가 고장인지 나도 몰라서 어떻게 고쳐야 되지요?”

“지금 바로 이게 고장입니다. 어찌 남정네 집에 와 계실 수가 있단 말입니까?”

“남정네요? 제가 전에도 물었지요? 나를 보면 여자로 보이느냐고? 그랬더니 아니라 하셨고요. 곁에서 한방에 자도 자는 척하며 보니까 바로 주무시더라고요. 여자 같지를 않았는지 모르겠지만 그때 저라고 왜 느낌이 없었겠습니까.”

“그래도 그건 아닙니다. 마님.”

연못골(연동)교회 이야기

월남이 한산에서 올라와 연동교회에 등록하고 출석하였다. 바로 옥중에서 만난 게일(James Scarth Gale, 奇一)목사님이 목회를 하시는 교회다.

이때부터 연동(연못골)교회는 특별히 기록할 만한 몇 가지 중요한 사건들이 일어났다.

교회창립 10년 만에 고찬익을 장로로 세워 최초의 당회가 조직되었고 교회성장에 크게 작용한 애국지사이자 민족 지도자들이 대거 연동교회에 나오기 시작한 사실이었다.

이로써 연동교회는 독립협회 간부들을 선두로 한 독립 운동가들의 집합처로서 「면회장·상의소·연락소」로 이용되었다. 그것은 러일전쟁이 일어난 직후였고 을사보호조약이 체결되기 1년 전이다.

동학 농민운동과 청일전쟁이 일어난 후 연동교회가 설립된 것처럼 민족과 국가가 어려움에 처하게 될 때 교회는 강화되었다. 이것은 교회가 민족과 국가와 더불어 호흡을 같이 하는 선교적 본질에 입각한 때문이었다.

동년(1904년) 봄과 여름 두 차례에 걸쳐 독립협회 간부들이 출옥해 연동교회에 찾아와 입교하고 게일 목사의 지도를 받았는데 이를 가리켜 앞서 말한 역사가 이능화가 한국교회의 역사상 관신사회신교지시(官神社會新敎之始)라 하여 천민층의 기독교가 상류사회에도 퍼지기 시작한 효시가 되었다.[10]

게일 목사는 이미 다른 선교사들과 함께 수시로 감옥을 찾아가 성경 및 기독교 서적을 차입해 주고 전도했다. 게일 목사는 한국인 혁신파에 관심을 가지고 있었고 철종대왕의 사위 박영효(朴泳孝) 등 정치인들과 개인적인 친분을 형성하고 있었다.

이들 민족 지도자들은 대부분 1898년 독립협회의 만민공동회 사건으로 한성감옥소(지금 중앙일보사 자리)에 전후해 투옥된 후 옥중에서 선교사와 기독교 서적을 접하고 예수 믿기를 결심했다. 감옥 안은 기독교 교리와 성경을 토론하는 「옥중학교」·「옥중도서실」로 화해 감격과 감동의 눈물이 끊이지 않았다.

---

10) 그들 주요명단은 다음과 같다.
　　김정식(金貞植·호, 三醒) 1862 해주생, 경무관(警務官), 황성 YMCA 총무.
　　민준호(閔濬鎬·?) 1877 서울생, 황성 YMCA 창립 관여, 동양서원(東洋書院) 경영.
　　박승봉(朴勝鳳·호 汕農) 1871 서울생. 주미공사관 참사(參事), 궁내부 협판(宮內府 協辦).
　　유성준(俞星濬·호 競賽) 1860 서울생, 종2품 가선대부 내무협판(從二品, 嘉善大夫, 内務 協辦).
　　이상재(李商在·호 月南) 1850 서천생, 학부 법부 협판(學部 法部 協辦), 독립협회 부회장.
　　이원긍(李源兢·호 取堂) 1849 괴산생, 종2품가선대부 내무 협판(從二品, 嘉善大夫, 内務 協辦).
　　홍재기(洪在箕·호 斗庭) 1870 해주생, 개성군수(開城 郡守).
　　안국선(安國善) 기독교 문학 신소설 <**會議錄>(1908)의 저자.

1901년 3월 귀양살이에서 서울 감옥으로 이송된 이원긍은 게일 목사 등 선교사들이 찾아가 간절히 예수 믿기를 권함으로써 점점 뜨겁게 감동되었다. 1902년 두 번째 투옥된 이상재는 성경을 읽는 도중 마태복음 5-7장에 감명을 받은 뒤 선교사 벙커 (O. R. Bunker: 房巨) 목사에게 신앙을 고백하고 옥중세례를 받았다. 역시 1902년에 투옥된 김정식은 감옥에 있는 동안 게일 목사의 끈질긴 전도에 의해『무디의 설교집』을 읽고 개종했다. 그리고 정부타도를 획책했다는 황국협회의 무고로 1898년 11월 투옥되어 종신형을 선고 받은 이승만은 그의 전기(傳記)에서 개종사실을 밝히고 있다.

　이승만에게는 마음의 해방이 생겼다. 그것은 개종한 일이었다. 이것은 1904년 장로교 목사 제임스 S. 게일의 조력에 의한 것이었다. 이승만은 자기가 개종하기까지에 대해 다음과 같은 글을 남겼다.

　"가장 기묘하게 생각되는 것은 1900년 전에 죽은 사람(예수)이 내 영혼을 구제해 준다는 생각이었다. 나는 자문했다―우리에게 그리스도 이야기를 해 주던 이상한 사람들이 이처럼 바보 같은 교리를 믿을 수 있을까? 확실히 그들은 이 무지한 우리에게 믿을 수 없는 사실을 믿게 하려고 온 것이다. 따라서 가난하고 무지한 사람만이 교회에 가는 것을 보아도 알 수 있다―이와 같은 결론에 도달하자 나는 아무튼 마음의 평안을 얻을 수 있었다."

　감방 안에서 이승만과 시를 지으며 소일하던 글재주가 뛰어난 유성준은 이승만에게 「독립운동의 원칙을 밝히는 책」을 쓰라고 해서 그 유명한『독립정신』이 집필되었다.

　1904년 2월 8일 일본이 러시아를 공격하자 급격한 정치적인 변혁으로 정치범에게 석방의 특사(特赦)가 내려지자 가장 늦게 출옥(8월 9

일)한 이승만은 게일 목사를 찾아가 그의 지도와 세례를 원했다. 그러나 게일 목사는 그가 배재학당에서 공부했으므로 감리교회에 우선권이 있다고 세례 주는 것만은 거절했다.

출옥 후 1904년 12월 이승만은 미국으로 향할 때 게일 목사의 소개장을 휴대했다. 한국을 삼키려는 일본의 음모를 고발하기 위해 민영환과 한규설의 밀서도 갖고 있었는데 전자는 유학에 관한 것이었고 후자는 구국에 관한 것이었다. 이듬해 1월 어느 날 이승만은 장로교 계통의 카비넌트 교회의 햄린(R. T. Hamlin) 목사를 찾아갔다. 그는 서재필 박사가 미국에서 재혼할 때 주례를 서기도 했던 친한파 인사였다. 게일 목사가 써 준 소개장의 요지는 다음과 같다.

"친애하는 햄린 박사님, (중략) 그는 모국에서 여러 가지의 경험을 쌓았고 가지각색의 물불의 시련을 극복한 사람입니다. 그는 그 모든 시련을 통해서 정직하고 충실한 기독교인이라는 것을 증명합니다. (중략) 그는 아직 세례를 받지 않았습니다. (중략) 저는 그가 당신이 계시는 와싱톤에서 세례를 받을 수 있기를 바랍니다. 그는 2~3년 동안 일을 하면서 공부하고 돌아오기를 원하고 있습니다."

햄린 목사는 조지 워싱턴 대학 총장이며 한국공사관 법률고문인 찰스 니드햄 박사에게 이승만을 소개해 장학생으로 2학년에 편입할 수 있었고 세례는 동년(1905년) 4월 23일 부활절을 기해 자신이 손수 베풀었다.

앞서 1904년 가을에 한국인의 교육을 장려하기 위해 이원긍·홍재기·유성준·김정식 외 출옥 인사들이 게일 목사의 찬조를 얻어 그의 연동자택에서 교육협회(The Korean Education Association)를 조직했다. 이것은 한국에 있어서 교육장려 기관으로서는 처음의 일이었다.

게일 목사는 1903년 10월 창립된 황성기독교청년회 창립위원의 한 사람이었으며 김정식과 홍재기 등은 중책을 맡아 일했다. 김정식은 초대 한인 총무였다. 연동교회에 운집한 민족 지도자들은 모두 기독교청년회와 관련을 맺고 있어서 선교사들은 기독교청년회를 가리켜 '귀족교회'라는 별명을 붙였다. 한편 게일 목사의 위탁으로 유성준은 언한문신약(諺文新約)을 교작(交作)했다.

민족 지도자들이 고답적인 성격의 게일 목사를 그토록 따른 것은 종교적인 은혜만큼이나 교육적인 매력(개화사상)과 한국학의 탁월한 지식, 그리고 조국의 회생에 있었다. 1905년 12월 8일자 선교사 곽안련 목사의 서신에 의하면

"게일 목사의 교회(연못골)에서 평양보다 더 놀라운 광경을 목격했다."

고 했다. 교회는 매주일 신도들로 꽉 찼는데 귀족들과 고급관리들도 있었다. 그들이 나막신 장수나 백정들과 함께 앉아서 하나님께 예배를 드렸던 것이다.

3인의 장로장립과 이상재 피택장로

혹여 차후에 스쳐 지나칠까 하여 이것은 연대를 앞당긴다.[11]

아주 먼 후일(현재는 1904년임), 1911년 8월에 이원모·함태영 두 교인을 장로로 장립해 당회가 보강되었다. 그리고 이듬해 8월에는 여러 인물 가운데 이석진을 또 장로로 장립했다. 이에 관한 노회록은

---

11) 연동교회 100년사 참조

다음과 같은 기록은 남겼다.

"연동교회에서 장로 3인 택할 허락을 청원했는데 가합지인은 이상재·민준호·장봉·이석진·김종상 씨를 생각하였다. 하매 해후보자들을 각각 의논하기로 동의가결한 후 이상재 씨는 자기응락 여부를 수하여 허락하기로 하고 민준호 씨는 허락하되 그 자격을 해 당회에서 다시 조사하게 하며 장봉·이석진 양씨는 허락하니 이상 4인 중 3인을 허락한다."

이원모 장로는 게일 목사와 함께 사역성경 『신약전서』를 번역한 한학자였고 함태영 장로는 후에 연동교회 목사가 되었다. 민준호는 1909년에 연동교회 설립 때 거액(1천 원)을 헌금한 기독교 서적 출판인이었는데 탈락되고 장봉 집사는 독립협회 총재 및 대표위원을 역임한 자로서 장로장립을 못하고 1916년 새문안교회 조사로 가서 거기서 장로가 되었다. 이석진 집사는 숭신예배처소 개척 중 1911년 11월 조사를 거쳐 6인 중 유일하게 장로가 되고 김종상 집사는 1920년 중국으로 건너가 장로가 되었다.

이상재는 '자기 응락'을 하지 않아 장로가 되지 아니하고 평생 평신도(피택장로)로서 교회와 민족을 위해 봉사했다.

그는 장로직에 대해 연연하거나 문제를 일으킬 인물이 아니었다. 오직 교회와 청소년들에게 구원(久遠)의 지도자상(像)을 부각시킬 뿐이었다.

예배석은 소아석 중앙이었고 월남은 저녁이면 경신학교 기숙사를 찾아가 아궁이에 볏짚을 잘못 때는 학생들에게 고쳐 주고 설명해 주는 자상함을 보이기도 했다. 이렇게 청소년을 사랑한 그는 1914년부터 1916년까지 경충노회 중학교 조사위원으로 활약, 각별한 관심을 쏟았다.

1908년 기독청년회 총무시절에 학생부를 조직하고 1910년 10월 이 승만을 미국에서 YMCA로 불러들여 간사로 임명했다. 이것이 한국 기독학생 운동의 시작으로 1922년 4월 중국(북경)에서 모인 세계 학생기독총연맹 총회에 연동교인 이상재·이대위·김필례를 비롯해 신흥우·김활란 등이 한국대표로 참석했다.

『연동교회100년사』에 따르면,

월남(月南) 이상재 피택장로는 1850년 10월 26일 충남 서천군 한산면의 전통적인 양반가문에서 태어나 성장하면서 한학을 수학했다. 승지 박정양(朴定陽)의 문객으로 있다가 1881년 신사유람단의 수행원으로 일본을 시찰하고 1887년 주미공사관 1등 서기관으로 부임했다. 갑오개혁 이후 외국어 학교 교장 및 의정부(議政府)의 여러 관직을 거쳐 내각총서, 그리고 중추원(中樞院)의 1등 의관 등 고위직을 역임하며 고종을 보필했다. 1896년 7월 서재필·윤치호와 함께 독립협회 조직에 참여해 부회장이 되었으며 만민공동회 및 상소소송을 벌이다 1898년 1월4일 체포되었다.

1902년 다시 아들(承仁)과 함께 정부 전복음모를 꾸몄다는 죄목으로 다시 체포되어 옥중에서 기독교인이 되었다. 1904년 석방되어 연동교회에 출석하면서 의정부 참찬으로 임명되었으나 그보다도 황성기독교청년회(YMCA) 일에 전념해 총무에 이어 1920년 회장직을 맡아 별세할 때까지 헌신했다.

1919년 3·1운동을 배후에서 지도했고 이 일로 6개월간 옥고를 치렀으며 이후 물산 장려운동·절제운동·전도운동·농촌운동 등을 전개하면서 민간차원의 민족운동을 추진했다. 1924년에 조선일보사 사장,

1927년에 일제시대의 마지막 항일운동 단체인 신간회(新幹會) 조직에 참여해 초대회장에 선출되었으나 동년 3월 29일 향년 78세로 별세했다. 유해는 사회장으로 한산면 선영에 안장된 뒤 1957년 경기도 양주군 장흥면 삼하리에 이장, 부인과 합장했다.

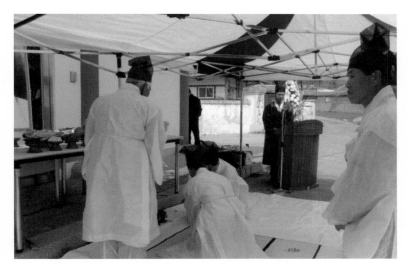

서천(한산) 유림회 주관 월남 이상재 선생 추도식

연못골(연동)교회와
한국교회 단면사

게일(James Scarth Gale: 奇一) 목사 이야기

그렇다면 이상재가 믿음을 얻고 출옥 후 출석하기 시작하여(1904년) 세상을 떠나는(1927년) 날까지 23년간 설교를 들었던 게일(James Scarth Gale: 奇一) 목사는 누구인가? 그는 한국 교회사적 측면에서 뿐만 아니라 민족사적 관점에서도 위대한 업적을 세웠기로 우리 국민이 기억할 만한 사람이다.[12]

그는(게일) 1900년 5월 연동교회 선교사로 임명되어 시무하기 시작했다. 이러한 조치는 교회의 면모를 갖춘 동년 4월에 갑작스러운 기보 목사의 서거로 그 후임자가 된 것인데 당회의 조직(1904년)을 비롯해 27년간의 목회를 치른 연동교회 초대 목사의 영광을 차지했다.

전필순 목사는 게일 목사의 부임에 관해 다음과 같이 기록했다.

"게일 박사의 소질과 학문적 역량을 살펴 그를 지방에 묻혀 두는

---

12) 이하 『연동교회100년사』 참조.

것은 신(神)편으로나 인간 편으로 볼 때 똑같이 손해되는 일이기 때문에 미국 북 장로교회 선교사로 만들어 중앙지대인 서울에 주재하게 하여 연동교회를 담임하며 YMCA운동과 신문 및 번역사업 등을 펼치게 했다."

게일 목사는 캐나다 출신 선교사였는데 미국 북 장로교회로 소속을 옮겨 원산에서 활동 중 1899년 9월 9일 그 가족을 데리고 상경해 연지동에 정착했었다.

연못골 '선교의 언덕'에 자리 잡은 그의 주택은 큰 은행나무가 서 있는 길목에 있었다. 주변의 모든 한옥은 단층인데 그의 집은 2층이었다. 현관문을 들어서면 왼쪽에 책들로 꽉 찬 서재가 있고 가족들의 거실은 2층에 있었다. 퍽 무게 있는 물건으로 꾸며진 서재 등 실내는 한국의 풍물이나 실내용 골동품이 배치되어 있는 가운데 꽃병에 꽂혀 있는 마른나무 잎이 인상적이었다.

당시의 연못골교회(현, 종로 연동교회)

이와 같은 분위기는 풍성함과 아울러 온화하고 편안한 정감을 주기도 했다. 한국 손님이 올 때는 한국 음식을 대접했다. 닙(Nip)이라 부르는 개가 있었는데 후에 퍼티트(Petite)로 바꾸었다.

기일(奇一)이란 한국명은 1889년경 자신이 지은 이름인데 선교사로서 선교보다 집필에 전념하는 것을 기이하게 여긴 사람들에 의해 '기이상'(奇異常)이란 별명까지 얻었다. 이때 그의 가족은 1892년 4월 6일 결혼한 깁슨(H. E. Gibson)과 그녀의 전남편인 헤론(J. W. Heron: 惠論)과의 사이에서 태어난 두 딸(Annie, Jessie)이 있었다.

게일 목사는 1863년 2월 19일 캐나다 온타리오주 앨마(Alma)라고 하는 마을의 개척농장에서 스코틀랜드 출신인 아버지(John)와 미국에서 건너온 네덜란드 출신인 어머니(Miami) 사이에서 5남 1녀의 다섯째로 태어났다.

개척정신과 장로교회 장로인 아버지 밑에서 청소년 시절 장난꾸러기였지만 초급학교와 앨로라고등학교를 마치고 1884년 토론토대학교로 진학했으며 재학 중인 이듬해 5월 22일 영국을 거쳐 프랑스로 가서 파리대학에서 6개월간 불어공부를 하며 낭만적인 성격을 형성하는 가운데 맥콜(McCall)선교단에서 일하며 순회선교와 교파초월의 선교방법을 배웠다. 1886년 북미학생 하령회에 참석해 부흥사 무디(D. L. Moody)의 설교를 듣고 감명을 받아 외지선교에 투신할 것을 결심했다.

1888년 6월 토론토대학교를 졸업(학위, 문학사) 한 뒤 동교 유니버시티 칼리지의 기독교청년회로부터 연간 5백 달러로 8개년간의 계약을 맺고 일본을 거쳐 동승한 선교사 기보 목사와 함께 12월 12일 25세의 나이로 부산에 도착했다. 거기서 약 28시간 체류한 뒤 다시 배를 타고 서해안으로 북상해 12월 15일 제물포로 해서 육로를 따라 상경했는데 도중에 전염병(호열차·천연두)으로 죽은 시체들이 길거리에 무수히 버려져 있는 것을 목격했다. 12월 23일 원두우(언더우드) 목사의 집에 이르러 주일인 이날 오후 2시 50여 명 교인이 모인 가운데 청년 11명에게 세례를 베푸는 예배에 참석, 설교를 했다.

1889년 3월 황해도 해주를 거쳐 송천(소래)에서 평생의 반려자인 조사 이창직을 만나 6월까지 그에게서 한글·한문·풍습을 공부한 뒤 그와 함께 제물포를 경유해 상경했다. 서울에서 대영성서공회 성서위원으로 한여름 동안 원두우 목사를 도와 2개월간 『한영사전』을 편찬하고 부산으로 내려가 경상도 지방선교에 임하려 했으나 왕실의사인 선교사 헤론이 부산으로 부임하게 되자 거처를 바꾸어 헤론이 살던 집으로 다시 상경했다. 초기에 일정한 정착지를 얻지 못했고 가는 곳마다 한문에 능통하고 충직한 이창직이 동행했다.

1890년 7월 선교사 마펫(S. A. Moffet: 馬希三悅)이 학당장으로 있는 예수교학당(초기 장신대)에서 영어를 가르치기 시작했다. 이때부터 성서공회 전임 번역위원이 되어 3년에 걸쳐 『사도행전』·『갈라디아서』·『에베소서』·『고린도서』·『요한1서』를 번역했고 한국성교서회(韓國聖敎書會: 대한기독교서회 전신) 창립위원으로 문서전도의 기틀을 잡았다. 동년 말경 토론토대학교 기독교청년회 선교부가 해체되면서 선교비가 단절되자 헤론과 마펫 목사의 권유와 주선으로 평신도 선교사로서의 고독하고 독자적인 선교활동을 중단하고 1891년 8월 31일 미국북장로교회 선교부로 전적(轉籍)했다.

이 무렵 우리나라 최초의 간이 『한국어사전』을 편찬, 그 후 세 번의 개정판을 냈다. 이보다 앞서 2월 25일 제3차 전도여행을 위해 마

펫 목사와 함께 서울을 출발해 송도·평양·의주·봉천·동만주 고려촌·
함흥·원산 등지를 순회하며 한국의 문물과 기독교인을 접하고 봉천
에서는 로스 목사와 상봉했다.

1892년 4월 7일 헤론 의사(1890, 34세로 사망)의 미망인(Harriet
Elizabeth Gibson)과 결혼한 뒤 6월에 원산으로 거주지를 옮겨 선교사
스왈른(W. L. Swallen)과 함께 봉수대(烽燧臺)에 선교구(예수집)를 개
설하고 선교에 임하는 한편 조사 이창직의 도움으로 『성서』와 『사과
지남』(辭課指南: 한국어 문법)·『천로역정』(天路歷程: 서양 문학작품)
등을 번역 저술했다.

그는 6시에 일어나 오후 4시까지 저술에 몰두했고 원두우 목사가
신(神: God)을 '천주'로 주장하는 것을 마펫 목사와 함께 '하나님'으
로 번역하기를 관철했다. 이때 반세기 동안의 유일한 한국최초의 『한
영자전』을 저술했는데 1895년 장로교 선교공의회에서 정식 출판하기
로 승인되어 동년 12월 원고를 싸들고 일본으로 건너가 요코하마에
서 2년여에 걸친 교정과 인쇄 끝에 미국북장로교회와 미국남장로교
회의 공동출자로 1897년 출판했다. 제1편 한영부(韓英部)와 제2편 한
영부(漢英部)로 된 사전이었다.

1897년 4월 <그리스도신문>의 주간으로 시작해 <기독신보>로 바
뀐 뒤까지 10여 년간 주필로 봉사했다. 안식년이 되어 미국으로 건너
간 동년 5월 13일 마펫 목사의 소속인 인디애나주 뉴 앨버니노회에서
그의 추천으로 목사안수를 받았다. 정규 신학교육을 받지 못해 보수
적인 신학사상이었지만 미국북장로교회의 목사가 된 후 선교적 열정
과 한국학 학자로서 이 나라와 민족을 위해 헌신하기로 새롭게 각오
를 다짐했다.

1898년 4월 다시 내한해 원산에 머물면서 선교에 힘쓰는 가운데 연동교회 최초의 장로가 되는 고찬익을 만나는 등 후에 한국의 걸출한 인물들이 될 사람들과 친교를 나누며 한국에 대한 수필집『한국만록』을 집필했다 그런데 원산을 포함해 함경도 지방이 캐나다 장로교 선교구로 확정되자 미국 소속인 게일 목사는 1899년 9월 9일 그 가족을 데리고 상경해 1900년부터 연못골(연동)교회 선교사로 임명되어 초대 목사로서 목회를 시작했다. 이 무렵 고종황제의 고문으로 추대되었고 지식인들과 접촉을 갖게 되었는데 특히 독립협회 사건으로 감옥에 갇힌 이상재·김정식·이승만·유성준·이원긍·홍재기·안국선 등 민족 지도자를 심방하면서 그들을 주목했으며 출옥하자 모두 연동교회에 입적하게 했다. 그리고 동년에 영국 왕립학회 한국지부를 창립했을 때 간사였던 게일 목사는 1916년까지 부장직을 고수했다.

1901년 1월 연동교회 부속건물에서 1897년 10월 폐당된 민로아학당(예수교학당의 후신)의 맥락을 이어 예수교중학교를 세우고 본격적인 교육 사업을 시작해 교장으로서 경신학교 역사에 두 번째로 등장했다.

게일 목사는 연동교회를 중심으로 예수교중학교(경신)와 연동여학교(정신)를 관장하고 두 학교의 연지동 시대 설립자로서 새로운 기반을 구축했다.

여기에 이창직을 비롯해 위에 열거한 독립협회 회원들이 교편을 잡았다. 두 학교의 영향으로 인접한 연동교회는 지성인의 교회가 되었고 교육적인 목회를 하게끔 작용했으며 반면에 역대 교역자들과 유능한 교인들이 직간접으로 긴밀한 삼각관계를 형성했다.

두 학교의 새로운 교명을 주장한 게일 목사는 이창직·김정식·유성준 등과 함께 남학교는 '경신'(儆新: 1905년), 여학교는 '정신'(貞新: 1909년)

이라 지었다.

동년에 한문독본인 『유몽천자』(□夢千字) 4권을 편찬해 교과서로 사용하게 했으며 그후 영문소설 『첨병』을 집필해 미국에서 발간했다. 『첨병』의 줄거리는 북한 기독교 확장의 25년 역사였다. 계속해서 서울의 역사인 『한양』을 집필하고 『루터교 기략』·『성경 요리문답』·『의회 통용규칙』을 한국어로 번역했다. 이 모든 학술적인 노력의 연고로 1904년 5월 31일 미국 워싱턴 소재 하워드(Howard) 대학교에서 명예 신학박사 학위를 받았다.

1903년 4월 스위스 로잔에 가 있는 그의 아내와 두 딸을 방문하고 돌아온 10월에 황성기독청년회(YMCA)를 창설하는 데 진력했다.

1904년 연동교회 당회를 조직해 명실상부한 조직교회가 되었다. 그리고 자택에서 이원긍·유성준·홍재기 등과 협력해 교육협회를 설립했다.

1906년 3월 안식년을 맞이해 스위스로 가서 가족을 데리고 영국을 거쳐 미국으로 건너갔다. 이때 하워드대학을 비롯해 워싱턴 시장 이하 여러 고관들의 환영을 받았다. 그리고 백악관으로 루즈벨트 대통령을 예방해 한국공사 파견문제를 상의했다. 1907년 8월 가족과 함께 서울로 귀환할 때 역시 고찬익 장로를 선두로 한 연동교우들의 뜨거운 환영을 받았다. 그러나 결핵으로 고생을 하던 부인이 이듬해 3월 29일 세상을 떠났다.

게일 목사와 피택장로 이상재의 환갑축하의 글

1908년 9월6일 연동교회에서 회집한 제2회 조선예수교장로회 독노회의 회장으로 선출되었고 평양신학교 교수로 강단에 섰다.

1909년에 『과도기의 조선』이 출판되어 『첨병』과 함께 덴마크어로 번역 발간되었다. 동년 9월 3일 제3회 독노회에서 신문위원장이 되고 이명혁 장로도 임시 사무원 5명 중에 들었다. 이것은 장로교회 기관지를 두기로 하고 기본금 1천 원을 매주(每株) 5원씩 2배주를 모집하기로 한 중책에 따른 것이었다. 이로써 <예수교회보>의 산파역을 담당, 사장이 되어 김종상을 총무로 임명해 운영했다.

1910년 4월 7일 요코하마에서 사업을 하고 있던 영국인 실업가의 딸(Ada Louisa Sale)과 재혼했으며 동년에 다시 제4회 독노회 회장으로 선출되었고 성서공회 성서 개역위원으로 임명되어 1923년까지 초안자·위원장으로 성서번역 사업에 심혈을 기울였다.

1911년에 예수교서회 부회장을 역임했으며 1913년에는 이물(異物)을 소재로 한 『한국 풍속도』와 『한국활자에 대한 소고』(小考)를 출판했고 문제를 야기한 블랙스톤(Blackstone)의 『예수의 재림』을 번역했다.

1917년 5월 피어선 기념 성서학원 원장이 되었고 시가(詩歌)에 더욱 정진해 조선음악연구회를 조직, 찬송가 개편에 착수했으며 동년부터 1919년까지 영문월간 성경잡지의 주필로서 한국의 풍속·역사·종교 등에 대한 기사를 어느 때보다도 많이 썼다.

여기에 김창업(金昌業)이 지은 『연행록』(燕行錄)을 부분적으로 발표했고 이해조(李海朝)가 지은 『옥중화』(獄中花)를 완역해 『춘향전』이란 제목으로 발표했다. 그리고 한국서적을 많이 번역한 이 기간 이

규보(李奎報)의 작품을 즐겼다.

1919년 5월 26일 안식년으로 고향을 다녀온 뒤 한국어 교양서적이 수없이 편찬되었는데 그 가운데 1922년에『구운몽』(九雲夢)을 영어로 번역해서 런던에서 출판한 것은 일품이었다. 한국고전의 번역에는 이원모·이창직·이교승·김원근 등이 협력했다.

1920년부터 1924년 사이에는『연경좌담』(演經坐談)·『야소인의 인격』·『구약예표』(舊約預表)·『류황 곽도긔』·『선영대조대학』(鮮英對照大學)·『양극탐험』·『영미신이록』·『소영웅』·『그루소표류기』·『기독성범』·『와표전』·『모자 성경문답』·『덕혜입문』·『나사렛 목수 예수』 등이 출판되었다.

1925년에는 사역(私·譯)으로 성경 신역(新譯)『신구약 전서』를 번역했는데 번역방침에 대한 의견 차이로 성서공회에서 출판하지 못하고 윤치호(尹致昊)의 후원으로 기독교창문사(대표 이상재)에서 출판하게 되었다(월남은 최초의 출판사 사장이었다).

이것은 한국최초의 사역으로서 성서 한글번역에 큰 공헌을 한 것인데 1937에 성서공회는 이를 모방해 개역성경을 펴냈다.

게일 목사의『신구약 전서』원고는 다행히 그 유족이 보관하고 있었는데 둘째 부인의 딸(Alexandra Lloyd Kirk)이 1984년 연동교회에 기증해 사료실에 소장되어 있다.

그리고 왕립협회 한국지부를 통해 발효한『언문소고』(諺文小考)와『금강산지』(金剛山誌)·『한국 결혼고』·『원각사 탐기』·『한국문헌목록』을 위시해 이지항의『표해록』번역은 뛰어난 것이었다. 그의 마지막 저서로는 한국의 풍속과 유적에 대한 귀중한 자료가 되는『한국민족사』였는데 이는 1924년부터 1927년 사이에 서울에서 발간한 영문 월

간지 『한국선교지』(韓國宣敎誌)에 게재되었다.

1927년 5월 게일 목사는 연동교회 시무를 마치고 한국문화와 문학에 금자탑을 남겨 놓은 채 6월 22일(이상재는 동년 3월 29일 별세) 한국을 떠났다.

1928년 여름까지 미국에서 북장로교회를 위해 선교선전과 모금사업에 종사한 뒤 정년으로 은퇴하고 영국에 가서 부인의 고향인 잉글랜드 배스(Bath)에서 여생을 보내다가 1937년 1월 31일 부인과 막내딸이 지켜보는 가운데 74세로 소천했다.

게일 목사가 편찬한 그 숱한 책자는 대부분 워싱턴 국회도서관에, 그리고 많은 원고 등은 토론토대학교 토마스 피셔 도서관에 소장되어 있는데 영문저서 9권, 한국어 저서 30권, 또한 한미 양국어로 발표된 수많은 저술은 한국을 외국에, 외국을 한국에 소개한 미증유(未曾有)의 것으로 이보다 더한 공헌자가 아직도 나타나지 않고 있다.

연동교회는 그의 공로를 기리기 위해 1913년·1918년·1933년에 표창장을 수여했다.[13]

게일 목사의 설교는 간단한 주제를 다룬 직설적인 유형으로서 복잡하지 아니하고 힘이 있었다. 원고 없이 설교를 했기 때문에 많은 저서가 있지만 설교집은 한 권도 출판된 것이 없다. 설교의 개요는 치밀하고 논리적이며 예화나 일화가 없는 성서 중심이었다. 1900년에 원두우 목사와 함께 여러 선교장소를 돌아다니며 설교를 했는데 평양의 경우 1천5백여 명의 청중이 모였다. 1904년 고찬익 장로의 장립과 동시에 당회를 조직하고 열심히 교회 사업에 진력해 1907년에는

---

13) 연동교회 100년사 참조이며 『연동교회 100년사』에는, 관계기사 및 저서는 별항 캐나다 한국선교 100주년 기념 참조라고 되어 있다.

1천 명이 넘는 교세로 교회당도 새로 봉헌하는 등 장안에서 제일가는 교회로 성장시켰다.

그의 활동은 크게 세 가지로 구분할 수 있는데 연동교회에만 국한하지 않고 한국 전체를 상대한 큰 그릇으로서 선교하는 것(선교사)과 가르치는 것(교육가)과 글을 쓰는 것(저술가)이었다. 천성이 학자로서 학문에 대한 호기심과 열의가 대단해 아침 6시에 일어나 저녁 4시까지 저술에 몰두했다.

그는 언제나 현실적 요구에 응해 적절히 행동했다. 초대 선교사들에게 필요한 사전과 문법을, 젊은 한국인들을 위해 초기 10년간 교육을, 1920년 이후 새로운 종류의 문서사업을, 그리고 성서번역 등 한국 선교의 삶을 유감없이 살았다.

1923년 1월 19일 회갑을 맞이한 게일 목사에게 이상재 피택장로는 다음과 같은 축하의 글을 봉정했다.[14]

祝賀 寄一 先生 花甲   (축하 기일 선생 화갑)
使迷路者返正處暗者被光必導之   (사미로자반정처암자피광필도지)
其人然後誰可其人伊誰非我奇一   (기인연후수가기인이수비아기일)
牧師耶流水潺潺維羊之飲芳草茸   (목사야류수잔잔유양지음방처용)
茸維羊之糧帝曰可乃宣其壽且康   (용유양지량제왈가내선기수차강)
而後昆蕃昌兮 韓山 李商在   (이후곤번창혜 한산 이상재)

<게일(기일) 목사님의 회갑을 축하하며…>
길의 방향을 잃은 사람으로 하여금 바른 데로 돌아오게 하고
어둠 속에 있는 자로 하여금 빛을 얻게 하여
반드시 그 사람을 올바로 인도한 연후에야 비로소 옳다고 하리라.
그러니 그 사람은 누구일까.
바로 우리의 기일 목사가 아니겠는가.

---

14) 이상은 연동교회 100년사 참조, 축하의 글은 월남 선생이 쓴 것 한 편만 기록에 남아 있다. 135쪽에 있음.

잔잔히 흐르는 물은 저 양들이 마실 것이요
우거진 꽃다운 풀은 저 양들의 양식이니라.
상제 가로대 가상하도다.
마땅히 그는 장수하고 또 건강하며 후손들도 번창하리라.
- 피택장로 월남 이상재

연동교회에 입교하고 YMCA에 등록하다

앞서, 고향에 내려온 월남은 며칠 못 가 다시 서울로 올라왔다.

"교회 가야 합니다. 교회를 정해야 기독청년회(YMCA) 일도 할 수 있어요."

고향의 월예는 예수를 믿는다는 월남에 대해 선뜻 이해가 가지 않았다.

"그러면 이제 관직에는 안 나가시는 것입니까?"

"관직보다 교회가 더 중요합니다. 교회를 정하고 나서 생각할 문제입니다. 그렇다고 관직이란 게 내가 나가고 싶다고 나가는 것도 아니고요."

올라오니 순재가 기다리고 있다.

"어느 교회로 가실 거예요?"

"연못골 교회입니다."

"내 그러실 것 같아서 돌아봤습니다. 언덕 위에 잘 지었어요."

둘은 처음으로 교회에 출석하였다.

남자와 여자를 좌우로 나누어 앉게 하고 가운데는 휘장이 기려져 남녀가 마주보지 않게 하였는데 보니 약 200명이 조금 넘는 신도들이 출석하고 있다.

순재는 여자석 맨 앞자리에 앉고 월남은 남자석 가운데 앉았다.

게일목사님은 월남을 소개하고 순재도 소개하였다.

특히 월남에 대해서는 자세하게 소개하였으며 감옥에서 세례까지 받은 이야기도 해주었다.

독립협회와 만민 공동회에서 활약하던 사람이라는 말도 해주었다.

예배가 끝나자 많은 사람들이 월남에게로 다가와 제각각 한마디씩 한다.

"저도 가 보아 월남 선생은 잘 압니다. 그 열정에 이제는 하나님이 더 큰 능력을 부어주실 것입니다."

"정말 큰 일꾼이 되실 것입니다. 우리나라를 위해 기도를 많이 해 왔습니다. 기도하였더니 이렇게 좋은 일꾼을 우리교회로 보내셨군요. 아마도 천배 만배로 축복하고 역사하실 것입니다."

월남은 좀 부담이 되기도 하였다.

"저는 원체 큰 사람이 못됩니다. 그저 심부름꾼이라는 마음으로 교회와 나라 일을 하려할 뿐 기대하실 것은 없습니다."

교회는 밥을 하여 온 가족이 나누어 먹는다.

순재는 월남과 잘 아는 사이가 아닌 것처럼 편하게 대하기로 하고 아는 척을 않기로 하였다.

교회를 나가면서 월남은 많은 생각에 잠겼다.

교회는 벼슬 대신 선생이라 부른다.

게일은,

"이상재 선생님! 기도하시면 이 나라와 민족이 나갈 길이 보이십니다. 성령께서 인도하시는 대로 하시면 쉽습니다. 걱정하지 말고 주님께 맡기세요."

　근심 걱정 염려는 전부 하나님께 맡겨야 한다는 것은 감옥에서부
터 터득하였다. 이제는 목사님과 독립협회 동지들까지 하나로 뭉친
것과도 같다. 애국·충신들의 교회 출석이 이어졌다. 이준은 상동감리
교회에, 이위종, 이상설(후일 헤이그밀사로 감) 제씨도 교회에 나가고
있다.

　"마치 독립협회 모임 같습니다. 전부 월남 선생님이 오신 덕분입니다."

　"독립협회보다 더 원대한 우리 대한의 미래를 그려보세요. 저는 뒤
에서 기도로 힘껏 밀어드리겠습니다."

　월남은 설교를 들을 때마다 그동안 끓어오르던 분노가 가라앉으며
담대한 믿음이 굳어져 초조함이 사라져 간다.

　'급할 게 뭐가 있겠는가? 급한 것은 기도와 하나님의 도우심뿐
이다.'

　월남은 태연자약하게 게일 목사의 설교에 귀를 기울인다.

　"육으로 난 것은 육이요 영으로 난 것은 영이니 내가 네게 거듭나
야 하겠다 하는 말을 놀랍게 여기지 말라 바람이 임의로 불매 네가
그 소리는 들어도 어디서 와서 어디로 가는지 알지 못하나니 성령으
로 난 사람도 다 그러하니라."

　"하나님이 보내신 이는 하나님의 말씀을 하나니 이는 하나님이 성
령을 한 없이 주심이니라 아버지께서 아들을 사랑하사 만물을 다 그
의 손에 주셨으니 아들을 믿는 자에게는 영생이 있고 아들에게 순종
하지 아니하는 자는 영생을 보지 못하고 도리어 하나님의 진노가 그
위에 머물러 있느니라."

　"예수께서 대답하여 이르시되 이 물을 마시는 자마다 다시 목마르

려니와 내가 주는 물을 마시는 자는 영원히 목마르지 아니하리니 내가 주는 물은 그 속에서 영생하도록 솟아나는 샘물이 되리라.”

그해 겨울. 눈이 많이 내렸다.

두꺼운 옷에 모자를 쓴 월남이 교회를 마치고 내려오다 넘어져 나뒹굴어 버렸다.

교회에 오면 별로 아는 체 않고 멀리서 지켜보던 순재가 순식간에 달려와 그만 자신도 모르는 사이에

“서방님, 괜찮으세요?”

하는 바람에 교인들이 깜짝 놀랐다.

“누구세요?”

순재를 보고 묻고 월남을 보고도 묻는다.

“예, 죽천대감 마님의 처형이십니다. 저를 많이 걱정해 주시는 분입니다.”

이렇게 해명하고 교회에서는 보는 눈들이 있으니 공연한 오해할까 싶으니까 서로 본체만체하자고 하였더니만 순재가 된통 토라지고 말았다.

“그럼 기독청년회(YMCA)에도 나는 오지도 못하게 하시려고요?”

“기독청년회에 아직 여자는 없습니다.”

“없으니까 가야되는 거 아닌가요?”

이러다 그날 밤 집으로 쳐들어 온 순재는 대단히 토라지고 만 것이다.

말발이 안 서는 월남과 순재

"Y에까지 오지 마시라고는 하지 않았습니다. 그러나 병이 나으시는 게 먼저고 세례도 받으셔야 하는데 제가 어렵습니다. 숙부인마님과 친하게 지내기도 편편찮고 거리를 두자는 것도 마음에 걸립니다."

마침내 언쟁이 붙어 버렸다.

"저는 모질지를 못합니다. 그래서 어렵지만 숙부인마님께 박절하게 못하다 보니 사실 공연하게 끌려 다니는 기분입니다."

"끌려 다니신다고요? 저는 제가 좋아서 제 스스로 오는 것이지 서방님이 끌려오시는 것은 촌치도 원치 않았습니다. 왜 기분 나쁜 말씀을 하세요?"

따지는 통에 이야기가 심각해지고 말았다.

"제가 물을 일도 아니고 알 필요도 없는 것이지만 숙부인마님은 웃을 때가 아닌 때도 웃고, 울 때가 아닐 때도 우시니 남들에게 어찌 보이겠습니까? 그러니 제가 친정 오라비도 아니고 남편도 아닌데 불편할거라는 생각은 안 해 보셨지요?"

"아니, 하나씩 말해보세요. 왜 웃느냐고요? 우스우니까 웃는 거지 괜히 웃습니까? 우스운데도 웃지 말아야 돼요?"

"뭐가 우스운데요?"

"사람 사는 것이 모두 우습습니다. 안 우스운 게 뭐가 있습니까? 그렇다고 내가 교회 가서 목사님 설교 들으면서도 웃는 것 봤어요?"

"대감마님 초례청에서도 웃었잖아요? 그자리가 웃을 자립니까? 물론 병이 나서 그러시겠지만 자신을 다스리지 못하는 거지 그것이 올바르다는 것입니까?"

"서방님! 결혼이라고 하는 거, 그거 우스운 것입니다. 한번 했다하면 안방귀신이 돼서 서방은 별짓거리 다하고 첩을 둬도 찍 소리도 하면 안 되는 것이 웃기는 짓 아닙니까?"

"아니? 대감마님이 첩을 두었습니까? 둔다고 하고 결혼했습니까? 어디라고 웃습니까?"

"생각해 보면 우습다는 것입니다. 물론 저는 제부가 좋습니다. 그러나 제부가 건강해도 첩을 안 둘까요?"

"얘기가 딴 데로 가는군요. 우는 문제도 마찬가집니다. 이 하잘 것 없는 사람이 보고 싶다고도 울었다고 했지요? 어째서 내가 보고 싶으며 나는 보고 싶어 하지도 않는데 왜 혼자 울고 집에 와 밥하고 소제하고 울고 굶고 까라지지요? 정신을 그렇게까지 못 가눕니까? 제가 볼 땐 충분히 가누실 분이 일부러 그러는 것도 아니고 이해가 안 갑니다."

"참 말이 너무 안 통하는군요. 제가 후처로라도 집 한 칸 얻어 달라 하지 않았지요? 지금도 그 마음 그대로입니다. 저는 보고 싶어서 울었습니다. 보고 싶으면 울 수도 있는 것이고, 타관에 계시는 서방님 밥 좀 해드리면 그게 죄악입니까?"

"이야기의 각도가 맞지 않는 말씀입니다. 사실 종잡기가 어렵다는 것은 전혀 모르시나요?"

"알아요. 그래도 종을 못 잡지 않는 분이라서 저는 제 맘대로 보고 싶어도 하고 교회도 따라가고 싶고 그러는 것을 내가 참고 막아야 합니까?"

"저는 떨거집니다. 아무런 능력도 없고 돌봐줄 가치도 없는 사람입니다. 벼슬자리에 앉아도 좋지도 않아요. 돈이 없어 식구들이 굶네 먹네 해도 돈 욕심도 안 나는 정상인과는 다른 사람입니다."

"바로 그러니까 제가 보고 싶어 하는 거지 돈 욕심이나 내고 여자나 하나 더 챙겨볼까 한다면 그런 사람보고 싶어 해서 어디다 쓰겠습니까?"

"이만 합시다. 나는 이해가 안 갑니다."

"그럼 교회도 오지 말고 Y에도 오지 말란 말씀입니까? 집에만 오고? 아니, 집에도 오지 말라고요?"

"왜 막말을 하십니까? 오는 건 오세요. 그러나 참 딱해서 미치겠습니다. 어서 정신을 보듬어 혼삿길을 찾아야지 벌써 나이가 40줄에 들어서셨잖아요?"

"혼삿길이요? 바울사도가 말하길 곧 그날이 올 것이므로 할 수 있으면 결혼하지 말라고 하셨다지요? 그날이 오면 시집가고 장가가는 것도 없어진다고 하셨지요? 그 나라에는 여자도 남자도 없다고 하시면서 우리는 모두 형제자매라고 하셨지요? 자매지간에도 결혼합니까?"

"아, 글쎄 그만 하자니까요? 나는 숙부인하고 다른 사람입니다. 멋도 없고 돈도 없고 키도 작고 소견도 좁아요. 숙부인처럼 형제자매 한자리에 먹고 눕고 그렇게 못하는 소인배입니다. 어서 댁으로 올라가세요."

"이제는 아예 어깃장을 놓으시는군요. 한 가지만 말씀 드리겠습니다. 저는 제 마음대로 살게 놔두세요. 눈밭에 뒹굴거나 넘어지거나 상관 말라고 한다고 안 할 수는 없습니다. 그리고 이만 나는 잘 거거든요. 이불 펴 드릴 테니 나 자는 데 대해서 오라 가라 하지 마세요!"

하고서는 잠이 들어 버린다.

월남은 잠이 오지 않는다.

도대체 이게 무슨 일인지…. 이러다가 하나님까지 믿는 자신을 시험 들게 하는 사탄의 세력이 되어 삼키려고 하는 것인지. 자는 얼굴을 잠시 들여다보니 거짓 잠인가도 싶어 자세히 보아하니 이번에는 거짓 잠도 아니다.

잠이 들려 하는데 하나님의 말씀이 떠오른다.

"너희는 세상의 소금이니 소금이 만일 그 맛을 잃으면 무엇으로 짜게 하리요 후에는 아무 쓸데없어 다만 밖에 버려져 사람에게 밟힐 뿐이니라 너희는 세상의 빛이라 산 위에 있는 동네가 숨겨지지 못할 것이요 사람이 등불을 켜서 말 아래에 두지 아니하고 등경 위에 두나니 이러므로 집 안 모든 사람에게 비치느니라. 이같이 너희 빛이 사람 앞에 비치게 하여 그들로 너희 착한 행실을 보고 하늘에 계신 너희 아버지께 영광을 돌리게 하라 내가 율법이나 선지자를 폐하러 온 줄로 생각하지 말라 폐하러 온 것이 아니요 완전하게 하려 함이라 진실로 너희에게 이르노니 천지가 없어지기 전에는 율법의 일점일획도 결코 없어지지 아니하고 다 이루리라."

순재를 향해 나를 보고 길을 알려주는가 싶기도 한데, 이것은 말도 안 되는 일이다. 또 아무리 생각해 보아도 독립협회와 만민공동회가 해산된 것이 아쉽다. 세상은 하루가 천 날처럼 빠르게 돌아가지만 돌아가는 세상은 이제 조선의 흔적이나 대한제국의 꿈도 무너져 가고 있다.

설교와 찬송

1905년 4월의 따뜻한 봄, 주일을 맞았다.

월남은 성경이 볼수록 재미있어 어느새 감옥에서 2독하고 3독 째 하고 있다.

처음 순재는 월남과 같이 교회가기를 원했으나 그 후 월남이 편치 않아 하니 혼자 따로 오고 월남은 독립협회 동지들과 같이 다닐 때가 많은데 그래도 언제나 눈길은 순재가 왔는가 하여 여자석 앞자리를 확인하였고 보니 안 빠지고 잘 나와 정성껏 예배를 드린다.

오늘 게일 목사님은 '찬송하라고 사람을 지으셨다'는 '이사야서 43장 21절'을 봉독하고 설교하신다.

많은 사람들이 하나님이 왜 우리를 지으셨는지 묻습니다.
답은 간단합니다.
"이 백성은 내가 나를 위하여 지었나니 나의 찬송을 부르게 하려 함이니라."
하신 오늘의 말씀이 그 답입니다.
하나님은 두 가지를 기뻐하셔서 우리를 지으셨습니다.
첫째는 늘 만나고 싶고 보고 싶어 하신다는 것입니다.
그러니 교회 와서 하나님께 예배를 드리는 것은 보고 싶어 하시는 하나님께 나를 보여드리는 것입니다.
우리 부모님의 마음과 똑같다고 생각하시면 틀리지 않습니다.
부모님은 우리를 만나볼 때에 기뻐하십니다.
보이지 않으면 부모님은 걱정하십니다.
최고의 효도는 부모님께 내 얼굴을 보여드리는 것입니다.
돈도 좋고 다 좋지만 건강한 얼굴로 아버지 어머니 하고 부르면 부모님은 그것으로 만족하십니다.
얼굴을 보여드리세요.
자주 찾아뵙고 무엇이든 어머니가 해 주는 음식을 맛있게 드십시오.
부모 마음은 자식을 보면 무엇인가 먹여주고 싶은 것이 하나님과 똑같습니다.
또 음식이 바로 말씀입니다.
설교를 잘 들으십시오. 그것이 부모님이 먹이고 싶은 음식과 같습니다.
두 번째는 찬송(Tehillah, 테힐라)하셔야 합니다.
찬송은 만난 부모님께 드릴 최고의 효도입니다.
연보 많이 하는 것도 좋지만 돈보다 더 좋은 것은 찬송하며 기뻐하는 것입니다.

자식이 우울해하고 얼굴을 찡그리면 부모님은 걱정하십니다.

하나님도 부모님과 똑같은 것이 있는데 바로 기뻐하는 것이며 찬송하는 것입니다.

기쁘고 즐겁게 주님을 감사하며 그에게 찬송하고 영광 돌리면 하나님은 우리를 창조하신 보람은 갖습니다.

바로 이렇게 주님을 찬송하는 것을 보는 것이 하나님의 즐거움입니다.

하나님은 우리가 하나님을 아버지라 부르며 그를 노래하고 찬송하는 것을 보고 싶어서 우리를 지으셨습니다.

왜 지으셨다고요?

아셨습니까? 예, 하나님의 찬송을 부르게 하려 하심이라고 하셨습니다.

하나님을 찬송하면 하나님은 기뻐 어쩔 줄 모르십니다.

그래서 찬송이 제사보다 낫다 하셨습니다.

황소를 잡아 드리는 것보다 찬송이 더 좋다고 하셨습니다.

그래서 가장 싫어하시는 것은 우상에게 춤추고 노래하며 우상을 섬기는 것입니다.

그러면 하나님은 내 자식을 우상에게 빼앗긴 것 같아 심히 마음아파 하십니다.

그러므로 내 찬송을 우상에게 주지 말라고도 하셨습니다.

또 에베소서 3장에서는 성부 하나님께서 태초에 우리를 택정하여 부르셨다고 하십니다.

왜 부르셨느냐고요? 바로 찬송(에파이노스)하게 하려고 택정하고 부르셨다 하셨습니다.

이어서 예수님이 왜 십자가에서 죽었는지 아느냐고도 묻습니다.

그 이유가 바로 우리로 하나님을 찬송하게 하기 위함이라고 하셨습니다.

그리고 성령 하나님께서 우리에게 믿음주시고 역사하는 이유도 찬송을 부르게 하려 함이라고 하셨습니다.

성부 성자 성령의 사역은 전부 우리에게 찬송을 받기 원하시기 때문이라 하셨습니다.

이것이 찬양(Halal, 할랄)의 복음입니다.

그럼 이 시간에 잘해도 좋고 못해도 좋으니 누가 한번 나와서 특별 찬양 해 볼 사람 있습니까?

그런데 그때 순재가 손을 번쩍 들지 않겠는가?

그리고 나오더니만 야소애아아심지(耶蘇愛我我深知), 즉 '예수사랑
하심을'(현 찬송가 563장)을 부르는 것이 아닌가. 월남은 너무 깜짝
놀라 가슴이 두방망이질을 쳐대는데 순재는 아무렇지도 않게 시리
아름답고 고운 음성으로 이 거룩한 성전에서 드리는 예배시간에 특
별찬송을 불러 나간다.

<1절>
耶蘇愛我我深知 (나는 예수가 나를 사랑하시는 줄 안다)
[야 소 애 아, 아 심지 : 예수 사랑하심을]
聖經告訴我如此 (성경을 통하여 확실히 안다)
[성 경 고 소, 아 여차 : 성경에서 배웠네]
小小孩童祂撫養 (나는 작고 작은 아이 그는 풍족하시다)
[소 소 해 동, 야 무양 : 우리들은 약하나]
我們軟弱祂剛强 (우리는 모두 한없이 연약해도 그는 정말 강하다)
[아 문 연 약, 야 강강 : 예수권세 많도다]
主耶蘇愛我　　　(주 예수는 나를 사랑하신다)
[주~ 야소 애 아~ : 날 사랑하심]
主耶蘇愛我　　　(주 예수는 나를 사랑하신다)
[주~ 야소 애 아~ : 날 사랑하심]
主耶蘇愛我　　　(주 예수는 나를 사랑하신다)
[주~ 야소 애 아~ : 날 사랑하심]
有聖經告訴我　　(성경에 확실하게 써 있다)
[유 성 경, 고~ 소아 : 성경에 써 있다]

월남은 그만 정신이 몽롱해졌다.

이것이 꿈인지 생시인지, 과연 저 사람이 순재인지 천사인지,

놀라운 것은 세상에서 이렇게 아름다운 노래는 난생 처음 들었다.

그런데 보아하니 순재는 월남을 바라보며 부른다.

오로지 천정과 월남만 교대로 보며 부른다.

어디서 저런 목청이 나온 것이며

도대체 언제 저렇게 배워서 정말 너무 놀랍게 떨지도 않고 불러재낀다.

'아, 내가 순재에게 너무 잘못하고 있구나.'

순재가 부르는 찬송소리에 지난날 마구 나무랐던 것이 잘못이라고 하는 생각이 든다.

'떡을 달라나, 밥을 달라나, 아니면 돈을 달라는가.'

아무리 생각해 보아도 월남에게 잘못한 것은 하나도 없다.

있다면 여인으로서 남정네에게 지나치게 스스럼없이 다가왔다는 것뿐이다.

그런데 그렇다고 해서 기생처럼 호리려고 다가온 것도 아니다.

특히 음란하게 꼬리를 치고 유혹한 일도 없다.

그것이 이해가 안 갔으나 갑자기 그것이 얼마나 순박하고 깨끗한 마음인가를 알게 되었다.

마찬가지로 서로 음탕한 마음을 가져 본 일도 없다.

자신은 말할 것도 없고 순재 역시도 마찬가지였다.

그저 요즘의 조선 여성답게 남녀가 유별하지 않다는 것이 문제라면 그게 큰 문젠데, 오히려 자신이 이상하게 받아들인 것뿐이다.

순간 2절이 시작된다.

<2절>
耶蘇愛我親捨命 (예수는 날 사랑하여 목숨을 버리셨다)
[야 소 애 아, 친 사명 : 나를 사랑하시고]
將我罪惡全洗淨 (나의 큰 죄를 모두 씻어 주셨다)
[장 아 죄 악, 전 세정 : 나의 죄를 다 씻어]

天堂恩門祂敞開 (거룩한 천국의 문과 창고도 열어 주셨다)
[천 당 은 문, 야 창개 : 하늘 문을 여시고]
讓袖小羊好進來 (우리 어린 양을 들어오라 하신다)
[양 야 소 양, 호 진래 : 들어가게 하시네]
주~ 야소 애 아~ 주~ 야소 애 아~ 주 야소 애 아~(主耶蘇愛我)
유 성 경, 고~ 소아(有聖經告訴我)
<3절>
耶蘇愛我不改變 (나를 사랑하는 예수는 변치 않으니)
[야 소 애 아, 불 변개 : 내가 연약할수록]
不論疾病與患亂 (환란과 질병을 주지 않는다)
[불 론 질 병, 여 환란 : 더욱 귀히 여기사]
白日困苦袖扶助 (한결같이 고난이 없도록 도우신다)
[백 일 곤 고, 야 부조 : 높은 보좌 위에서]
夜晚睡覺祂保護 (주무시지도 않고 밤늦도록 보호하시네)
[야 만 수 각, 야 보호 : 낮은 나를 보시네]
주~ 야소 애 아~ 주~ 야소 애 아~ 주 야소 애 아~(主耶蘇愛我)
유 성 경, 고~ 소아(有聖經告訴我)

3절까지 부르고 나자 잠시 반주가 나오고 다소곳이 눈을 아래로
내린다.

그러더니 다시 월남을 바라본다.

'나는 예수님이 좋아요. 진정입니다. 서방님이 믿는 하나님 나도 믿
게 해 주세요. 그러면 찬송만 부르겠습니다.'

순재가 월남에게 속삭이는 소리가 들리는 듯하다.

'예수님을 따라가겠습니다. 같이 가세요. 오지 말라 하지 마세요.
같이 믿어요. 정말 잘 믿겠습니다.'

이렇게 말하는 것 같다.

<4절>
耶蘇愛我到永遠 (예수의 사랑은 영원까지 이르고)

[야 소 애 아, 도 영원 : 세상 사는 동안에]
一路同行作我伴 (늘 한길로 나와 같이 가신다)
[일 로 동 행, 작 아반 : 나와 함께하시고]
倘若今日我愛祂 (오늘도 나를 사랑하심이 강성하시니)
[당 약 금 일, 아 애야 : 세상 떠나 가는 날]
祂必領我到天家 (나는 반드시 천국에 들어가리라)
[야 필 영 아, 도 천가 : 천국 가게 하소서]
주~ 야소 애 아~ 주~ 야소 애 아~ 주 야소 애 아~(主耶蘇愛我)
유 성 경, 고~ 소아(有聖經告訴我)

그렇게 예배가 끝나자 월남은 순재에게로 다가갔다.

"어허! 찬송을 그렇게도 잘 부르십니까? 정말 은혜 받았어요. 음성이 너무 곱습니다."

몇 달 만에 해보는 말이다.

그 사이에는 집에 와도 본 척 만 척 무시도 했었다.

"이따가 집으로 오실래요?"

순재를 집으로 오라 하고 말았다.

"서방님! 나 못 오게 하지 말아요. 병도 나아가는데 나 좀 붙잡아주시면 안 돼요. 나쁜 생각 안 합니다. 찬송연습이나 하고 성경이나 보고 그리하겠습니다. 서방님은 서방님 볼일 보러 다니세요. 그렇다고 제가 서방님 집에다 살림 차릴 일은 없으니까요. 고맙고 알았고요. 이따가 가겠습니다."

을사오적과 을사늑약

2년 반에 한 번씩 34년간 14번 이사 다닌 고종임금
침략의 원흉 이토 히로부미(伊藤博文)
을사늑약 체결배경
을사늑약 본문내용
을사늑약 반대자와 찬성자 을사오적
충신들의 절규와 자결

2년 반에 한 번씩 34년간 14번 이사 다닌 고종임금

월남은 조선 제26대 고종을 모신 신하였다. 모신 세월이 자그마치 1863년부터 1918년까지 45년 세월이다.

제25대 임금 철종시대에 태어났으나 월남의 나이 14세가 되기까지는 철종을 모셨다고 할 수는 없는 일이고, 좀 더 세밀하게 따진다면 1881년 신사유람으로 갈 때부터이므로 37년이라고 볼 수도 있을 것 같기는 하다마는, 1868년 죽천의 사가로 올 때에 이미 성인이 되었으므로 이때부터 따지면 40년이라고 보아도 된다.

1907년 순종황제(일제는 이왕이라고 비하하였음)가 등극한 후 20년을 순종황제 치하에서 살기는 했으나 순종이 등극한 후에는 일체의 벼슬을 하지 않았으니 신하되어 모셨다고 보아서는 안 될 것이고, 순종 통치 3년 후 1910년에 일제치하로 들어갔으므로 20년 중 17년이 순종치하였으나, 이때는 엄격히 따져 일본 통감과 총독 치하라고 보아야 할 것이며, 17년은 애국애족 대한독립운동의 일제 항거 기간이라고 보아야 한다.

아무튼 월남은 고종을 모신 신하였다. 순종을 곁에서 모시지 않았고 일제의 불법 통치에 저항하는 말년(1907년~1927년까지 20년)을 보냈다.

고종을 모시는 세월 동안 고종임금은 갖가지 사연으로 인하여 자주 대궐을 옮겨야 했으니 이를 이어(移御)라 하는데, 이어라는 말은 '왕이 이사를 간다'는 소리다. 이어는 왜 하였는가? 편치 못해서 한 것이다.

심지어는 대궐에 있지 못하고 러시아 공관으로 이어하기도 하였는데 이를 '아관파천'이라 하여서 실은 쫓겨 간 것이라고 보아야 한다. 명성황후가 일제에 의해 시해되고(1895년) 난 후 고종은 극도의 불안증이 심하여 어디 몸 둘 곳이 없어 그래도 아라사(러시아)군대가 지켜주는 아라사 공관으로 가는 수(1896년)밖에 없었던 것이다.

이로써 임금과 세자가 동거하지도 못하는 참담한 일이 생긴 것이며, 그 후 다음해(1897년) 경운궁으로 이어하고서는 영영 법궁(정궁, 임금이 머무는 본궁)에 오지 못하고 경운궁(덕수궁)에서 생을 마쳤으니 결론은 집을 잃고 행랑채나 다름없는 별궁에서 죽은 것과 다름없다.

잠깐 고종임금이 궁을 떠난 행적을 살펴보기로 하자.

이로써 우리 대한민국의 아픈 과거사를 짚어보며 나라를 제대로 지키지 못하면 어떠한가를 새겨보자는 것이다.

1863년 12월 창덕궁에서 즉위식을 거행하였다.

이때 경복궁은 1592년에 일어난 임진왜란으로 인해 전소되어 중건되기 전이었다. 창덕궁은 1647년 11월 인조임금 이후 지금까지 법궁이었다.

조선은 1392년 개국하고 3년이 지난 1395년(태조4년) 9월에 정궁 경복궁을 지었으며 그해 12월 태조 이성계가 첫 입궁하여 조선의 법궁이 되었다.

창덕궁은 1404년 10월부터 태종(이방원)이 짓기 시작하여 1405년 10월 11일 태종이 첫 입어하였는데, 그 이전 2대 임금 정종은 개성으로 되돌아갔었기로 정종의 능은 개성에 있기도 하다. 이로서 양궁(창덕궁+경복궁)시대가 열렸다.

1592년 4월 13일에 일어난 임진년의 왜란으로 5월 3일 불에 타 경복궁과 창덕궁 양궁을 모두 소실됐다.

이를 중건한 것은 광해군이었고 1608년 5월의 광해임금 즉위식은 창덕궁에서 가짐으로 인해 경복궁은 빈터이며 창덕궁이 정궁이었다.

경운궁은 정릉이라 하다가 나중에 경운궁이었다가 덕수궁으로 바꾼 것은 일제다. 일제는 우리 궁에 덕수궁이라는 하급 궁호를 내렸으므로 덕수궁은 바람직한 궁칭이라 하기 어려운 일이기도 하나, 1623년 인조반정으로 왕위에 오른 인조는 경운궁, 즉 지금의 덕수궁 별당에서 즉위식을 가진 바가 있기도 하였다.

1624년 이괄의 난으로 인해 다시 창덕궁이 불타자 경덕궁으로 이어하였다가 1647년에 가서야 인조임금이 다시 창덕궁에 환궁하여 법궁이 되었으며 그로부터 200년이 넘는 동안 지속되다가 1863년 마침내 고종(1852년생)이 12세의 어린나이로 즉위식을 갖는다.

광해임금 이후 창덕궁은 그간 인조, 효종, 현종, 숙종, 경종, 영조, 정조, 순조, 헌종, 철종에 이어 이제 즉위하는 고종에 이르기까지 216년 동안 조선의 정궁으로 자리 잡아 내려온 것이다.

이를 요약하여 본다면 1392년부터 1863년까지 451년에 걸친 조선

왕국의 역사에서 왕이 궁을 떠난 이어(이사 가는)는 전부 9차례다. 451년 동안 25명의 임금이 9차례를 이사하였다고 한다면 평균 약 50년에 한 번씩 이사를 다녔다고 보아야 하는데, 임진왜란 같은 엄청난 국난을 포함해서도 25명이 9차례밖에 이사를 다니지 않은 것에 비해, 고종임금은 1863년 즉위한 이후부터 1896년 아관파천에서 1897년 경운궁으로 오기까지 34년 만에 한 사람의 임금이 혼자서 꼭 14차례나 이사를 다녔다고 하는 것은 왕의 숫자로 따지면 25배이며, 이사 다닌 연수로 따지면 50배에 가까워 평균 34년에 14번이니까 2.4년에 한 번씩 이사를 쫓겨 다니는 신세였다고 하는 것은 당대의 역사가 얼마나 피를 말리게 하고 살을 찢게 해주었는지 잘 말해주고 있다 할 것이다.

고종이 이어한 기록을 찾아보면 이러하다.

① 1863년 창덕궁에서 고종 즉위
② 1868년 7월 2일 대원군의 경복궁중건으로 인하여 경복궁으로 이어
③ 1873년 12월 10일 경복궁 순회당 화약폭발과 대화재로 인하여 창덕궁으로 이어
④ 1875년 12월 5일 경복궁으로 환어
⑤ 1877년 창덕궁으로 이어
⑥ 1884년 10월 18일 갑신정변으로 인하여 이재원의 집으로 이어
⑦ 같은 날 창덕궁 관물헌으로 환어
⑧ 다음날(19일) 청국통령(統領) 오조방의 영방으로 갔다가 교전으로 인해 원세개의 영방으로 피난
⑨ 동년 10월 23일 창덕궁으로 환어
⑩ 1885년 1월 경복궁으로 이어
⑪ 1894년 농민봉기(동학란)로 창덕궁으로 이어
⑫ 동년(1894년) 5월 24일 경복궁으로 환어
⑬ 1896년 2월 러시아 공관으로 파천(아관파천)
⑭ 1897년 2월 20일 경운궁으로 이어(1819년 1월 21일 경운궁에서 붕어)

월남이 처음 측근에서 고종을 모시게 된 것은 1894년 동학란이 일어났던 해부터였다.

그때 고종은 1885년부터 줄곧 경복궁에 있었으므로 월남이 승정원 우부승지 겸 경연각 참찬이 된 것은 경복궁시절이었으나, 같은 해 (1894년) 일어난 동학란으로 인하여 창덕궁으로 이어한 것은 4월 3일 이었으며, 달포가 지난 5월 24일 다시 경복궁으로 환어하여 첫해에만 두 번이나 궁을 옮겨 다니는 고종을 모신 것이다.

이렇게 시작하여 위의 글을 다시 보면 ⑪번째부터 시작한다. 1894년 농민봉기(동학란)로 창덕궁으로 이어로 시작한 것이며, ⑫ 동년 (1894년) 5월 24일 경복궁으로 환어하였고, ⑬ 1896년 2월 러시아 공관으로 파천(아관파천) ⑭ 1897년 2월 20일 경운궁으로 이어하였으므로 월남이 가까이서 고종을 모시는 동안의 불과 4년 사이에만 무려 4번을 옮겨 다닌 것이다.

이를 가슴 아파한 신하는 죽천 박정양과 월남이다.

물론 모두들 가슴 아프게 생각하였겠으나 특히 월남은 고종임금의 불안한 이어와 환어에 대해 신하로서 끝없이 자책하는 가운데서 1902년 감옥에 들어가 기독교인이 되어 출옥해 나와 지금은 교회에 나가며 황성기독교청년회에 가입하여 믿음의 반석을 다지기만 할 뿐 고종임금의 신하로서 어떤 역할도 하지 못하는 중이다.

고종은 경운궁에 오던 그해(1897년)에 대한제국을 선포하고 연호를 광무로 바꾸고 황제가 되었다. 월남은 그때까지만 해도 내각총서였다. 내각총서라면 의정, 찬정, 참의, 참판, 다음 자리여서 매우 높은 벼슬이었다.

그러나 세월은 이미 청국과 일본의 각축장이었으며 여기에 러시아도 각축을 벌려 친일파와 친러파의 대립이 극심한 가운데서 엄연한 하나의 대한제국으로서의 독립된 나라의 주권을 되찾아야 하는 절대 절명의 독립운동이 요구되어 독립협회와 만민공동회로 모이면서 월남을 시기하려는 친일세력의 음모로 인하여 만들지도 않은 개혁당을 만들었다는 죄목으로 3년을 감옥에 갇혔던 것이다.

감옥에서 나와 보니 정부는 거의 친일파가 장악하였다. 촌치의 구멍도 안 보여 파고 들어가 고종에게 진언할 수도 없는 절벽처럼 장벽이 막혀버렸다. 바로 이해(1905년) 마침내 침략의 원흉 이토 히로부미(伊藤博文)를 앞세워 을사보호조약이라는 강제늑약을 체결하게 된다.

침략의 원흉 이토 히로부미(伊藤博文)

이토 히로부미는 어떤 자인가? 일본의 정치가로서 제국주의에 의한 아시아 진출에 앞장서 조선에 을사조약을 강요하고 헤이그밀(특)사 사건을 빌미로 고종을 강제로 퇴위시킨 침략의 원흉이다.

일본에서는 근대화를 이끈 인물로 평가되지만 조선 식민지화를 주도한 자로서 1909년 중국 하얼빈에서 안중근에게 저격당하여 죽었다.

본명은 하야시 도시스케(林利助)로 야마구치현(山口縣)에서 출생하였다. 가난한 농민의 집안에서 태어났지만, 그의 아버지가 하기번(萩藩)의 무사 집안인 미즈이(水井, 뒤에 伊藤로 바꿈)가(家)의 양자가 되면서 하급무사의 신분을 얻었다.

1863년 서양의 해군학을 공부하러 영국으로 건너갔다가, 다음해 귀국하여 영국, 프랑스, 미국 등의 열강과 조슈번(長州藩) 사이에 시모노세키전쟁(下關戰争)이 일어나자, 전후 평화 교섭 과정에 통역으로 참가하였다.

메이지유신(明治維新) 이후에 이토 히로부미로 이름을 바꾸었다. 영어에 능통 신정부에 참여하여 외국사무국(外国事務局) 판사(判事), 효고현(兵庫縣) 지사(知事) 등 요직(要職)을 역임하였다.

1878년 내무성(内務省)의 내무경(内務卿)이 되었으며, 1881년(明治 14년)에는 정부 안에서 메이지 정권의 최고 실력자로 떠올랐다.

1885년 내각(内閣) 제도가 창설되자, 초대 내각총리대신(内閣総理大臣)이 되었고, 1888년에는 추밀원(樞密院) 의장(議長)이 되었다. 1890년 의회가 수립되자 귀족원(貴族院) 의장(議長)이 되었으며 1892~1896년과 1898년, 1900~1901년에도 각각 5대, 7대, 10대 내각총리대신(内閣総理大臣)으로 활동하였다.

1909년 통감을 사임하고 추밀원 의장이 되어 러시아 재무상(財務相) 코코프체프와 회담하기 위해 만주(滿洲) 하얼빈(哈爾濱)을 방문하였다가, 10월 26일 하얼빈 역에서 독립운동가 안중근(安重根, 1879~1910)에게 저격을 당해 사망했다. 장례는 11월 4일, 히비야 공원(日比谷公園)에서 국장(国葬)으로 치러졌다.

이토는 현대 일본 정치의 기초를 형성하는 데 중요한 역할을 한 인물로 메이지헌법(1889년)의 초안 작성과 양원제(兩院制) 의회의 확립(1890년)에 크게 기여하였다. 일본에서 그는 국민의 영웅적 존재다. 일본 중의원의사당에는 이토의 동상이 현관에 세워져 있는데 우리 여의도 국회의사당 현관의 세종대왕 입상보다 훨씬 크다.

그는 일본 명치유신을 완성한 인물로 의회정치를 도입하고 일본을 동양의 중심국가로 번영시킨 인물로 추앙받는다. 그러나 일본은 잘못 알고 있다. 그는 침략자이며 일본의 미래를 무너뜨릴 죄악의 화신이었다.

쉽게 인정하기 어려울 것이나 이토는 1905년 특파대사로 우리나라에 와서 을사늑약을 완성시키고, 이듬해(1906년) 초대 통감으로 부임해오면서부터 감히 사람이 저지를 수 없는 패륜의 엽기행각을 산 사람이라는 것을 일본은 물론 한국에서도 잘 모르고 있다.

그가 조선에 온 것은 이번(1905년)이 처음은 아니다. 그러나 이번에 그는 조선과 한일협약이라고 하는 1차에 이은 제2차 협약을 체결하고자 온 것이다.

이토는 작년(1904년)에도 왔던 일이 있다. 그가 조선에 오면 무엇보다 먼저 찾은 것은 이미 조선에 체류하는 일본기생(게이샤)이었다는 것은 알려진 사실인데 당시에는 파성관에서 기미코(君子)라는 게이샤와 동침하였으며, 이번에는 을사늑약 체결(1905년 11월 17일. 순국선열의 날)차 8일 전인 1905년 11월 9일에 왔다.

손탁 호텔에 여장을 푼 이토는 을사늑약이 체결된 11월 17일까지 패륜의 밤을 보냈다. 이때 손탁 호텔을 제일 먼저 찾은 여자가 바로 요화(妖花) 배정자다. 배정자라는 계집에 대해서는 생략하나 요화라는 말이 정확하다 할 것이다. 배정자는 외양상 이토의 수양딸이라 하는데 요화라고 알아도 무방하다.

배정자는 친일파의 온상이 된 덕수궁에 자주 들어와 고종을 알현하기도 하였는데 그때 모자를 쓴 여자가 대안문(大安門)으로 드나드는 것이 구설에 오르자 대안문을 대한문(大漢門)으로 바꾸게 만든 장본인 요화다.

이토란 자가 낮에는 덕수궁으로 고종을 알현하고 한일협약 1차에 이은 2차 협약을 협박하였고 밤이면 계집사냥에 몰두하였다. 당시의

비사는 인천으로 사냥을 나가 오다미(お民)라고 하는 불모녀(不毛女, 알아들을 터라 설명은 생략)와 동침하고서는,

"무슨 계집이 어째서 있을 곳에 있을 게 없느냐?"고 투덜댔다는 기록도 있다.

그 후 오다미를 자주 찾았다는 등 이토가 가는 곳에는 늘 게이샤를 대령시켰으며, 당시 64세의 이토는 16세의 어린 게이샤를 시침을 들게 하는 등 을사늑약 체결되는 날까지 하룻밤에 몸값으로 쌀 50가마 100가마니에 해당하는 돈을 던져준 그의 방탕과 분방함은 찾아볼수록 구토가 날 정도다.

바로 이런 자에게 우리가 지금 나라를 빼앗기고 있는 중이다.

낮에는 고종과 대신들을 마구 협박하였다. 이미 군사력에서 상대가 안 되는 고종은 월남 이상재가 감옥에 갇히듯 법궁에도 못 가고 일제의 소굴에 갇혀버렸다. 도착한 다음날 11월 10일부터 이토의 공갈협박은 시작되었다.

을사늑약 체결배경

늑약이란 굴레 勒에 맺을 約자다. 을사보호조약이라 함은 일본이 우리를 잘 지키고 보호해준다는 뜻의 감언이설이고 굴레를 뒤집어씌우는 강탈조약이라는 뜻의 늑약이 적합한 말이며 무력을 앞세워 체결한 을사강약이라고 해도 된다.

을사늑약에 앞서 1904년 8월, 일본이 내정개선(內政改善)이라는 구실 아래 고문정치(顧問政治)를 실시하기 위해 조선을 강압해서 '외국인

용빙(傭聘)협정'이라는 협정을 체결한 바 있다. 이를 역사용어로는 1차 한일협정서라고도 하는데 침략강탈을 위한 1단계라고 보아야 한다.

8월 22일 외부대신 서리 윤치호(尹致昊)와 일본공사 하야시 곤스케(林權助) 사이에 체결한 내용은

① 한국정부는 일본정부가 추천하는 일본인 1명을 재정고문으로 하여 한국정부에 용빙하고, 재무에 관한 사항은 일체 그 의견을 물어 시행할 것,
② 한국정부는 일본정부가 추천하는 외국인 1명을 외교고문으로 하여 외부에 용빙하고 외교에 관한 요무(要務)는 일체 그 의견을 물어 시행할 것,
③ 한국정부는 외국과의 조약체결, 기타 중요한 외교안건, 즉 외국인에 대한 특권양여와 계약 등의 처리에 관하여는 미리 일본정부와 협의할 것,

으로 되어 있다.

이에 따라 재정고문에 메카다 다네타로(目賀田種大郞), 외교고문에 미국인 스티븐스(須知分: 뒤에 田明雲 의사가 암살)가 취임하고, 이듬해에는 한국정부가 자진 초청한다는 형식으로 군사고문에 노즈 진부(野津鎭武), 경무(警務)고문에 마루야마 시게토시(丸山重後), 학부참여관(學部參與官)에 시데하라 히로시(幣原坦)를 취임케 하였다. 이로써 한국의 재정·외교·군사·경찰·문교 등 중요 정책은 그들의 마수에 의해 조작되고, 일본은 곧 이어 다음 침략단계인 제2차 한일협약(乙巳勒約)의 공작에 들어갔다.

제2차 한일협약(第二次韓日協約), 즉 을사늑약은 이미 쓴 바와 같이 1905년 11월 17일 한국정부의 박제순과 일본정부의 하야시 곤스케에 의해 체결되었다. 분통터질 노릇이지만 일단은 참고 이제 그 과정을

살펴보자.

일본의 특명전권대사 자격으로 1905년 11월 9일 서울에 온 이토 히로부미(伊藤博文)는 다음 날인 11월 10일 고종황제에게 일왕의

"짐이 동양평화를 유지하기 위하여 대사를 특파하노니 대사의 지휘를 일종하여 조치하소서."

라는 내용의 친서를 바쳐 고종을 위협하고 1905년 11월 15일 다시 고종황제에게 한일 협약안을 제시하면서 조약 체결을 강압적으로 요구했다. 이 무렵, 주(駐)조선 일본 공사 하야시 곤스케(林權助)와 주(駐)조선 일본군 사령관 하세가와(長谷川)가 일본으로부터 증원군을 파송 받아 궁궐(덕수궁) 안팎은 물샐 틈 없는 경계망을 펴고 포위함으로써 대한제국 황궁은 공포 분위기에 싸여 있었다. 그러나 고종황제는 이토 히로부미의 집요한 강요에도 불구하고 조약 승인을 거부하였다.

이렇게 되자 일본은 전략을 바꾸어 조정 대신들을 상대로 위협·매수에 나섰다.

하야시 곤스케는 11월 11일 외무대신 박제순을 일본 공사관으로 불러 조약 체결을 강박하고, 같은 시간 이토 히로부미는 모든 대신과 원로대신 심상훈(沈相薰)을 그의 숙소로 불러 이 조약 체결에 찬성하도록 회유와 강압을 되풀이 하였다.

이러한 회유와 강압 끝에 다수의 지지를 얻게 된 이토 히로부미와 하야시 곤스케는 마침내 11월 17일 경운궁(덕수궁)에서 어전회의를 열도록 했다.

그러나 회의는 침통한 공기만 감돌았을 뿐 아무런 결론을 내릴 수가 없었다.

고종황제는 강압에 의한 조약 체결을 피할 목적으로 의견의 개진 없이 대신들에게 결정을 위임한 상태였다.

어전회의가 5시간이 지나도록 결론에 이르지 않자 초조해진 이토 히로부미는 하세가와 군사령관과 헌병대장을 대동하고 일본헌병 수십 명의 호위를 받으며 궐내로 들어가 노골적으로 위협과 공갈을 자행하기 시작했다.

이토 히로부미는 직접 메모용지에 연필을 들고 대신들에게 가부(可否)를 따져 물었다.

그때 갑자기 한규설(韓圭卨) 참정대신이 소리 높여 통곡을 하기 시작했던지라 별실로 데리고 갔는데, 이토 히로부미가

"너무 떼를 쓰거든 죽여 버려라!" 하고 고함을 쳤다.

참정대신 한규설(韓圭卨), 탁지부대신 민영기, 법무대신 이하영만이 무조건 불가(不可)를 썼고,

학부대신 이완용, 군부대신 이근택, 내무대신 이지용, 외무대신 박제순, 농상공부대신 권중현은 책임을 황제에게 전가하면서 찬의를 표시하였다. 이때 찬성한 다섯 명을 을사오적이라 한다.

이토 히로부미는 각료 8대신 가운데 5대신이 찬성하였으니 조약 안건은 가결되었다고 선언하고 궁내대신 이재극을 통해 그날 밤 황제의 칙재(勅裁)를 강요하였다.

그리고 같은 날짜로 외무대신 박제순과 일본 공사 하야시 곤스케 간에 이른바 이 협약의 정식 명칭인 '한일협상조약', 즉 을사늑약이 체결되었다.

제2차 한일협약의 체결로 조선은 명목상으로는 보호국이나 사실상 일본제국의 식민지가 되었다.

조약의 내용은 '외교권 강탈(다른 나라와 외교관계를 맺는 것을 뺏음)'과 통감부 설치(우리나라 정부가 하는 일을 일일이 간섭)이다.

을사늑약 본문내용

日本國政府及韓國政府는 兩帝國을 結合하는 利害共通의 主義를 鞏固케 함을 欲하야 韓國의 富强之實을 認할 時에 至기까지 此目的으로써 左開條款을 約定함

일본정부 급 한국정부는 양 제국을 결합하는 이해공통의 주의를 공고케 함을 욕하야 한국의 부강지실을 인할 시에 지기까지 차목적으로써 좌개조관을 약정함.

第一條 日本國政府는 在東京 外務省을 由하야 今後에 韓國이 外國에 對하는 關係及事務를 監理指揮함이 可하고 日本國의 外交代表者及領事는 外國에 在하는 韓國의 臣民及利益을 保함이 可함

1. 일본정부는 동경주재 외무성을 통하여 금후 한국의 외국에 대한 관계 및 사무를 감리 지휘할 것이며, 일본의 외교대표자 및 영사는 외국에 재류하는 한국의 신민 및 이익을 보호함이 가함.

第二條 日本國政府는 韓國과 他國間에 現存하는 條約의 實行을 完全히 하는 任에 當하고 韓國政府는 今後에 日本國政府의 仲介에 由치 아니하고 國際的 性質을 有하는 何等條約이나 又約束을 아니함을 約함

2. 일본정부는 한국과 타국 간에 현존하는 조약의 실행을 완수할

책임이 있으며, 한국정부는 이제부터 일본정부의 중개를 거치지 않고는 국제적 성질을 가진 어떠한 조약이나 약속을 하지 않기로 약속함.

第三條 日本國政府는 其代表者로 하야 韓國皇帝陛下의 闕下에 一名의 統監을 置하되 統監은 專히 外交에 關하는 事項을 管理함을 爲하야 京城에 駐在하고 親히 韓國皇帝陛下에게 內謁하는 權利를 有함 日本國政府는 又韓國의 各開港場及其 他 日本國政府가 必要로 認하는 地에 理事官을 置〈원문 한자는 갓머리 밑에 眞을 씀)하는 權利를 有하되 理事官은 統監의 指揮之下에 從來在韓國 日本領事에게 屬하든 一切職權을 執行하고 并하야 本協約의 條款을 完全히 實行함을 爲하야 必要로 하는 一切事務를 掌理함이 可함

3. 일본정부는 그 대표자로 하여금 한국 황제폐하의 궐하에 1명의 통감을 두되 통감은 오로지 외교에 관한 사항을 관리하기 위하여 서울에 주재하고 친히 한국 황제폐하를 알현할 권리를 가진다. 또한 일본정부는 한국의 각 개항장 및 일본국 정부가 필요하다고 인정하는 지역에 이사관을 둘 권리를 가지되 이사관은 통감의 지휘하에 종래 재한 일본영사에게 속하던 일체의 직권을 집행하고 아울러 본 협약의 조관을 실행하기 위하여 필요한 모든 사무를 관리함이 가함.

第四條 日本國과 韓國間에 現存하는 條約及約束은 本協約條款에 抵觸하는 者를 除하는 外에 總히 其效力을 繼續하는 者로 함

4. 일본과 한국 사이에 현존하는 조약 및 약속은 본 협약에 저촉되

지 않는 한 모두 다 그 효력을 지속하는 것으로 함.

　第五條 日本國政府는 韓國皇室의 安寧과 尊嚴을 維持함을 保證함 右證
據로 하야 下名은 各本國政府에서 相當한 委任을 受하야 本協約에 記名調
印함

5. 일본정부는 한국 황실의 안녕과 존엄을 유지하기를 보증함. 우
　　증거로 하야 하명은 각본국정부에서 상당한 위임을 수하야 본
　　협약을 조인함.

　　　　　　　　　　光武九年十一月十七日 外部大臣 朴齊純 (印)

　　　　　　　　　　明治三十八年十一月十七日 特命全權公使 林權助 (印)

을사늑약 반대자와 찬성자 을사오적

　이제 일본은 한국에 통감부 설치권한을 받았다. 통감(統監)이란 무
엇인가?

　일본천황이 황제권을 가지고 조선에 왕을 두었으므로 조선왕은 임
명직일 당시의 도지사와 다름없는 부하가 되는 것이다. 물론 왕을 임
명하는 권한까지 준 것은 아니지만 통감이라는 대리인이 일본천황과
일본정부의 대리자가 되어 왕정을 빼앗아 간 것이다.

　말 그대로 고종황제 위에 통감이 군림하였으므로 법적으로 통감은
한국 내각과 왕의 윗자리에 올라탄 것이다. 이로서 우리는 주권국가
로서의 자율권을 빼앗겼고 일본은 이를 빼앗아 거머쥔 것인데 이것
을 찬성한 자가 바로 을사오적이다.

먼저 반대한 대신의 면면을 보면 8명 가운데 3명으로서 이들이 애국지사이며 국권수호를 위해 목숨을 바친 충신이라고 규정함이 옳다.

첫째로 한규설(韓圭卨, 1848~1930), 참정대신(參政大臣)으로서 을사조약 체결에서 끝까지 반대하다 파면되었다. 국권피탈 때 일본정부에 의하여 남작(男爵, 일본의 벼슬)이 내려졌었으나 거절하였다. 그 후 조선교육회를 창립하고 이를 민립대학기성회로 발전시켰다.

둘째로 민영기(閔泳綺, 1858~1927)인데 이는 명성왕후의 척신(戚臣)이었다. 1898년 군부대신에 올라 수구파의 거물로서 황국협회를 조직, 독립협회를 탄압하기도 한 인물이나 을사늑약에는 반대하였다. 당시 탁지부대신(재무부장관)으로 을사조약에 반대하였다. 그러나 국권 피탈 후 일본 정부의 남작 벼슬을 승낙하고 후일 조선 토지를 갉아먹는 동양척식회사 부총재를 거쳐, 이왕직 장관(조선의 왕실관리 책임 장관)을 지냈으며 반대 이후 끝없는 회유로 친일로 돌아선다.

세 번째 이하영(李夏榮, 1858~1919)은 박정양, 월남 이상재와 같이 1887년 미국공사관에 서기관으로 파견되어 일행이 귀국하자 대리공사로 남았던 사람이다. 1898년 주일전권공사, 이듬해 중추원의장을 거쳐 재차 주일 특명 전권공사 겸 의정부찬정이 되고 1900년 훈2등 태극장을 받았다.

이완용은 최악의 매국노로 불린다. 을사조약 체결을 지지, 서명을 주도했고 의정부를 내각으로 고친 후 내각총리대신이 되었다. 헤이그 밀사사건 후 고종에게 책임을 추궁하여 양위를 강요했고, 순종을 즉위시켰다. 총리대신으로 일본과 한일병합조약을 체결했다.

이완용은 나이가 들면서 충신에서 역신으로, 우국에서 매국으로 변절한 자다. 그에게는 며느리를 겁탈하여 아들이 자살하였다는 끔찍

한 야사가 이어져 내려오고 있으며, 그의 묘는 파묘되어 버렸다.

이완용을 보면 초심무상(初心無常)이 보인다. 사람의 마음이 변치 않기가 어렵다는 것과 함께 나이 들어 변하면 되돌아서지 않는다는 것, 특히 충신이 역신이 되기는 하나 한번 역신은 영원히 충신으로 돌아서지 못한다는 것을 보게도 된다. 그러므로 단 한 번의 변심과 시험을 이겨내지 못하면 돌아서지 못하는 것은 정절과 지조와도 같다고 하겠다.

아무튼 이완용은 월남 이상재와 가까이 지내다가 친일로 돌아서 멀어진 사람인데 을사늑약 후에 월남과 만나 나눈 유명한 일화가 있다.

월남은 이제 곧 고종의 눈물겨운 애원으로 인하여 의정부참찬으로 갈 것이다. 바로 이때의 일화로서 한번은 이완용과 박제순이 을사늑약으로 자결한 대신들 이야기를 하고 있었다.

"그런데 민영환(후일 박정양이 맡았던 주미공사를 역임하기도 함)이 죽은 자리에 대나무가 났다지요?"

박제순이 말하자 이완용이 말을 받았다.

"그러면 이다음에 우리가 죽으면 그 자리에는 무엇이 날까?"

심심파적으로 나눈 대화를 월남이 들었고 순간 월남은 재빨리 말을 받았다.

"뺑대쑥이 날 것이오."

따끔하게 찔러댄 말인데 맞아 들어가 뺑대쑥도 못 나고 파묘되고 말았다.

또 한 번은 월남이 이완용에게 말했다.

"대감은 일본으로 가셨으면 하오."

"왜요?"

"대감은 나라 팔아먹는 재주가 있으니 일본으로 가면 일본을 팔지 않겠소?"

이런 대화기록이 남아 있는 것으로 보아 상당히 예리하게 부딪친 말년을 살았다고 보이는데 그렇다고 비폭력의 월남이 직접적으로 공격을 가하고 욕설을 한 기록은 없다.

다만 죽으면 뺑대쑥이 날 것이라던 예언이 적중하여 이완용의 묘지는 상석도 부서지고 묘도 파헤쳐져 버려 과연 쑥대밭이 되었으니 정말 뺑대쑥이 무성한 채 후손들도 찾아오지 못하는 흉터로 변하였다.

을사오적 중 제2적은 이근택(李根澤, 1865~1919)이다. 일본으로부터 국권침탈의 공으로 자작(子爵) 작위를 받고, 조선총독부 중추원 고

을사오적

1. 권중현
2. 이완용
3. 이근택
4. 이지용
5. 박제순

문이 되었다.

이지용(李址鎔, 1870~1928)도 을사5적의 한 사람이다. 1904년 외부대신 서리로서 한일의정서에 조인했다. 1905년 내부대신 때 을사조약에 찬성, 조인에 서명해 을사5적이 되었다. 국권피탈 후 백작 칭호를 받고, 중추원 고문이 되었다.

다음은 박제순(朴齊純, 1858~1916)이다. 조·청 통상조약, 조·비 수호통상조약, 조·백 수호통상조약을 각각 체결했고 을사조약에 조인, 을사5적신(賊臣)의 한 사람으로 규탄 받았다. 국권피탈조약에 서명하여 일본 정부로부터 자작의 작위를 받았다.

끝으로 권중현(權重顯, 1854~1934)이다. 을사조약 체결에 찬성하였다. 국권침탈 후 일본 자작이 되고, 조선총독부 중추원과 조선사편수회의 고문 등을 역임하였다.

당시 일제는 이완용 등에게 등작(等爵: 작위의 등급)을 내렸다. 등작에는 5개가 있었다.

① 공작(公爵)

② 후작(侯爵)

③ 백작(伯爵)

④ 자작(子爵)

⑤ 남작(男爵)이다.

친일파 송병준과 이완용은 조선을 들어다 받치고도 일본 정부로부터 맨 꼴찌 벼슬에 해당하는 남작(男爵)이란 벼슬을 하사받았다. 고약한 놈들이지, 최소한 공작은 못내 주면 백작이라도 줄 것이지…. 아무튼 이때 이토 히로부미는 공작이었으니 이 얼마나 수치인가.

충신들의 절규와 자결

을사조약에 분노하여 자결하거나 통분한 충신은 조병세, 최익현, 민영환, 그리고 토혈분사한 죽천 박정양이 있다.

그러나 죽천 박정양이 을사조약 반대로 순결했다는 사실은 무슨 까닭인지 역사 속에 묻혔다.

이때 자결과 다른 절규로 조선인의 심금을 울린 사람은 장지연이다. 충신들의 절규와 자결이라는 측면에서 볼 때 당시 장지연은 가장 크게 눈에 띄는 역사의 인물이다.(아래로 내려가 다시 말할 것이나) 그는 을사늑약 3일 후 황성신문에 시일야방성대곡(是日也放聲大哭)이라는 비통한 절규를 담은 사설을 쓴 사람이다. 그러나 지금의 평가는 상반되어 후일 친일로 돌아섰다하여 친일파로 규명하고 있기도 하나 당시 이 보다 강한 반대자가 없었다고 볼 정도다.

을사늑약은 대개 두 분의 충신을 떠올려 첫째는 민영환이다. 민영환은 박정양 이후 주미공사를 역임하는 등 따로 설명이 필요치 않을 만큼 충절의 상징이 되는 인물이라 길게 말하지 않아도 안다.(지금의 조계사 옆 우정국 인근 대로에 민영환이 살던 집 터 표지석이 있음) 쌍벽을 이루는 또 한 사람은 장지연이다.

그러나 당대 외교권 박탈이라는 을사늑약 충격에 따른 비분강개 순결 분노라면 초대 주미공사 박정양이란 인물이 있으나 박정양에 대하여는 다들 잘 모른다. 국권을 잃게 됨에 목에서 피덩이를 토하고 세상을 떠난 박정양의 19일간에 대하여 이 책은 상세하게 밝힐 것이다.

민영환과 박정양에 대하여는 본서의 큰 줄기가 될 터라 아래로 미루면서 먼저 분함을 못 이겨 자결로 항거한 충신 두 사람부터 만나자.

1) 조병세(趙秉世, 1827~1905.12.1)

1889년 한성부판윤·우의정을 거쳐 1893년 좌의정이 되었다. 1894년 중추원 좌의장(中樞院左議長)이 되었다가 사직하고 은거하였다. 1896년 폐정개혁(弊政改革)을 위하여 시무(時務) 19조를 상소하였고, 1898년 재상에 임명되었으나 사퇴, 1900년 다시 입궐하여 국정의 개혁을 건의하였다.

1905년 을사조약이 체결되자 국권회복과 을사5적의 처형을 주청하기 위하여 고종을 만나려 하였으나 일본군의 방해로 거절당하였다.

이어 민영환(閔泳煥) 등과 함께 백관을 인솔하고 입궐하여 조약의 무효와 을사5적의 처형 등을 연소(聯疏)하다가 일본군에 의하여 강제로 해산당하고 표훈원(表勳院)에 연금되었다. 곧 풀려났으나 다시 대한문(大漢門/당시에는 대안문) 앞에서 석고대죄하며 조약의 파기를 주장하다가 또다시 일본헌병에 강제 연행되었다. 그후 가평 향제로 추방되었으나 다시 상경하여 표훈원에서 유소(遺疏)와 각국 공사 및 동포에게 보내는 유서를 남기고 음독 자결하였다. 1962년 건국훈장 대한민국장이 추서되었다.

2) 최익현(崔益鉉, 1833.12.5~1906.11.17)

1905년 을사조약이 체결되자 <창의토적소(倡義討賊疏)>를 올려 의거의 심경을 토로하고, 8도 사민(士民)에게 포고문을 내어 항일투쟁을 호소하며 납세 거부, 철도 이용 안 하기, 일체의 일본상품 불매운동 등 항일의병운동의 전개를 촉구하였다. 74세의 고령으로 임병찬(林秉瓚)·임락(林樂) 등 80여 명과 함께 전북 태인(泰仁)에서 의병을 모집, <기일본정부(寄日本政府)>라는 일본의 배신 16조목을 따지는

'의거소략(義擧疏略)'을 배포한 뒤, 순창(淳昌)에서 약 400명의 의병을 이끌고 관군·일본군에 대항하여 싸웠으나 패전, 체포되어 쓰시마섬[對馬島]에 유배되었다.

유배지에서 지급되는 음식물을 적(敵)이 주는 것이라 하여 거절, 단식을 계속하다가 유소(遺疏)를 구술(口述), 임병찬에게 초(抄)하여 올리게 하였다. 단식을 중지하였으나 그해 병으로 세상을 떠났다. 1962년 건국훈장 대한민국장이 추서되었다. 문집에 ≪면암집(勉菴集)≫(합 48권)이 있다.

민영환과 쌍벽을 이룬 늑약반대 당시의 충신 장지연은 명암이 교차하여 저자는 만감이 교차한다.

1864년, 월남보다 14세 연하의 장지연(張志淵)은 월남보다 6년 앞서 환갑도 맞지 못하고 세상을 떠났는데 안타까운 것은 늑약 이후 살았던 16년 세월에 그만 친일로 변질되었다는 평가는 아깝기 그지없다. 그 당시 민족을 대변한 분노의 글로 항일의 가슴에 뜨거운 불을 지핀 시일야방성대곡 정신이 아깝다. 당시 박정양과 월남 이상재는 시일야방성대곡에 큰 감명을 받았음은 아래 두 사람의 대화에서도 나타나는데 지금은 친일로 단정되어있어 이를 본서가 옳다 그르다 할 일은 아니고 다만 당시 나타난 그대로만 써 갈 것이다.

먼저 절규의 충신 장지연에 대하여 좀 더 알아보고 시일야 방성대곡을 자세히 보자.

장지연은 1897년 사례소(史禮所) 직원으로 ≪대한예전(大韓禮典)≫편찬에 참여했으며, 이듬해 내부주사(內部主事)가 되었다. 하지만 곧 사직하고, 이승만(李承晩), 남궁억(南宮檍), 양흥묵(梁興默) 등과 함께 만민공동회(萬民共同會)를 열어 총무위원으로 정부의 실정을 규탄하였다. 1899년 ≪시사총보(時事叢報)≫의 편집인이자 주필로 언론 활동을 시작했으며, 재정 문제로 8개월 만에 ≪시사총보(時事叢報)≫가 폐간된 뒤에는 광문사(廣文社)를 설립하여 정약용의≪목민심서(牧民心書)≫≪흠흠신서(欽欽新書)≫등을 간행하였다. 1902년에는 남궁억의 뒤를 이어 1898년 창간된 '황성신문(皇城新聞)'의 사장이 되었다.

당시 황성신문은 애국 사상의 고취에 크게 기여하였고, 일본의 침략에 저항하는 언론으로서의 명성도 가지고 있었다. 황성신문은 1904년 한일의정서가 체결된 사실을 보도하였다가 기사를 삭제 당했고, 일본의 황무지 개간권 요구의 부당성을 폭로하여 국민적 반대운동을 일으키는 원동력이 되었다. 1905년(광무 9) 일본의 강압으로 을사조약이 체결되자 장지연은 11월 20일자 '황성신문'에 '시일야방성대곡(是日也放聲大哭, 오늘 목 놓아 통곡한다)'이라는 사설을 써서 일본의 흉계를 통박하고 그 사실을 널리 알렸다. 이 일로 황성신문의 집행진은 모두 체포되었고, 신문도 정간되었다. 장지연도 3개월간 투옥되었다가 석방되었으며, 정부에서 그를 통정대부(通政大夫)로 기용하였으나 거절하고, 물러나 역대 문헌의 수집과 저술에 힘썼다.

是日也放聲大哭 (시일야방성대곡; 오늘이여 목 놓아 크게 우노라)
황성신문 2,101호(1905년 11월20일자) 장지연(張志淵) 씀

曩日(낭일) 伊藤侯(이등후)가 韓國(한국)에 來(래)하매, 愚我人民(우아인민)이 逐逐相謂曰(축축상위왈),
지난번 이등(伊藤) 후작이 내한했을 때에 어리석은 우리 인민들은 서로 말하기를,

侯(후)는 平日東洋三國(평일동양삼국)의 鼎足安寧(정족안녕)을 自擔周旋
(자담주선)하던 人이라,

후작은 평소 동양삼국의 정족(鼎足) 안녕을 주선하겠노라 자처하던
사람인지라

今日(금일) 來韓(내한)함이 必也我國獨立(필야아국독립)을 鞏固(공고)히
扶植(부식)할 方略(방략)을 勵告(려고)하리라 하여,

오늘 내한함이 필경은 우리나라의 독립을 공고히 부식케 할 방책
을 권고키 위한 것이리라. 하여

自港至京(자항지경)에 官民上下(관민상하)가 歡迎(환영)함을 不勝(부승)
하였더니 天下事(천하사)가 難測者(난측자) 多(다)하도다.

인천항에서 서울에 이르기까지 관민상하가 환영하여 마지않았다.
그러나 천하 일 가운데 예측기 어려운 일도 많도다.

千萬夢外(천만몽외)에 五條件(오조건)이 何(하)로 自(자)하여 提出(제출)
하였는고, 此條件(차조건)은, 非旦我韓(비단아한)이라.

천만 꿈 밖에 5조약이 어찌하여 제출되었는가. 이 조약은 비단 우
리 한국뿐만 아니라

東洋三國(동양삼국)의 分裂(분열)하는 兆漸(조점)을 釀出(양출)함인즉, 藤
侯(등후)의 原初主意(원초주의)가 何(하)에 在(재)한고.

동양 삼국이 분열을 빚어낼 조짐인 즉, 그렇다면 이등후작의 본뜻
이 어디에 있었던가?

雖然(수연)이나 我大皇帝陛下(아대황제폐하)의 强硬(강경)하신 聖意(성의)로 拒絕(거절)함을 不已(부이)하셨으니 該約(해약의 不成立(불성립)함은 想像(상상)컨대 伊藤侯(이등후)의 自知自破(자지자파)한 바어늘,

그것은 그렇다 하더라도 우리 대황제 폐하의 성의(聖意)가 강경하여 거절하기를 마다하지 않았으니 조약이 성립되지 않은 것인 줄 이등후작 스스로도 잘 알았을 것이다.

噫(희), 彼豚犬不若(피돈견부약)한 所謂(소위) 我政府大臣者(아정부대신자)가, 營利(영리)를 希覬(희기)하고 假嚇(가혁)를 恇劫(광겁)하여, 逡巡然觳觫然(준순연곡속연) 賣國(매국)의 賊(적)을 甘作(감작)하여,

그러나 슬프도다. 저 개돼지만도 못한 소위 우리 정부의 대신이란 자들은 자기 일신의 영달과 이익이나 바라면서 위협에 겁먹어 머뭇대거나 벌벌 떨며

四千年疆土(사천년강토)와 五百年 宗社(오백년 종사)를 他人(타인)에게 奉獻(봉헌)하고, 二千萬 生靈(이천만 생령)으로 他人(타인)의 奴隷(노예)를 敺作(구작)하니, 彼等 逐犬不若(피등 축격부약)한 外大 朴齊純及 各大臣(외대 박제순급 각대신)은 足(족)히 深責(심책)할 것이 無(무)하거니와,

아, 4천년의 강토와 5백년의 사직을 남에게 들어 바치고, 2천만 생령들고 하여금 남의 노예되게 하였으니, 저 개돼지보다 못한 외무대신 박제순과 각 대신들이야 깊이 꾸짖을 것도 없다.

名爲參政大臣者 政府(명위참정 대신 자 정부)의 首揆(수규)라, 但以不字(단이부자)로 塞責(새책)하여, 要名(요명)의 資(자)를 圖(도)하였던가.

하지만 명색이 참정(參政)대신이란 자는 정부의 수석임에도 단지 부(否)자로써 책임을 면하여 이름거리나 장만하려 했더라 말이냐.

金淸陰(금청음)의 裂書哭(열서곡)도 不能(불능)하고 鄭桐溪(정동계)의 刃剌腹(인사복)도 不能(불능)하고, 偃然生存(언연생존)하여 世上(세상)에 更立(경립)하니, 何面目(하면목)으로 强硬(강경)하신 皇上陛下(황상폐하)를 更對(경대)하며, 何面目(하면목)으로 二千萬同胞(이천만동포)를 更對(경대)하리오.
김청음(金淸陰)처럼 통곡하여 문서를 찢지도 못했고, 정동계(鄭桐溪)처럼 배를 가르지도 못해 그저 살아남고자 했으니 그 무슨 면목으로 강경하신 황제 폐하를 뵈올 것이며, 그 무슨 면목으로 2천만 동포와 얼굴을 맞댈 것인가.

嗚呼痛矣(오호통의)며 嗚呼憤矣(오호분의)라. 我二千萬爲人 奴隷之同胞(아이천만위인 노예지동포)여, 生乎(생호)아 死乎(사호)아.
아! 원통한지고, 아! 분한지고. 우리 2천만 동포여, 노예 된 동포여!

살았는가, 죽었는가?

檀旗以來四千年 國民精神(단기이래사천년 국민정신)이 一夜之間(일야지간)에 猝然滅亡而止乎(졸연멸망이지호)아. 痛哉痛哉(통재통재)라. 同胞(동포)아 同胞아.

단군 기자이래 4천년 국민정신이 하룻밤 사이에 홀연 망하고 말 것인가. 원통하고 원통하다. 동포여! 동포여!

나라를 잃고

늑약 후 죽천과 월남의 만남

이토가 제2차 한일협약을 마치자마자 죽천은 월남을 불렀다.

늑약이 체결되던 해, 당시 죽천은 1905년 1월에 중추원(中樞院) 의
장이 되고 3월에는 홍문관학사, 10월에는 표훈원(表勳院) 총재로 재직
하고 있던 중인데도 몸져누워 월남을 맞이한 것이다.

"어제 오라 하려다 일어나 앉지도 못하겠어서 오늘 불렀습니다. 아
시지요? 나라가 무너졌습니다."

"예, 알고 있습니다. 오늘 황성신문도 보았습니다. 소신도 정신을
잃었습니다. 시일야방성대곡은 바로 제 마음 그대로입니다."

"장지연의 말이 어찌 우리와 다르겠습니까? 앞이 캄캄하고 음식도
안 넘어갑니다. 이러다 죽을 모양입니다."

"아니 되십니다. 대감마님은 어떻게든 이 나라를 되살리셔야 합니
다. 이 나라가 어떤 나라입니까? 우리가 할 바를 못해 나라가 쓰러지
는 판에 누구를 탓할 수도 없고 살려야 합니다. 이토를 만나세요. 그

리고 담판을 지으실 분은 대감마님뿐입니다.”

“꿈같은 얘깁니다. 이토가 나를 너무 잘 아는데 만나주겠습니까? 그때(신사유람단) 일본 가서도 같이 만나봤지만 그자는 독선으로 뭉친 사람이라 무엇이든 자기주장만 내세우는 사람입니다. 첫째로 설상가상 내 몸이 지금 일어나 앉기도 힘든 상태입니다. 월남하고 같이 가라 해도 못갈 형편입니다.”

“몸이 어떠십니까?”

“어제 그 소식을 듣자 피가 거꾸로 흐르는 것처럼 전신이 마비되어 하루 종일 버르적거렸습니다. 오죽하면 오늘에야 불렀겠습니까? 죽도 안 넘어 가요 지금.”

“이것 참 큰일입니다. 대감마님이 몸을 못 가누시면 지금 2차 협약을 뭉갤 위인이 없습니다. 충정공 민영환도 물도 못 삼키다가 자결해 모레 출상합니다. 거기도 삐죽 들여다만 보고 하도 복받쳐 올라 바로 나왔으나 모레는 또 가봐야 하는데, 지금 누가 뭐래도 대감마님이 나서야 이제라도 추스릅니다. 장지연의 말이 골백번 옳다고 하지만 머리로만 알고 가슴으로만 알아서야 막겠습니까? 앞장서 이토를 만나고 적신들을 전부 끌어내려야 하는데 할 사람이 없습니다. 제가 전직에 그냥 있어도 제힘으로도 못할 일입니다. 우리와 뜻 맞는 동지들을 어찌하든 모으고 대감마님이 앞장서셔야 하는데 우선 몸 추스를 일이 큰 걱정입니다. 어떡하죠?”

“휴… 글쎄 그게 그렇기는 한데…. 나 좀 일으켜줘 봐요. 그래서… 월남은 지금 황제폐하에게 못하는 충성을 하나님께 갖다 바치는 중이라는 거요?”

“예, 언제 대감마님께도 우리 하나님에 대하여 소개해 올리겠습니다.”

"전도를 하시겠다는 게지? 하하, 나야 뭐 전도하기 쉬울 걸세. 미국에서부터 성경은 좀 읽어봤고 월남처럼 모나게 거부하지도 않았으니까. 우선 집사람부터 가라고 하고도 싶지만 아직은 이목이 여간 따갑지 않아 집에서 성경을 보라고 한 지는 꽤 오래입니다."

"차츰 하시고요, 오늘 특별히 하실 말씀 있으십니까?"

"어찌 보나 이젠 나라가 이미 일본에게 기울어 졌소이다. 절망하기로 말하면 전부 끝입니다. 언제 폐하에게 위해를 가할지도 모를 일이나 우리가 지키지도 못하는 저기가 감방입니다. 지난 1차 협약으로 알맹이는 다 빠졌고 어제 2차 협약이 끝났으니 다음은 안 봐도 압니다. 일본이 통치권을 가져가겠다는 것인데 통감부를 설치하기로 했대요. 그러니 이제 우리정부는 지방관이나 다를 게 없게 되었습니다. 통감이란 말이 이게 얼마나 기분 나쁜 말입니까. 저들이 뭔데 우리를 다스린다고 통감이니 통솔이니 하는 것이며, 게다가 그게 좋다고 찬성하고 조칙을 내렸으니 황제폐하의 심기가 얼마나 괴롭겠습니까? 나는 들어가지도 못하게 합니다."

"대감마님! 저의 불충이 이 지경을 만들었습니다. 폐하 앞에도 다시는 못나가겠습니다. 실은 대감마님 뵐 면목도 없습니다. 미력이나마 이 지경을 막는 데 힘을 보탰어야 하는데 그놈의 감옥생활 3년에 그래도 살겠다고 예수님만 바라보았으니 나라가 이 모양이 되지 않았나 싶어 가슴이 찢어집니다."

"절단은 월남을 감옥에 보낼 때부터 난 거였어요. 월남이 만민공동회를 그대로 이끌어 왔다면 지금쯤 매국대신들이 들어앉지 못했을 것입니다."

"그렇지 않습니다. 대감마님까지 파직을 시키고 뒷자리로 밀어 놓은 것이 국난이 된 것입니다. 이제 어찌해야 그나마의 불충을 조금이라도 벗겠습니까?"

"그래서 불렀습니다. 이제는 무효를 주장해야 합니다. 폐하께서 그럴 기력이 없을 것입니다마는, 그래도 우리가 힘을 받쳐드리기 위해 무효상소를 올려야 합니다."

"그 상소가 폐하의 손에 전달은 되겠습니까?"

"누굴 믿고 올릴 수는 없고 어떻게든지 직접 올려야 하는데 그래도 그 힘을 받아 무효선언을 하실 수는 없을 것 같습니다. 하지만 미리 절망하고 손 놓고 있지는 못할 일 아니겠습니까? 월남은 잠시 예수님도 쉬시라 하고 상소문을 한편 써와 보세요. 나도 쓸 것입니다. 연차로 매일이라도 올려야 합니다."

"대감마님! 소신은 기가 흐려졌습니다. 현직 대신들도 제대로 분간치도 못하고 협약과정도 상세히 모릅니다. 소신은 이제 기도부터 하고 늦은 걸음을 걸으려 합니다. 말씀하셨듯이 폐하께서는 우리보다 백배나 무효화하고 싶으실 것입니다. 분명한 것은 그래봤자 통하지도 않고 이미 경운궁은 일본군대가 장악했습니다. 이런 판에 폐하의 목숨까지 위태한고로 무효선언은 엄두를 못 낼 일 같습니다. 그렇다고 말자는 것은 아니고 힘드시지만 대감마님께서 올리시라는 것이지요. 저는 현직을 떠난 지가 오래되어 저의 상소는 후비고 들어가지도 못할뿐더러 아직도 저를 주시하는 눈이 많아 씨알이 먹히지도 않습니다. 절대 회피하자는 불충에 불충을 더하자는 말씀이 아닙니다."

"알아는 들어요. 그러니 갑자기 몸까지 무너져 상소의 글도 쓸까 모르겠습니다."

"뭐라도 입에 맞는 것을 드셔야 합니다."

하는데 죽천의 숨이 탁 멎는다.

월남이 너무 놀랐다. 잠시 후 기가 뚫리면서 죽천의 목에서 약지손가락만 한 핏덩이가 넘어온다.

"안 되시겠습니다. 무효상소는 뒀다 생각하시고 우선 쉬셔야 하겠습니다."

하고 죽천이 다소 안정하여 잠이 드는 것 같아 월남은 사가를 나왔다.

죽천 박정양 토혈분사(吐血憤死)

며칠 후 월남이 걱정하며 죽천을 찾았더니 힘겨운 몸을 일으켜 무효상소를 쓰고 있었다.

"몸이 이래서…. 받으셨는지도 모르나 사흘 전에 한 번 올려드리고 이제 두 번째 써가는 중이라오."

죽천의 음성에도 기력이 없다.

"대감마님! 힘이 되어드리지 못해 면목 없습니다."

"어차피 내가 할 일이오. 월남의 말대로 내가 해야지 월남이 할 일도 아닌 것 같고. 그런데 영 힘이 안 나요. 나하고 내가 싸우면서 쓰기는 씁니다마는 통할 것 같지가 않습니다."

그사이 몸은 더 쇠약해지고 말았다.

월남은 사흘 밤을 자고 또 죽천에게로 갔다.

세 번째 무효상소문을 쓰다가 밀쳐놓고 누웠다.

"무엇을 좀 드셨습니까?"

"오늘이 벌써 열흘짼데 도통 삼키시지는 않고 올리기만 하시는데 전부 핏물이십니다. 저러시다가 전신 몸의 피가 많이 빠질까 여간 걱정이 아닙니다. 아까도 반 요강을 쏟았습니다.”

정경부인 장씨가 가슴을 태운다.

“승철이 승희 내외도 아예 여기서 묵고 있어요. 빨리 기력을 찾으셔야 나라도 되찾으실 텐데….”

월남은 전신에 전율이 흐른다.

‘망할 놈들!!’

일본이라면 이가 득득 갈린다.

저들이 조선에 들어와 할 짓은 안 봐도 안다.

우선 물산을 강제로 빼앗아 갈 것이다.

다음은 자원을 공짜로 훑어갈 것이다.

개화라느니 개척이라느니 하면서 왕실의 재산을 전부 뺏을 것이다.

전국 각지의 땅을 접수해 들어갈 것이다(후일 동양척식주식회사).

이어서 동양평화라는 허명아래 우리 백성 청장년들을 전부 전쟁터 최전방으로 몰아가서 엉뚱한 타국에서 죽일 것이다.

내륙개발이라는 미명하에 사회간접시설 일체를 비싼 값으로 사용하게 할 것이다.

주권은 모두 무시하고 전부 노예로 전락시킬 것이며 이토 같은 음란덩어리가 무더기로 밀려와 마침내는 조선 여성의 정조를 노리갯감으로 삼을 것이 눈에 선하게 보인다.

지금 죽천은 그런 대한의 미래를 막아야 한다고 사력을 다하고 있다.

그러나 원체 몸도 약한 터였기에 지금 이기지 못해 몸이 음식을 받지 못하는 것이다.

12월 5일.

을사늑약 체결 후 열아흐레가 지난 이른 새벽 죽천의 사가에서 점묵이 뛰어와 월남을 불러 잠을 깨운다.

"이 사람아, 새벽에 웬일인가? 대감마님께 무슨 일 있으신가?"

"아무래도 어려우실 것 같습니다. 찾으세요, 지금."

월남이 뛰어 올라가니 죽천이 운명 직전이다.

요강에 피가 그득하고 이부자리에도 피가 흥건하다.

"월나암…"

"예, 대감마님!"

"이 나라가… 어떤 나랍니까…"

'예, 황제폐하의 나라이며 죽천대감마님이 한평생 사랑하신 우리의 대한제국입니다.'

"이 나라를 저놈들에게 뺏기고…"

"안 될 일입니다. 찾아 와야지요, 대감."

"그러면 자식들 손자들 다 뺏기는 거 아니오?"

"그럴 수는 없습니다."

"저놈들은 짐승입니다. 들짐승보다 더 악독해요."

"일본 놈들에게 뺏겼다가는 우리가 살았었다고 할 수도 없습니다."

"난 그 꼴 보지 못합니다."

"찾으셔야 합니다."

"나는 틀렸어요… 월남이…"

"아니십니다. 소신이 왔사오니 일어나실 것입니다. 그리고 경운궁에 저 하고 같이 가요. 진작에 동행하지 못한 것이 불충이었습니다. 이번에는 같이 가겠습니다."

"같이 가지도 못하고 가도 소용도 없고…"

"아닙니다. 구경만 하세요. 제가 당당히 앞장서겠습니다."

틀렸다.

이미 죽천은 더 이상 살 것 같지 않아 월남은 최후의 말씀을 올리며 기력회복을 소망하는 말이다.

"너무 원하고 분하고 억울해요…."

"심기일전하여 소신이 앞서 강하게 밀고 나가겠습니다. 대감마님 제발 일어나셔야 합니다. 돌아가시면 나라는 건져내지 못합니다. 제 뒤에 계셔야만 제가 일합니다. 저 혼자는 못합니다. 일어나세요, 대감마님!"

"그… 래… 맞아… 월남이 하면… 하는 것이야…."

죽천이 일순 숨 턱이 걸려 막힌다.

"대감마님! 대감마님! 죽천 대감마니임!!"

월남이 목청 높여 울며 죽천을 부른다.

"나라를 살려내세요, 월남. 꼭 되찾아야 합니다…."

너무나도 또렷하다.

그 후 영영 호흡을 놓치고 말았다.

하고 싶은 말 다하지도 못하고 토혈분사(吐血憤死), 세상을 떠났다. 나라 잃은 슬픔에 분하고 억울한 한을 삭이지 못하며 피를 토하고 세상을 하직한 것이다.

죽천 회상

죽천의 장례식이다.

만장이 숲을 이루고 조정 조신들이 줄을 이었다.

월남은 상주가 되어 조객을 맞았고 장지는 포천 외소(면)에서 하룻길이 바쁘다. 슬픈 조사는 전부 한문으로 낭독되어 아낙들과 일반인들은 쉽게 알아듣지 못한다.

월남은 죽천이 세상을 떠남으로 인하여 정치적 스승을 잃었으므로 주상전하의 붕어와도 같은 충격에 몸을 가누지 못한다.

'자결하리라!'

끝내 월남의 가슴에 맺히는 것은 민영환처럼 자결하리라는 극단적인 생각뿐이다.

그러나 월예가 떠오르고 아들자식 넷에 딸 하나가 떠오른다.

'젊은 몸뚱이들은 그래도 살 거야.'

눈앞을 막아야 하는데도 결심이 풀리지 않는다.

살아보았자 이제는 다 끝이다.

더 이상 훌륭한 신하가 된다는 것은 꿈을 깨야 한다.

죽천이 아니면 오늘이 있지도 않았을 것이며, 그것은 곧 내일도 없다는 것과 다르지 않다.

황제폐하가 중용해 다시 쓰셔서 소싯적 꿈대로 좋은 신하가 된다는 것은 이제 다 환상이다. 황제가 기력을 잃었고 조정은 전부 친일세력들의 집합소가 되어 친일이 아니면 조정에서 쓰일 재목도 없다.

'장례를 모시고 저도 따라 가겠습니다.'

죽천의 곁으로 가서 스승과 같이 묻힐 수만 있다면 죽는 것은 어차피 한번 죽을 터이라 56년을 살아온 것에 더 이상 욕심도 없다.

이제 나이 들어 병들 일만 남았다. 나라를 구하고 백성을 구해 달라는 죽천의 간절한 유언을 받들 수만 있어도 살겠는데 어디서부터 어떻게 손을 써야 잃은 나라를 찾아낼 것인지 머리가 작아 풀 재간도 없다.

떠오르느니 죽천과의 지난 세월이다.

"꿈같은 얘깁니다. 이토가 나를 너무 잘 아는데 만나주겠습니까? 그때(신사유람단) 일본 가서도 같이 만나봤지만 그자는 독선으로 뭉친 사람이라 무엇이든 자기주장만 내세우는 사람입니다. 첫째로 설상가상 내 몸이 지금 일어나 앉기도 힘든 상태입니다. 월남하고 같이 가라 해도 못갈 형편입니다."

죽천이 세상을 떠나기 전에 한 말 그대로다.

이토란 자는 어디로 보나 어깨가 떡 벌어진 비타협적 인물일 뿐더러 그 뒤에는 최신무기로 무장한 일본 군대가 버티고 있다. 이토 한 사람이라면 그 정도는 자신도 있지만 이토 뒤에는 우선 우리조정의 친일세력이라고 하는 벽이 또 하나 막혔다. 칼로 무찌르랴 주먹으로 내려치랴… 총으로 쏘는 것도 이토 한 명으로 끝나 조정과 폐하가 다시 능을 회복하는 것도 아니다. 안 되는 것은 안 되는 것이다. 스승을 잃고 이제는 처참한 노객(老客)으로 뭇 사람들의 눈총만 따가울 것이다.

만민공동회가 떠오르면 수치스럽다.

그때만 해도 그것이 정의였건만 지금 생각하면 모든 것이 만용이었고 허황된 꿈에 도취되어 세상을 모르고 날뛴 것도 이제와 생각하니 모두가 무결실이라 헛되고 헛되었다는 생각뿐이다.

그대로 밀고나가 일제를 배척하고 우리민족 자주독립의 의지가 확고한 충성파들이 조정을 장악하고, 죽천이 영상자리에 앉아 온건 개혁 합리적 사고로 황제를 모시라 하였다면 일제가 오늘 이렇게 침탈해 들어올 틈새는 없었을 일이다.

허니 이렇게 된 데에 황제 탓은 하나도 없다.

죽천의 책임도 아니다.

모두가 잘못이로되 우리 조선의 중신들이 판단을 잘못하여 외세 가운데서도 가장 저급한 일제와 손을 잡은 것이 이 지경을 만든 것이다.

차라리 청국이나 아라사 쪽의 신료들이 득세했더라도 이렇게 쉽게 나라가 무너지지는 않았을 것이다.

아라사나 청국은 일본처럼 저 정도로 무자비하게 황제를 틀어 앉히고 강제로 조약을 체결하면서 총칼로 대궐을 에워싸고 협박하지는 않았을 것이다. 만약 하나를 주면 하나는 받았을 것이고, 다섯을 주면 반대로 둘이나 셋은 대가를 받아 어느 정도 대등한 조약을 체결했을 것으로되, 황차 통감? 통감을 내려 보내겠다? 청국이나 아라사라면 통감을 보내 통식을 한다고 강압적인 조약에 도장을 찍으라고는 안 했을 거라는 생각에 질적으로 최고 망나니에게 나라를 잃은 것이다.

미국도 식민지를 만들려 한다는 헛소문도 돌고 아라사나 청국도 식민지를 만들려고 한다는 속설이 많아도 일본처럼 잔인하지는 않았을 것이다. 이 도대체 이렇게 어처구니없이 나라가 무너지고 죽천 같은 신하가 피를 토하고 죽다니 월남은 어쩌란 말인가?

처음 죽천의 사가로 왔을 때다.

임금을 지키는 훌륭한 신하가 되자면서 성균관유생들도 못하는 격 높은 공부를 하자고 하던 그때로부터. 아… 월남은 죽천이 떠나면 의지도 없고 살아갈 기력도 없다.

'무정한 죽천대감마님시여! 어찌 버리고 떠나십니까?'

원통해 가슴을 치고 소리쳐 원망해도 죽천은 이제 불귀의 객이 되어 이승을 떠나 저승으로 갔다.

이때, 목이 메어 우는 월남에게서 눈을 떼지 않는 사람이 있다.

순재였다.

순재가 하염없이 눈물을 흘리는 것은 월남의 눈물이 순재를 자극한 까닭이며 제부 죽천의 청렴한 선비정신과 월남과의 각별한 신의를 아는 까닭이다.

자살?

장례를 마치고 하룻밤을 죽천의 사가에서 자고 나서 월남이 집으로 돌아오자 순재가 기다리고 있다.

'허… 이걸 어쩌지?'

월남은 바로 유서를 쓰고 자결하겠다는 마음으로 왔기 때문이다.

'무어라고 쓰지?'

그저 유서로 남길 글줄 생각만 머리에 가득 차 달려왔는데 순재가 와 있으니 어긋나게 생겼다.

"충격을 얼마나 많이 받으셨기에 얼굴색이 영 좋지 않습니다."

선뜻 대답이 나오지 않는다.

"2차 협약 이후에 우리나라는 어떻게 달라집니까?"

어디서부터 무슨 이야기를 해야 할지…. 월남은 말없이 순재를 바라다만 본다.

"삭이셔야 합니다. 할 일이 많으십니다. 건강도 추스르셔야 합니다."

옳은 말 같기도 하다. 또 그래야 한다. 하지만 검은 구름이 마음을 덮어 걷히지 않는다.

"내일이 보이면 무슨 걱정이겠습니까?"

힘없이 한마디하고 더 이상 하고 싶은 말도 없다.

"서방님이 지금처럼 어두우신 것 본 일이 없습니다. 제부(박정양)가 세상을 떠나니 아마도 세상에서 가장 오래 아신 분이 서방님이시니까 저는 어떠실까 짐작합니다. 정경부인 아우보다 함께하신 연수가 세 곱절은 되시지요?"

"그렇다고 저의 슬픔을 정경부인 마님하고 견주면 무례하겠지요."

"그래도 정경부인 아우는 11년을 같이 살았고 서방님은 38년을 같이 사셨으니까 아마 제일 슬프실 수도 있겠으니 하는 말입니다."

"100년을 같이 살았어도 자식 낳고 부부로 산 정경부인마님과 비교할 수는 없지요."

월남의 말에는 여전히 힘이 없다.

"저라고 왜 모르겠습니까만 제부한테 들은 말이 있어 하는 말입니다."

'무슨 말을 들었다는 것이지?'

순재를 바라보자 무슨 소리를 들었느냐 묻는 줄 아는가 보다.

"제부가 정경부인 아우님께 서방님을 불러 오라고 할 때 같이 있었습니다. 제부는 서방님을 많이 걱정하셨습니다. 이러다 자기가 잘못되면 당신(부인 장씨)을 빼고 나면 월남이 제일 큰 충격을 받을 것이라 했습니다. 잘못되지 말아야 하지만 혹시라도 내가(박정양) 회복을 못하거든 월남에게 각별히 신경을 써야 한다고 하였습니다. 집에 가지 못하게 하고 혼자 두지 말라고도 하였습니다."

"예?"

"당신이 잘못되면 월남은 지금 감당치 못할 충격에 힘들어 할 것이라면서 월남은 당신도 당신이지만 나라의 앞날 문제로 걱정하면서 그러나 옴짝달싹 할 수가 없는 현실에 큰 실망과 낙담을 할 것 같으니 나를 대신하여 월남을 위로하고 힘든 충격을 잘 이겨나가게 보살펴야 한다고 했습니다."

"아니, 왜 그런 말씀을 하셨지요?"

"그래서 제가 말했습니다. 그 서방님은 당분간 내가 곁에 있으며 보살펴 드리겠다 했습니다. 아우님네로 안 가면 이리 오실 것이라 저는 여기를 맡았습니다."

"맡을 게 무엇이 있겠습니까?"

"없으면 다행이지만 아우님네 집에서는 정경부인이 맡으시고 이 집에 오시면 제가 맡는 걸로 하여 아우님도 내가 여기 있는 줄 알아요."

'이게 눈치로 다 들켰단 말인가?'

그러나 아닌 척 말했다.

"숙부인마님께서 정경부인마님을 맡아 위로하셔야지 잘못되었습니다."

"거기는 자식들이 있으니까요."

"아니, 제가 뭐가 어떻다고…. 제가 애들도 아니고 무슨 보호자가 필요합니까?"

"아, 그러세요? 그러면 됐습니다. 그렇지만 저 여기 좀 있을 참입니다."

"돌아가셔야 합니다. 저도 할 일이 있습니다."

"할 일 하세요. 이사를 해 집도 크고 이제는 방이 한 칸도 아니니까 방해하지 않습니다."

"안 가시려고요?"

"서방님 얼굴 표정이 좋아지시면 바로 돌아갈 것입니다."

"내 얼굴빛이 뭐가 어떻습니까?"

"예 얼굴색이 완전히 틀리십니다. 제가 설마 하니 보면 정말 모를까요?"

그때 남궁억 김정식, 이원긍 등 동지들이 들어온다.

"죽천대감 댁에 들렀다 내려왔습니다. 정경부인마님께서 내려가보라 하셔서요."

봉투를 내어놓는다.

"돈입니다. 죽천대감이 걱정하며 돌아가셨다면서 걱정된다 하시고 내려가 상 차리고 같이 있으라 하시네요 문석 내외를 불러오라고도 하셨습니다."

"문석은 요즘 집에 가 있으라 했어요. 돈도 주지 못하고 해서."

"그러니까 돈을 주라고 주신 겁니다. 언니(순재)가 계실 거라고 하면서도 걱정 많이 하셨습니다."

순재가 끼어든다.

"맞아요. 다들 울적하신데 같이 계세요. 상은 제가 보겠습니다."

순재가 돈을 들고 장을 본다고 나가자 동지들이 묻는다.

"왜요? 마음을 가누기 힘이 드세요?"

"예. 살 의욕이 없습니다."

"과연 죽천대감과 정경부인 마님께서 다 아시는 모양이군요. 월남대감마님! 기회는 얼마든지 또 옵니다. 절대 딴마음 가지시면 안 되십니다. 이제 죽천 어른이 떠나셨으니 월남대감님 아니면 누가 기둥이 되겠습니까? 나라에게 다시 기회가 와도 월남대감마저 안 계시면 무위로 끝납니다. 마음을 굳게 하세요."

월남은 일단 미루기로 하였다.

그러나 순재가 돌아가지 않는다.

"아직은 서방님 시중을 들어야 해요."

유서를 쓰기는커녕 떼밀 수도 없어 순재 때문에 일을 저지를 수가 없다.

죄악의 시궁창

"일본 침략자들 얘기 좀 해줘 보세요."

순재는 엉뚱한 쪽으로 월남의 관심을 끌고 간다.

"지금까지 일본인들이 우리나라 와서 어떻게 살았습니까? 예? 게이샤가 엄청 많이 들어 왔다면서요? 배정자는 또 누굽니까?"

월남이 말을 피하기 어렵다.

"나는 출옥한 지 얼마 안 돼 잘은 모르지만 감지망이 있습니다. 거의 다 들려왔습니다."

"어떤 얘기가 들려옵니까?"

"말하자면 사냥질을 나와 잔치판을 벌리고 있습니다. 나라 안이 죄악과 음란의 시궁창에 빠졌습니다."

"무슨 소리지요?"

"벌써 20여 년 전인 1876년 강화도 조약으로부터 시작하여 조선에 들어온 일본인들은 점점 늘어났습니다. 지금은 10만이 넘습니다. 그들은 군사들과 장사꾼과 은행이다 사업이다. 경부선철도 공사다 해서 대거 밀려들어왔습니다. 그런데 그들은 남자만 온 것이 아니라 남자들을 따라 게이샤들도 밀려들어 왔습니다. 조선이 방탕의 본거지가 되었습니다.”

“일본인들끼리 그러는 거야 그래도 다행 아닌가요?”

“그게 그렇지 않습니다. 숙부인마님 말마따나 나라를 훔치러 온 놈들은 벼슬도 훔치고 팔고 돈도 우려먹고 감아 먹고 훑어먹고 못된 짓의 온상이지요. 특히 안 가리고 여자들을 훔쳐 먹습니다.”

“일본 여자들 아무리 게이샤라 해도 어떻게 알고 따라올까요?”

“따라 오는 게 아니라 데리고 오기도 하고요, 한 여자가 오면 둘 셋 넷 열 스물씩 떼를 지어 같이 건너옵니다. 대개가 일본에서도 못사는 구마모토(熊本) 지역의 천한 여자들입니다. 그러나 조선에 한번 오면 팔자를 고치니까 처음에는 한 달씩 그 모진 파도와 싸우면서 몸뚱이 장사로 돈을 벌려고 밀려들어 온 것이지요. 그런데 몰라서 그렇지 조선 여인들이라고 섞여 있지 않겠습니까?”

“이토도 여자를 밝힌다면서요?”

“그게 제 가슴을 가르는 일입니다. 이토란 자는 낮에는 우리 벼슬아치들을 구워삶고 밤이면 여자와 놀아나면서 타락의 썩은 밤을 보내면서 2차 늑약을 체결했습니다. 이토의 뒷조사를 제대로 못해 그렇지 그자는 조선에 오는 것이 여탐 색탐하러 오는 거라고 봐도 돼요. 이자의 호색은 하늘을 찌릅니다. 우리와 다른 사람이라서 짐승처럼 여자만 보면 환장하는 악질입니다. 그런 자에게 나라를 뺏긴 것이 분한 겁니다. 배정자도 양딸이라지만 그 속은 이미 알 만한 사람은 다 압니다. 오던 첫날도 배정자하고 같이 있었으니까요.”

“도대체 어떤 여자들이 지금 어떻게 그 짓을 하는 거지요?”

“내 어찌 다 알까마는 나는 탐지하는 줄이 있습니다. 자꾸 얘기가 들려옵니다.”

"그 참 어떻게 아시느냐 그 말입니다."

"그걸 모르고서야 어찌 나랏일을 하겠습니까? 돌아가신 죽천대감은 앉아서 천리만리 구만리 지구 반대쪽도 보셨습니다. 이 나라 안에서 벌어지는 일도 몰라가지고서야 어찌 정치를 하겠습니까?"

"그럼 내일도 보이고 미래가 훤하게 보이십니까?"

"당연히 보이지요."

"것 참 이상하네요. 어떻게 보지요?"

그렇다고 어떻게 안다는 말까지 그대로는 해주지 못한다. 문석의 아우 동석이 전해주는 말과 함께 동석의 지인들이 들려준 이야기라고도 하지 못한다.

"본능적으로 압니다. 왜 짐작이 안 되겠습니까? 동물도 내일의 위협을 알거늘 정치인이 나라의 미래를 몰라서야 어찌 임금을 모시겠습니까. 누가 알려주지 않아도 훤하게 보입니다."

"무엇이 보이세요?"

"저놈들은 단순합니다. 나라를 뺏자가 첫째고, 뺏으면 먹을 것도 뺏자는 것입니다. 다음은 돈 될 만한 것은 전부 독점하겠다는 것입니다. 나라발전이라는 허울아래 백성들을 노예로 삼고 나라를 떡 주무르듯 주무르면서 국민의 권리와 자유를 다 빼앗아 자기네 나라의 이득으로 가져간다는 것입니다. 그 과정에서 필연으로 딸리는 것이 성적쾌락을 즐기는 밤입니다. 이대로 가면 나라가 아니라 종이 됩니다. 전부 노예가 되고 시녀가 됩니다. 이토는 그런 환상을 실천해 가고 있습니다. 그래서 나라를 되찾아야 합니다. 아니면 모두 그놈들 뒷바라지나 하는 간신배로 살아야 해요. 간신배도 급수가 낮습니다. 기가 막힌 일입니다."

"말해 보세요. 지금 일본남자 일본여자들 어디 얼마나 누가 있습니까? 그들의 속내가 어떻다고 합니까?"

월남이 말한다.

"우리나라의 외인(외국인) 역사를 고려시대의 공녀(貢女)다 환향녀(還鄕女)다 해서 뿌리까지 가면 길어지고 근래부터만 들쳐보면, 우리나라에 와서 일본인이 처음 요정을 차린 것이 1887년 주자동(鑄字洞)의 정문루(井門樓)입니다. 정문루의 주인은 일본인 이몽 에이타로(井門榮太郎)가 자기 이름자를 따서 정문루라 하였습니다.

두 번째가 진고개(충무로2가)에 차린 개진정(開進亭)이었으며 세 번째가 남산정(南山亭)이라고 해서 역시 주자동에 있었지요. 송본루(松本樓)가 네 번째인데 일본공사관(후일 총독관저)옆이었습니다. 외국인이라 할 게 아니라 강화도 조약을 맺은 일본인들이 강화도 조약의 약규에 따라 들어와서 약규대로 음식점과 술집 요정을 차리기 시작한 것입니다.

첫 번째 여관은 역시 진고개에 차린 이치가와(市川) 여관입니다. 이렇게 일본인들이 들어오고 뒤따라 일본 여자들이 들어올 거처를 마련한 것이고 술과 여자, 즉 게이샤와 일본인들의 밤 문화가 시작된 것입니다."

"청국이나 러시아는요? 아니 미국은요?"

"청국 러시아 미국은 아직 조약이 체결되지 않았을 때 이야기입니다. 미국은 게이샤와는 상관없고 그들은 예수를 앞세우고 들어왔습니다. 반대로 의사들이 선교사로 와서 병을 치료해 주었지요. 94년 갑신정변 때 명성황후의 조카 민영익이 혁명세력들에게 칼을 맞았을 적에도 선교사 알렌이 목숨을 구해주었고요, 그러자 그때 홍영식이 살던 집을 하사하고 거기에 광혜원(곧바로 제중원이라고 바꿈))을 차려준 것이 명성황후였습니다. 또 명성황후는 감리교 선교사 스크랜턴이 이화(李花)학당을 세우는데 대단한 후원을 하였습니다. 이씨조선의 상징으로 학교이름도 이화라고 해서 배꽃이라 정하였으니 일본인과는 너무 다르지요."

"무엇이 다르지요?"

"일본은 군사를 데리고 와서 우리 대궐을 장악했습니다. 그래서 조선에 오기 위해 일본인들이 용을 썼습니다. 왔다 하면 권세와 더불어 술과 여자가 기다리고 있으면서 마음껏 밤을 즐겼으니까요. 그들은 예(禮), 인(仁,) 의(義), 신(信)에 대해 관심이 없고 무력과 정력과 방탕에 관심이 더 많았습니다. 그래서 줄을 달아 일본 요정들이 문을 열었습니다. 이에 일본여자들이 황금을 따라 조선으로 밀려들어 왔습니다. 전부 신사유람단 전후 강화도조약부터입니다."

"얼마나 문을 열었습니까?"

"앞으로 얼마나 많은 육정의 소굴들이 문을 열지는 상상치 못합니다. 그러나 현재까지만 해도 이미 열손가락으로는 꼽지 못할 일본 요정들이 문을 열었습니다.

1895년에 국취루(掬翠樓), 같은 해 목야루(牧野樓), 이엽정(二葉亭), 96년에 유명루(有明樓), 도산정(稻山亭), 화월(花月) 등인데 화월은 3천만 원이나 들여 차렸으니까 쌀 6백가마니나 들였지요(당시 1가마니는 5원임).

그 이전 동학란이 일어난 1894년에는 일본 해병대 433명이 인천을 경유하여 서울에 들어오면서 묵정동일대에는 유곽(遊廓)지대로 허가 되었습니다. 퍼 처먹고 노는 곳 말입니다. 다음해 아까 말한 국취루가 개업하면서 그들 요정업자 11명이 요리옥 조합을 결성하였는데 이들 요리업자들이 합해서 3천 평의 땅을 헐값에 사가지고 쌍림관(雙林館)이 문을 열었습니다. 쌍림관은 골방 50개와 창녀 50명을 거느린 대단한 윤락업체였지요. 미성년자 매춘으로 곧 문을 닫자 제일루(第一樓)와 개춘루(皆春樓)등 몇 개가 문을 열고 악의 소굴로 변해갔습니다.

그 후로도 도동의 신지(新地), 마치아이(待合) 등의 일본 요정이 문을 열어 어느새 일본의 게이샤 문화는 터가 굳어졌습니다. 그러니 일본의 거물 정치인이 조선에 오면 그들을 유치하려 온갖 수단을 다 동원하게 되고 나이 어린 여자가 좋다하니까 16세 17세의 어린 여자들을 높은 값을 쳐주고 색탐에 빠지는 것이지요."

"어쩌면 그럴까요?"

"송병준이란 자는 1900년 10월 이미 일본인 첩을 두고 있었어요. 왜첩 가쓰오(勝女)를 앞혀 청화정(매국 일진회의 소굴)을 개업하여 돈을 벌어 이제 곧 또 하나를 더 차린다(1906년 개진정)고 해요."

"일본인들은 돈이 어디서 나서 그렇게 쓰지요?"

"한 예로 미쓰이 물산(三井物産)이라고 있습니다. 미쓰이 하치로(三井八郎)가 차린 회사인데 여기 경성출장소장을 하는 오다카키(小田柿捨二郎)란 자가 있습니다. 한 번은 이자가 요릿집에 나타나 도미찜 50인분을 시키고 혼자 들어왔답니다. 이 많은 것을 어찌 혼자 드시느냐하니 술상 위로 올라가 벌러덩 누워 술 따르라 하면서 돈을 탕진하고 혼자서 여자들을 맘껏 희롱하더랍니다. 그러면 이런 돈이 어디서 나느냐고요? 이자는 은행에 예치된 회사 돈이 50만 원이나 되는데 그 돈으로 조선인에게 고리대금업을 하는 겁니다. 그러면 은행이자 주고 원전을 그대로 잃지 않으면서 한 달에 고스란히 손에 들어오는 돈이 매월 5~6천 원대라는 것입니다. 쌀이 1000가마가 넘지요?[15] 전부 조선인의 피땀을 빨아 먹는 돈입니다. 1901년 경부선 철도 공사를 착공하면서 부터는 그놈들 배지를 얼마나 채우는지 모릅니다."

"아 그렇게나 잘 아시니 무섭습니다. 심정이 절절히 느껴지는데 서방님 절대 딴 맘먹지 마세요. 네? 서방님같이 앞날이 보이는 분이 이런 나라를 구해내지 않으면 죄다 그 앞잡이나 하고 싶어 할 것인데 누가 이렇게 무너지는 나라를 구하겠습니까? 황제폐하가 얼마나 괴로워하시겠습니까? 제부가 서방님께 신신당부하지 않던가요?"

"그러니 괴로운 것입니다. 정치를 한다고 덤비는 사람들이 이런 눈이 없습니다. 아부하고 아첨하고 한 건 걸리면 배터지게 먹어치우려고나 하고 있습니다. 이런 걸 저보다 더 잘 아시는 죽천대감마님이 가셨으니 누구하고 이 답답한 속내를 터놓겠습니까? 정말 죽고 싶은 심정입니다."

"그러니까 제가 돌아가지를 못합니다. 우선은 같이 교회도 가고 Y에 가면서 마음을 달래며 때를 달라고 기도하세요. 절대 딴마음은 안 되십니다."

"알았습니다. 도대체 죽고 싶다고 죽는 것도 아니지만 이번에는 너무 진드기를 붙여서 내가 죽을 새도 없습니다. 알았습니다. 걱정 마세요."

월남의 마음이 비로소 좀 누그러든 것 같다.

"얼굴색도 많이 좋아지셨습니다."

---

15) 현재로 치면 월 2억 2천만 원 가량.

"돌아가세요."

"어쩌시려고요?"

"차차…. 그때 출옥하자 미국으로 간 이승만을 불러와야 하겠습니다."

"와도 괜찮겠습니까?"

"Y에만 앉혀 놓으면 선교사들이 있으니까 별일 없을 것입니다. 지금 사람이 없어요. 서재필은 안 되고 윤치호와 이승만… 그리고 딱히 앞날을 멀리 볼 인물이 없습니다. 단 Y에는 많습니다. Y에서 우선 민중교육운동에 열중하면서 먼 훗날을 도모할 테니 걱정하지 마십시오."

"미국 얘기나 더 해주세요."

"아, 미국이요? 미국은 살리러 왔습니다. 예수가 죽일 무기인 줄 알았더니 일본하고는 질적으로 달라 살리자는 것입니다. 병원을 차리고, 학교를 세우고, 영재를 기르고, 미국에 유학을 보내면서 나라가 필요한 뒷일을 봐주려고 한 사람들이 전부 선교사로 온 분들입니다. 와서 그렇게 죽어나가도 복수하지도 않지요?"

"얼마나 죽었습니까?"

"셀 수도 없고 기록도 없습니다. 순조임금의 순원왕후가 5가작통법으로 죽인 백성의 숫자가 5만 명이 넘는다면 믿겠습니까? 정조대왕이 천주교에 관대한 것에 반기를 든 신정왕후로부터 선교사 죽이기가 시작된 것이고 고종임금이 친정을 선포하기 전에 대원군이 죽인 천주교와 기독교인만 8천 명에 이른다는 것을 다들 잘 모릅니다. 그래도 그들은 죽으면서 예수와 십자가를 들고 우리나라를 도와왔습니다. 일본하고 미국을 맞비교 하면 무식한 것입니다."

"그래도 철도도 놔 준다고 떠벌리며 자랑한다던데요?"

"기가 차는 얘깁니다. 철도로 피를 빨아 먹어요. 실은, 우리는 하루

5전 주면서 제 놈들은 수십 만 원을 벌고 있습니다. 고작 28년 먼저 미국과 수교한 결과 기술을 도입한 것으로 우리 민족의 피를 **빠는** 것입니다."

"28년이 뭡니까?"

"정식 수교는 3년 후 1857년이지만, 미·일 첫 수호조약이 1854(철종시대, 월남 출생후 5세)년입니다. 우리는 1882년에 조·미 수교조약을 맺고요. 그러니 딱 28년, 짧으면 25년 앞서 서양 문명을 받은 것입니다. 그 25년, 28년 전에 문호를 개방하고 지식을 받아들였어야 우리가 우리 힘으로 철도를 놓는 건데 우리는 땅 짐도 못 띈 겁니다. 이게 분하다 그 말입니다."

제13부

관직과 헤이그 밀사

초대 통감 伊藤博文 착임

강제늑약을 체결한 일본은 1906년 2월 육조거리(현재의 광화문)에 통감부를 설치하고, 하세가와 요시미치(長谷川好道)를 통감대리로 보낸 다음달(3월), 과연 초대 통감(統監)이라는 직책으로 이토 히로부미(伊藤博文)가 들어왔다. 부임행차가 요란하다.

과거 조선통신사가 일본에 갈 때나 어울릴 치장을 하고 수많은 장성과 보좌진을 거느리고 거드름을 피우며 조선에 들어온 이토는 그때도 제 버릇 개 못주고 동경 니혼바시(日本橋)의 게이샤 3명을 거느리고 같이 왔다.

이들 셋 오카네(お金), 오류우(お柳), 요시다 다케코(吉田竹子)를 이토 잠자리 시중을 들 노리개로 데리고 들어온 것이다. 막말로 왜갈보를 3명이나 데리고 행차한 것이다(이런 천하에…).

이 3명으로도 부족한지 곧이어(4월) 사다코(條子)까지 합세시켜 이토의 여인은 4명으로 늘었다.

사다코란 여자가 한 달 늦게 온 데에는 사연이 있다.

이토는 사다코에게 홀려 조선통감으로 가는 자신을 수종 들라고 제안하였다. 미색이 출중한 사다코 측에서는 1년에 거금 1만 원을 요구했다.

"1만 원? 그러면 쌀이 2000가마 아니냐? 야, 이거 너무 비싸지 않으냐?"

그리하여 나중에 흥정하여 1일 출장화대값 15원(쌀 3가마니)을 1년으로 쳐서 5475원에서 더 깎아 4500원으로 정하고 데려온 것이다.

이토는 껄껄 웃으면서

"그럼 내 월급은 한 달에 얼마를 받아야 계산이 맞지? 오호라 1년에 10만 원(2만석)은 가져야 쓰겠구먼."

했다 하니 이토가 통감으로서 쓴 돈은 연간 쌀 10,000석도 넘을 일이지만 누가 이 계산을 해볼 수도 없는 일인데, 문제는 모두 조선에서 훔쳐서 쓴다는 사실이다.

이토는 오자마자 물경 거금 1,000만 원의 대일 차관을 청구하였다. 응당 조선정부가 보증을 서고 나중에 갚아야 하는 국채보상비용으로 빌려다 쓰는 빚이다(나중에 우리가 갚았음).

후일 이 돈은 이토를 비롯한 일인들의 숙사다 뭐다 해서 다 감아먹고 공연한 한국인이 이를 갚기 위해 전 국민 금주·금연령으로 민족의 피를 빨았다.

장안에 퍼진 소문을 듣고 월남은 비분강개하여,

"인간도 아닌 짐승 같은 놈이 통감? 얼어 죽을 통감이라는 것이 와서 육체나 불태우라는 자리란 말인가? 우리 조선사람 누가 저놈 죽일 날이 올 것이다. 누가 저놈을 쳐 죽일꼬? 저놈 죽는 날이 내 생일 날이다." 하고 탄식하였다.

"안하무인이요 동양의 학문이라고는 쥐뿔도 모르는 저런 자가 통감이라니 하늘도 무심하다."

그러나 통감이 된 이토는 우선 조선에 거주하던 공사관을 철폐하고 먼저 각국주한공사들을 전부 귀국조치 시켰다. 청국, 미국, 독일, 불란서 공사들로부터 차례로 추방하기 시작한 것으로서 2차 협약(늑약)에서 정한 바에 따라 외교권을 박탈하여 독단적인 침략의 기반을 다지기 시작한 것이다.

이에 나라의 기초가 되는 외교권을 거머쥔 일본에 대항하여 처처에서 배일운동이 일어나 충청에서는 안병찬(安炳瓚) 민종식(閔宗植) 등이 앞장섰으며, 경상도에서는 신돌석(申乭石)이 강하게 항거하였다. 삼남의진군(三南義進軍)을 조직하고 일제의 통감정치에 반발하는 가운데서, 2차 협약 이전부터 일본의 침략위협을 상소하고 연이어 을사오적 처단과 협약무효 반대 상소문을 올린 최익현(崔益鉉)은 대마도로 유배되어 단식으로 인해 기사(餓死, 굶어죽다)하고 말았다.

국권이 꺼져 가지만 고종은 이 사태를 번복할 수가 없다.

돌아가지도 못하고 덕수궁에서 일본군대에게 갇힌 것이며 친일파 대신들의 숲에 묻혔다.

고종과 월남, "내각참찬으로 오시오"

그때 고종이 월남을 불러 들어갔더니 참찬의 벼슬을 받으라 한다.

"이번에 그만둔 의정부 참찬 한규설(韓圭卨, 늑약 반대함)이 있던 자리에 월남이 와야 하겠습니다."

"폐하 천부당만부당입니다. 소신은 기독교청년회(YMCA)에서 나라가 필요로 하는 교육 사업을 할 생각입니다. 지금 제가 대 황제 폐하께 아무런 도움이 될 것이 없습니다."

"월남! 지금 사양하면 안 됩니다."

"황공하오나 소신은 미약합니다. 힘이 될 만한 사람을 앉히십시오. 망극하옵니다."

월남은 뜻밖의 부르심에 미동도 하지 못한다.

그러자 조용하여 올려보니 고종이 눈물을 닦고 있다.

"폐하, 소신의 불충함을 용서하옵소서!"

월남이 어찌할 바를 모르자 고종이 말한다.

"내게는 사람이 없습니다. 월남은 Y일에나 열중하라 하고 싶은 생각이 왜 없겠습니까. 그러나 죽천이 세상을 떠나고 나자 이제 나도 의지가 없어졌습니다. 마음 같으면 전부 파직시키고 죽천을 영상에 앉히고 여타 대신들 모두를 죽천보고 세우라 하여 마음 편하게 나랏일을 하고 싶으나 이제 죽천은 가고 없으니 공상이 되고 말았습니다. 지금도 마찬가집니다. 20년 전 그때처럼 통리기무아문(당시 신정부기구)이라도 새로 만들고 싶습니다. 이젠 죽천 대신 월남을 영상으로 앉히고 신료들도 월남보고 골라 세우라 하고 싶습니다마는 지금은 제게 그럴 능력이 없습니다. 참찬이란 자리가 얕다고 그러시는 건 아닌 줄 압니다. 또 일을 하라고 큰 기대를 거는 것도 아닙니다. 죽천은 떠났고 이제 월남마저 내 곁에 있지 않겠다하면 나는 의지가지가 다 무너져 어쩌란 말입니까. 기왕 나라 일하는 신하가 꿈이었으니 잘하건 못하건 그저 내 곁을 지켜만 주시오. 이대로 말 수는 없지 않습니까. 나라를 되살리지 못하고 죽어 어찌 열성조를 뵐 것이며, 이에 월남이 거부하면 나는 누구를 쳐다보겠습니까? 전부 있으나 마나입니다. 이완용이나 박제순이 어찌 저리되었는지 내가 탓도 못합니다. 붙들고 달랠 일도 아닙니다. 월남의 초심불변(初心不變)이 지금이야말로 내게 꼭 필요합니다. 벼슬은 영의정보다 높은 것을 준다고 알고 꼭 내 곁에 있어주기만 해도 내가 좀 낫겠습니다."

2차 협약에 상심한 고종이 울먹이자 월남이 엎드렸다.

"폐하! 고정하옵소서! 소신이 미욱하여 폐하의 심지를 몰랐습니다. 무능하오나 죽음으로 전하의 곁에 서겠습니다."

고종의 눈에 눈물이 범벅이다.

"맞아요. 일을 하고 못하고를 떠나 곁에 있어야 합니다. 나라는 이미 일본 통감치하로 들어갔습니다. 물론 나라의 탁지(재정)권도 이제는 다 뺏길까 무섭습니다. 이제 곧 눈을 부라리고 내가 어디다 돈을 쓰는가도 견제할 것입니다. 그러니 어찌 국권을 되찾을지 아득합니다마는 그래도 때를 기다리다 안 되면 때를 만들어야 합니다. 마침 지금 오늘 말고 이 밤 시간이 아니면 월남과 만날 짬도 없겠어서 어렵게 불렀습니다. 아직은 월남을 참찬에 앉히는 것에 누구도 아니라고는 못하니 흔쾌히 받아야 합니다."

월남은 고종의 영을 받기로 하였다.

오로지 죽천대감의 심정으로, 죽천 대신 앉았다는 자세로, 기울어가는 나라를 위해 작은 언덕이지만 고종의 의지가 되어야 한다는 마음일 뿐이다.

이렇게 참찬의 자리에 앉기는 하였다. 그러나 한번 잃은 주권을 되찾아올 방도가 없다.

교회에서 기도하고 **YMCA**에서 기도하며 믿음의 동지들과 만나 들어봐도 마땅한 방도가 나오지 않는다.

"기도하라는 것인가 보옵니다."

교회와 **Y**의 동지들은 이구동성 말했다.

"맞습니다. 지금은 방법이 없습니다. 지금은 기도밖에 달리 할 게 없습니다."

"그러나 일을 안 하는 것은 아닙니다. 기도한다고 하는 말처럼 무심한 말도 없어요. 안 믿는 분들이 기독교인들에게 나무라는 말이 바로 기도하자고 한다는 것인 줄은 아시지요? 그것은 아무것도 안 한다는 소리나 같다고 한답니다. 그런 기도가 아니어야 합니다."

상동교회에는 이준, 이상설이 출석하고 지금은 러시아에 가있는 이위종도 있다.

이상설은 전 참찬이고 이위종은 전 러시아공사 서기관이었으며, 이준은 평리원 검사출신이다. 이들과 만나 빼앗긴 나라를 찾을 궁리를 하면서 **YMCA**에 가서도 을사늑약 효력정지를 위한 방도를 찾아보지만 아무런 방법이 나오지 않는다.

아내 월예와 장남 승륜의 죽음

한해가 가고 새해(1907년)가 왔다. 갑자기 장남 승륜이가 중태라는 연락을 받았다. 아내 월예도 아프다고 한다. 월남은 급히 고향으로 내려왔다. 아직 잔설이 남아 있는 2월(양력)이다.

"승륜아! 아버지다. 네가 갑자기 웬일이냐?"

"아버지…."

힘없이 한마디 하고는 대답도 못한다.

"아버님, 웬일인가 모르겠어요. 어머님도 많이 편찮으십니다…."

맏며느리가 어쩔 바를 모르며 둘의 병구완을 하느라 지쳐 있다.

"안방에 어머님한테도 가보세요."

정신이 하나도 없다.

"아 참, 그래야지…."

안방으로 왔다.

"여보, 어때요? 얼마나 많이 아픕니까?"

월예는 갑자기 늙어버렸다. 올해 월남의 나이 58세이며 월예는 61세다.

"내가 너무 고생을 시켜서 몸이 많이 약해졌군요. 미안하다는 말도 안 나옵니다. 그저 일어나야 합니다."

월예가 안간 힘을 쓰며 일어나 앉는다.

"사람이야 명대로 사는 거지 남편 잘 만나 호강한다고 아프지도 않고 죽지도 않겠습니까? 내려오신 김에 일어났으면 좋으련만 음식이 안 넘어갑니다."

"왜 음식이…? 뭐 따로 무슨 일이 있습니까?"

"아니에요. 나라가 잘못됐다는 말에 당신이 또 무슨 일을 당하지 않을까 가슴이 철렁했었지만 그때만 해도 그만했었어요. 죽천대감이 돌아가셨다는 말을 듣고서도 당신을 걱정했는데 그 후 마침 내려오셔서 얼굴을 보고나니 다 잊었는데 이제 다시 입궐하셨다는 데야 무슨 걱정이겠습니까? 그런데 입맛이 없습니다."

"약재를 좀 지어 오라 하겠습니다. 얼른 일어나야 합니다."

월예가 다시 누워야 하겠단다. 월예를 눕히고 나서 월남이 말한다.

"그런데 할 일은 지금부터입니다. 나랏일이라고 하는 것이 편한 날이 없네요."

"나보다 승륜이가 더 걱정입니다. 승륜이를 낫게 해야 합니다. 나야 죽어도 그만이지만 승륜이는 털고 일어나야 하는데 원래 건강이 좋지 않기도 했지만 대단해요 지금."

"알아요, 승륜이까지 누웠으니 이게 웬일인가 모르겠습니다."

그런데 나이 40세에 승륜이가 먼저 일을 당하게 생겼다.

"아버지다. 승륜아! 아버지야!"

해도 눈만 껌벅이며 소통도 어둡다.

"여보, 승륜이는 어때요?"

안방 건넌방으로 오가자 월예는 누워서도 승륜이 걱정이다.

그런데 느낌이 영 아니다. 월예가 먼저 세상을 떠나게 생겼다.

월예의 곁에 앉아 월남은 정신 나간 사람처럼 독백을 늘어놓았다.

"시집이라고 나 같은 사람에게 와서 무엇 하나 잘 먹지도 못하고… 언제나 쪼들리는 살림에 애들은 많고… 아버님 어머님 모시느라 기한번 제대로 펴지도 못하고… 남편이라는 사람이 자주 오기를 하나… 돈을 제대로 벌어다 주나… 재산을 늘리기를 하는가…."

들리기는 하는가 보다. 월예의 눈에 눈물이 흘러내린다.

"당신은 너무 착하기만 하였소…. 나는 그래도 자주 소 돼지 닭고기 맛있는 것 배불리도 먹었건만…. 당신한텐 고기반찬 한번 배불리 먹이지도 못하고… 내 죄가 많아요…. 그러니 정말 이대로 가면 안 됩니다. 정말 내 가슴을 찢고 싶습니다…. 그때 농사나 지을 걸 왜 한양에는 가가지고 당신이 내가 할 고생을 혼자서 다 했으니… 내가 당신한테 지은 죄가 태산 같습니다. 아… 도대체 나는 왜 그렇게 살았고 왜 이렇게 사는 건지…. 당신 죽으면 안 됩니다, 정말 오래 살아야 합니다…. 그런데 나라가 무너졌으니 당신이 장수한데도 내가 어찌 아직껏 못한 남편 노릇을 할지도 캄캄하고…."

소용없는 소리다. 아무리 들여다보아도 일어날 것 같지 않아 월남의 눈에서 눈물이 흘러내린다.

"나랏일 할 게 아니었습니다. 몰랐어야 했습니다. 농사짓는 남편하고 살아 보는 게 소원이라고 했다지요? 그게 그렇게 부럽다고도 했다지요? 나를 원망하세요. 얼마든지 나를 원망하고 다 푸세요."

월예가 잠이 드는가 보다.

"어떡하면 나같이 태어났을까요? 나 같은 자식을 둔 부모님과, 아비를 둔 자식들, 그리고 남편이라고 둔 당신 앞에 할 말이 없습니다. 저승에서라도 당신의 남편이 된다면 이제는 농사만 짓고 살고 싶습니다. 당신 이렇게 떠나면 안돼요. 나는 반신이 무너지는 게 아니라 등골이 무너질 거예요. 제발 일어나야 합니다. 이제는 일어만 나면 고기국밥 배부르게 먹게 하고 곁에서 떠나지도 않겠습니다. 관직도 다 내 놓고 아예 내려올랍니다. 아, 내가 너무 큰 죄를 지었습니다."

월남이 목을 놓아 운다.

그 순간(2월 17일), 월예는 눈을 감고 영영 세상을 떠나버렸다.

월남은 흘릴 눈물도 없이 다 마른 줄 알았더니만 몸부림이 나오고 대성통곡이 나온다. 문득 아버지 희택이 했던 말,

"울 눈물이 있거든 나라를 위해 울어라!"

그 말이 떠오르지만 등뼈가 부러진 이 아픔을 어쩔 것인가?

출옥하고 복직하여 다시 수안군수로 간 승인이가 도착해 막 들어온다.

월남의 통곡소리에 어머니를 안고 울다가 월남을 부여잡고 승인이가 운다.

"아버지! 아버지, 그만 하세요, 아버지…."

월남의 통곡에 승인이의 가슴이 더 아픈 모양이다.

월남이 정신을 잃고 쓰러진다.

모두가 월남으로 인하여 더욱 놀란다.

다시 월남이 깨어났지만 월예는 영영 세상을 떠났다.

정황도 없이 사흘장을 마치고 모레가 삼우제라 하는데 이번에는 건넛방에서 18세 된 손자 선직(宣稙)이와 손녀딸 셋을 남기고 승륜이가 세상을 떠났다.

월남은 줄초상을 맞아 죄인 중에 괴수가 된 자신을 본다.

며느리가 통곡을 하는데 같이 대성통곡을 하지도 못한다.

저러다가 며느리마저 죽게 생겼다.

"아가야 아가야! 정신 차려라. 떠난 놈이 나쁜 놈이로구나, 아가야, 그만 울어라."

이렇게 창졸간에 아내와 장남을 잃은 월남은 다시 서울로 간다는 것도 잊고 넋 나간 사람처럼 며칠을 보냈다.

"아버님! 제가 먼저 올라갈까요?"

승인이는 가야 한단다.

"그래, 가야지. 가야 하고말고…. 그나저나 너도 몸조심해야 한다. 그래, 몸은 어떠하냐?"

"그만합니다."

하지만 감옥에서 하도 심한 고문을 당하여 월남은 사실 승인이의 건강을 더 염려하던 중인데 생각지도 안 한 승륜이가 먼저 세상을 버린 것이다.

"부모가 죽으면 산에다 묻고 자식이 죽으면 가슴에 묻는다고 하지 않던? 부디 몸조심해야 한다."

"예, 아버지. 하지만 아버지도 올라가셔야 하지 않습니까? 몸을 추스르시고 어서 귀경하셔야지요."

승인이가 발이 떨어지지 않는 모양이다. 승인이를 먼저 가라 하고 대궐도 잊어버렸다.

월예가 등골을 무너뜨렸다면 승륜이는 내장을 녹이고 떠나버렸다.

등도 허하고 가슴도 허전하다. 창자가 다 빠져버린 것처럼 기운이 하나도 없다.

월예는 어떤 아내였던가?

꽃다운 열여덟에 월남에게 시집오던 그날.

첫날부터 아버지 희택이 옥에 갇혀 속을 끓여야 했었다.

"서방님을 저와 율곡에 비유하면 무례인 줄 아오나, 서방님께서는 율곡이 되시옵고, 저는 어미가 아닌 아내 사임당이 되기로 하였습니다."

신혼시절.

월예는 예의 바르고도 조숙한 여인이었다.

배우는 것을 즐겨하였다.

신사임당 같은 아내가 되고 어머니가 되겠다고 하였다.

"서방님이 학문의 길을 가는 데 있어서 제가 필요하면 있는 사람이 될 것이요, 만약 제가 불편하시다면 없는 사람이 되어도 기꺼이, 서방님의 길이라면 다른 건 못해도 반드시 마음을 다 바칠 것입니다."

생각사로 뼈가 녹는다.

'좋은 남편이 되었어야 좋은 아내가 되는 것인데…'

생각할수록 부족한 남편이었건마는 그래도 아내의 자리를 떠나지 않고 평생을 지켜준 월예다.

그래서 마음으로라도 월예를 잊지 말자고 호를 월남(月南, 1권참조)이라 하였건마는 이 무슨 소용이란 말인가.

게다가 승륜이까지 잃었다.

'이 무슨 일일까.'

예수를 믿어 팔자타령을 할 수는 없는 일이나 하나님께서 어찌 이런 아픔을 주시는지 먹먹하여 풀리지 않는다.

'허기사 나라까지 잃은 판에….'

나라와 아내와 아들까지 잃어버리다니 이제 무엇을 찾아야 할 것인가?

정신을 잃고 언제까지나 고향에만 있을 일도 아니다.

월남은 초췌한 몰골로 귀경하였다.

헤이그 밀사사건

살을 갈고 뼈를 가르는 아픈 가슴을 안고 서울에 온 월남은 들리느니 이토의 광태이며 들리느니 친일파의 오만함이다.

'참찬이면 무엇 하는가?'

월남은 공연히 녹만 축내는가 싶어 겸사겸사 사직상소를 올릴까 생각 중인데 화란(和蘭, 네덜란드)의 해아(헤이그)에서 만국평화회의가 열린다는 말에 정신이 번쩍 들었다.

'맞다, 이때를 놓쳐서는 안 된다.'

월남은 이제 최후의 방법으로 세계 만국에 일본의 통감정치를 고발하고 일본을 몰아낼 기회가 왔다고 무릎을 쳤다.

그러나 서둘기만 해서는 안 된다. 과거도 아닌 몇 년 전만 하여도 청국이 침략하면 일본에게, 일본이 무례하게 굴면 청국에게, 두 나라가 쌈박질을 하면 아라사에게, 이도 저도 아니면 미국 독일 프랑스 공사들도 주재하고 있어서 저울질이라도 할 수가 있었다.

그러다 보니 청일전쟁 러일전쟁도 일어났으나 생각해 보면 열강이 우리 땅에서 싸우매 그 피해가 분통을 터지게 하였으나, 이제와 다시 생각해 보니 그래도 그때 그 시절이 지금보다는 나았다.

지금은 일본이 독점하여 어디 대고 분하다 아니다 할 상대마저 없어졌다. 아무리 불법을 저지르고 인권을 말살하고 사람을 죽여도 일러바칠 대상도 말려줄 나라도 없다.

매일 귀씻이를 해도 귀는 더러워진다. 일제와 친일파와 이토의 괴물 같은 짓거리로 인해 씻겨나가지도 않는다.

이토는 계집 4명을 데리고 와서도 또 추가하기를 반복했단다. 오키코와 다카코를 추가하고도 또 누굴 데려올까 하여 동경 환락가에 연줄을 댄다고 한다.

그러다 보니 계집들 간에 시기하고 모함하고 헐뜯고 쌈박질이 난다는 소문이 자자하다.

게다가 계집들이 앙큼하기가 고양이 같아서 이토의 부하와 샛밥을 쳐 먹는다는데 이토의 젊을 부하들과 눈이 맞아 비밀리에 그 짓을 하다가 이토가 아닌 다른 계집들 눈에 걸려서 모가지를 잡히고 잡은 약점으로 돈을 후려 먹고 머리채를 잡고 쌈질이 난단다.

"에잇, 퉤퉤! 죽으면 썩을 몸뚱이가 뭐라고, 에이 하나님을 모르는 천하의 죄악 덩어리들 같으니라고! 난 그딴 소리 듣고 싶지도 않으니 하딜 말게나!"

월남이 소리를 치지만 그래도 저놈들의 정보라 어떨 땐 궁금하기도 하다.

'지피지기면 백전백승?'

'그렇다면 색으로 죽일 방도는 없을까?'

별별 생각을 다 하는데 헤이그에서 세계가 모일 날짜가 얼마 남지도 않았다.

보는 눈이 많아 고종을 만날 짬이 나지 않아 어렵게 독대를 가졌다.

"소신이 그러더라고는 하지 마시고 이번에 어떻게든지 헤이그로 밀사를 보내야 하겠사옵나이다. 이것이 제 뜻이라고 하면 힘이 약해집니다. 폐하의 뜻이라 해야 합니다."

"그래요? 그 참 기회가 너무 좋은데 이일을 어떻게 쥐도 새도 모르게 한다지요? 그리고 누구를 믿고 보내면 좋겠습니까?"

"소신(월남, 58세)이 가고도 싶사오나 젊은이들이 좋을 것 같습니다. 폐하께서 밀서를 써서 보내시옵소서. 가서 만국평화회의에 정식 의제로 올리기만 하면 일본을 몰아내야 한다고 세계가 들고 나설 것이며, 이로서 잃은 주권을 되찾을 기회가 올 것입니다. 일본이 별것 있습니까? 국제사회가 아니다 하면 일본도 어쩔 수 없을 것입니다."

"그렇기는 한데 누가 좋겠습니까?"

"소신이 나가는 연못골 교회에 애국청년들이나 아니면 알고 지낸 사람들 중에서 찾아보겠습니다."

"믿을 만한 사람이라도 있습니까?"

"전(前) 참판 이상설 아시지요? 상동교회에 다니는 이준(李儁)이란 동지도 있습니다. 소신과 친한데 모두가 애국정신이 투철하고 이상설은 올해 38세입니다. 러시아에 있는 이위종도 간다고 할 것 같아 세 사람이 모두 믿음직 한 인물입니다. 이위종은 올해 31세입니다. 이들은 이준과 가까우니 이준하고 상의를 하면 가라고 할 것이고 갈 것으로 보이는데 일단 알아보겠습니다."

"이준이요? 이준은 내가 처음 듣는 이름 같은데요."

"예. 아펜셀러와 언더우드 선교사가 들어온(1885년 4월의 첫 부활절) 다음해 감리교 스크랜턴(William B. Scranton) 선교사가 세운 상동교회에 나갑니다. 열혈 독립운동가 전덕기(후일 1907~1914 제6대 담임. 1914년 옥중고문으로 순교함)도 상동교회(3·1운동에 적극참여 하여 4인의 민족대표를 배출하였음. 최석모, 오화영, 이필주, 신석구)에 다닙니다."

"아, 그래요? 믿음이 좋은 사람입니까?"

"예, 굳건한 믿음의 동지입니다. 그러나 이준 동지는 표를 내지도 않는 뿌리가 깊은 신앙인입니다. 아마 상동교회에서도 잘 모를 것입니다. 그는 겉으로 티를 내지 않는 성격입니다. 그러나 그의 믿음은 제가 잘 압니다."

"어찌 그리 잘 아십니까?

"예. 소신과는 독립협회에서 처음 알았고 만민공동회에서도 우직한 사람이라 그가 나를 어떻게 보느냐는 문제보다 제가 그를 미덥게 보는 것이 훨씬 크옵니다. 그는 언젠가 나라를 위한 중요한 일에 쓰일 재목이라는 것이 제가 본 눈이옵니다."

"월남의 말이라면 내가 믿고 싶습니다. 그러나 돈과 밀서를 어찌 전하면 좋겠습니까? 경운궁은 일본의 몸수색이 대단하여 월남이 들고 나갈 수는 없을 일입니다. 그게 문제로군요."

"그 문제가 어렵습니다. 하여 소신이 생각한 것은 일단 헐버트 선교사님과 상의해서 문안차 들어오실 때 전해주시면 아직은 선교사까지는 수색을 못하니까 방법은 그 길밖에 없다고 보여집니다."

"헐버트 선교사와는 자주 만납니까?"

"그렇습니다. 소신이 나가는 황성기독교청년회의 부이사장이시라 늘 뵙습니다. 감옥에서 소신에게 세례를 주신 벙커 선교사님과 친한 분이라 소신에게는 믿음의 어버이와 같은 분이십니다. 돈도 헐버트 선교사님께서 대여하게 하시거나 역시 선교사님 편으로 전달하시면 소신이 차질 없이 뒷일은 잘 보겠습니다."

"먼저 이준을 만나보고 이야기 합시다."

그 결과 이준(49세)은,

"저는 몸이 좀 무리라 하겠으나 아무래도 같이 가야 하겠습니다."

마음이 놓이지 않는다면서 고종의 밀서와 여비를 준비해 주면 출발하겠다고 한다.

이렇게 해서 월남은 수행원 몇 명을 택하라 하고 이상설에게 단단히 부탁하였다.

"이준 스승님 모시고 가서 잘해 보시게. 방법은 나도 모르겠네. 내 젊어서 일본이나 미국에 갈 때도 방법은 우리가 찾아서 했다네."

다짐을 해주고 어렵게 헤이그로 보냈다.

이들은 비밀리에 블라디보스토크~시베리아를 거쳐 당시 러시아의 수도 상트페테르부르크(레닌그라드)에 도착하여 러시아 황제에게도 친서를 전하고 이곳에서 전 러시아공사관 서기 이위종(李瑋鍾)과 동반하고 6월 25일 헤이그에 도착하였다.

이들은 의장인 러시아 대표 넬리도프를 만나, 고종의 신임장을 제시하고 한국의 전권위원으로 회의에 참석할 것과 일본의 협박 때문에 강제 체결된 한일보호조약은 마땅히 무효화되어야 한다고 역설, 이 조약의 파기를 회의 의제에 상정시킬 것을 요구하였다.

그러나, 이 어쩐 영문인지 이 사실이 알려지고 말았다. 이에 일제는 고종을 감금하다시피 하고 그들의 현지 공관과 회의 대표를 통해 한국대표의 회의참석 방해공작을 폈다.

이 때문에 의장 넬리도프는 책임을 형식상의 초청국인 네덜란드에 미루고, 네덜란드는 을사조약은 각국 정부도 이미 승인하였으니 한국 정부에는 자주적인 외교권을 승인할 수 없다는 이유를 들어 우리 대표의 참석과 발언을 거부하였다.

이 당시 서울에서 <코리아 리뷰>를 발행하며 배일(排日)운동을 하던 미국인 B. 허버트(轄甫)가 헤이그로 와서 한국 대표를 후원하며 회의 참석을 위해 노력하였으나 끝내 이루지 못하였다.

그러나 네덜란드의 신문인 W. 스테드의 주선으로 한국대표는 평화회의를 계기로 개최된 국제협회에서 호소할 기회를 얻었다.

이때 러시아어·프랑스어·영어 등 외국어에 능통한 젊은 이위종이 세계의 언론인에게 조국의 비통한 실정을 호소한 연설의 전문(全文)은 <한국을 위하여 호소한다>라는 제목으로 세계 각국에 보도되어 주목을 끌었으나 구체적인 성과를 얻지 못하였으며, 이에 특사 가운데 이준은 울분한 나머지 그곳에서 할복 분사(憤死)하였다.

이준(李儁) 앞에 엎드리고 고종 앞에 엎드리고

월남은 이준 동지가 분사(분노로 죽다)했다는 소식을 접하고 교회에서 이틀 밤을 새운다.

울며 기도하며 금식하며 2박 3일간 하나님께 기도드린다.

기도의 줄도 잘 잡히지 않는다.

그것도 할복(배를 갈라)하여 자살하였다 하니 그 엄청난 분노와 애국충정이 뜻을 이루지 못한 이준 동지의 통분함이 월남의 피에 스며들어 고통이 된다.

'사람을 죽였습니다. 하나님! 이 몸이 아까운 사람을 죽였습니다.'

울며 기도해도 죄가 풀리지 않는다. 도대체 하나님은 이 나라 이 민족에게 무엇을 요구하시는 걸까.

공연한 짓을 충성이라고 저지른 것 같은 후회가 회개의 기도로 몸부림치게 한다.

"이준 동지여! 오, 사랑하는 나의 동지여! 그대가 사랑한 우리대한을 두고 어이 홀로 떠나셨소이까?"

아무리 기도하고 울어도 이준은 떠났다.

늘 웃는 얼굴로 모든 일에 열정적이어서 그는 하나님을 믿는 믿음도 뜨거웠다.

그런 이준 동지를 헤이그에 보낼 일이 아니었는가 보다.

'내가 뭘 얼마나 안다고….'

자신이 가지 않고 동지를 보낸 것이 이제는 죄로 쌓이는 모양이다.

사흘째 되던 날 주일 예배를 마치고 집으로 가려는데 폐하께서 들라 하신다 하여 고종 앞에 엎드렸다.

"폐하! 소신의 판단이 잘못되어 폐하의 성심에 이렇게 큰 충격을 드렸습니다. 소신을 엄히 벌하시옵소서!"

"아, 월남! 내 월남을 기다렸습니다. 예배는 잘 드렸습니까?"

"예, 대황제 폐하! 하온데 어찌 오늘이 주일이고 소신이 예배드리는 것까지 관심을 가져주시옵니까 황공하옵니다."

"허 참, 이놈들이 나를 일요일에만 좀 한가하게 해주어 오늘로 정해 불렀습니다. 눈총이 오늘은 괜찮으니 다과나 나누려고 침소로 불렀으니 안심하고 이야기를 좀 나누고 싶습니다."

"전하의 은총이 하늘과도 같습니다."

"아, 아닙니다. 그런데 나도 며칠 밤을 꼬박 새웠습니다. 그렇게 아까운 사람을 잃었습니다."

"모두가 소신의 판단 잘못이었습니다, 폐하!"

"결정은 내가 한 것입니다. 월남에게 책임을 물을 일은 아닙니다."

월남은 고종에게 가져온 사직상소문을 올렸다.

"아니, 이게 뭐요? 사직상소가 아닙니까?"

"예, 대황제 폐하! 물으셔야 합니다. 소신을 파직하옵소서!"

"파직이요? 어찌 그런 말씀을 하십니까?"

"마땅히 파직하셔야 합니다. 세상을 떠난 동지 앞에 그것만이 소신의 할 바 도리라고 아뢰옵니다."

"월남을 파직하여 이준이 살아오는 것도 아닌데 그건 안 될 말입니다."

"폐하! 대황제 폐하! 소신을 파직하지 않으심은 이준의 죽음보다 소신에게 더 큰 죽음의 고통이 될 것입니다. 신하가 일을 저지르고 스스로 자백하고 벌하라 하지 않는다면 어찌 그를 바른 신하라 하겠습니까? 하오니 파직하시고 응당한 벌을 내리셔야 하시옵니다."

"벌을 내려요? 있을 수도 없는 일입니다. 아무도 모르는 일이거늘 이 무슨 표를 낼 일 있습니까? 아니 어떤 신하가 어떤 생각이 있으면 마땅히 아뢰어 가부를 윤허 받아야 하는 것이로되 신하는 올렸으면 그것으로 책임을 다한 것일 뿐, 그 후 가부판단으로 인한 책임은 왕에게로 돌아간 것입니다. 임금이 어찌 하란다고 하고 말란다고 말고서는, '이것은 네가 하라고 했다거니 말라고 했다거니' 한 대서야 그를 어찌 왕이라 하고 황제라 하겠습니까? 그렇게 말함은 짐을 모욕하는 것이오."

월남은 자신이 미처 생각하지 못한 논리를 펴는 고종의 말에 깜짝 놀랐다.

"예?"

"지금은 그게 문제가 아닙니다. 문제는 따로 있습니다."

"예? 폐하, 무슨 일이 또 있으시옵나이까?"

"일본 경시청인가 뭔가 새로 세운 곳에서 몇 사람이 조사를 받았습니다. 월남도 곧 불러들일 것입니다. 그리되면 월남은 이 일은 절대 모르는 일입니다. 그러니 가거든 모른다 하셔야 합니다. 지금 일본은 짐이 밀서를 보낸 것을 손에 들고 족치지 못하는 짐 대신 충성된 신하를 잡아 목을 칠 궁리에 몰두하고 있습니다. 양다리 양팔을 자를 궁리만 합니다. 그러니 이번에는 내가 부탁인데 월남은 모르는 일이다 하여야 합니다."

"예, 폐하! 그 일은 제가 딱 잡아뗄 수 있습니다. 죽일 테면 죽이라고 들이밀 자신이 있습니다. 다만 기독교인이 되어 이제는 황성기독교청년회 교육부 위원이라는 자리에까지 앉은 자가 있던 일을 아니라고 해서 하나님이 이를 어찌 판단 하실까의 문제는 있습니다."

"하하, 참 순진도 하십니다. 그렇게 오랜 세월 신하로 살았으면서도 이렇게나 순진합니까? 거 참, 또 예수를 믿으니 이제는 하나님이 더 두려우십니까?"

"마땅히 하나님의 응답을 받을 일이라고도 사료되옵니다."

"하하, 월남. 나라를 위해 일을 하고, 더구나 독립운동을 한다는 사람이 하나님께 묻고 응답을 받는 것이야 내 모르니 알바 아니나, 그렇다면 독립운동을 못합니다. 아예 미리 '나는 언제 어디서 어떻게 독립운동을 한다.' 하고 미리 알려줄 일이라 하겠습니다그려. 하나님의 일이나 나라의 일이나 자기가 할 바의 도가 있고 하나님이나 황제가 할 바의 도가 있다고 보는데 내말이 틀렸습니까?"

월남은 일순 머리가 맑아진다.

'아하, 그렇구나.'

월남은 이런 경우 믿음의 정직함이 우둔함이 되어 하나님과 황제 앞에 죄를 더하는 것이라는 사실을 알았다.

천국 조선전권 특파공사로 임명받다

"사직 상소는 안 된다고 했습니다."

"폐하! 소신이 대 황제 폐하의 곁을 떠나는 것이 아닙니다. 소신은 영원무궁토록 전하의 곁을 지키겠습니다. 단 방법만 달리 하려 함을 헤아려 주시옵소서!"

"그게 무슨 소립니까?"

"소신은 하나님 곁에 가서 죽는 날까지 폐하의 공사관을 차리겠습니다. 천국에도 공사를 파견하시옵소서. 여기서는 한계가 많습니다. 마치 미국으로 보내셨던 그때처럼 소신을 하나님의 천국 전권대신으로 보내주시면 어떠하시올지요. 이것은 이틀 밤을 새우고 사흘을 금식하며 소신이 받은 하나님의 응답입니다."

"거 참, 어려운 말을 하십니다."

"대황제 폐하! 소신이 아직껏 폐하 앞에 해서도 안 되는 항명이기에 벼슬을 내리시기를 주청한 바는 없었습니다. 그러나 이번 이준 동지의 죽음을 맞아 애통하며 기도하는 가운데 그 옛날 20년 전, 미국에 죽천 대감과 소신 등을 보내시듯이 지금은 하나님의 나라에 전권대신과 서기관을 보내셔야 할 때라는 응답을 받았습니다. 그때 만약 죽천대감을 미국에 보내시면서 '저자가 미국에 가서 딴 짓거리나 하면 어쩌지?' 이런 염려 걱정하셨습니까? 그렇지 않으니 보내셨다면 이번에는 소신을 보내주시기 주청 올립니다. 천국 전권공사에 이상재를 보내시오면 소신이 부공사고 서기관이고 수원이고 통역이고 그때처럼 단 11명이 아니라 일본 가던 62명의 열배 백배 천배로 우리 황제폐하의 신하들을 세우고 채용하겠습니다. 소신을 믿어 주시기 바랍니다."

"하하, 이게 이게 도대체 이것이 무슨 말입니까 영어도 아니고 러시아 말도 아니고…. 하하, 이것이 천국에서 쓰는 말입니까?"

"대황제 폐하! 소신 이상재 눈물로 아뢰옵니다. 세상을 떠난 이준 동지의 주검 앞에 양심과 믿음을 걸고 아뢰옵니다. 우리 조정은 약합니다. 지금의 신하들로서는 황제폐하를 온전히 모시지 못합니다. 게다가 미국공사도 철수하고 러일전쟁에서도 일본이 이겼습니다. 청국은 전쟁에 지고 아예 일본에게 먹혀들어가는 초입에 접어들었습니다. 어디 누구를 의지할 바가 없어 만국평화회의에 의지하고자 하였으나 그마저도 이준 동지의 죽음으로 허사가 되었습니다. 이제 갈 곳은 단하나, 하나님의 나라에 소신을 전권공사로 파견하는 길 외에는 없겠습니다. 이것이 소신이 받은 기도의 응답이오니 파직한다 생각지 마시고 파견 한다 믿어주시옵소서!"

고종이 월남의 두 손을 꼭 잡고 눈물을 떨군다.

"월남! 내 그대의 충정을 알겠습니다. 하여 짐은 죽어도 파직하지 못합니다. 그 대신 그대를 천국주재 우리 대한제국 전권공사로 파견합니다. 잘 알아들었습니다. 월남의 생각이 충신의 생각입니다. 과연 목은 이색(월남의 중시조)의 충성이 되살아나고 있습니다. 이것이 믿음이라는 것입니까? 예, 전권공사 이상재를 천국에 파견합니다."

"성은이 망극하옵니다."

"나는 월남만 믿겠습니다. 여기가 다 부서지고 깨져도 천국 전권공사 월남이 나라를 구할 능력을 키워간다면 나는 이제 죽어도 여한이 없습니다. 잘하시리라 믿겠습니다. 짐이 오늘 횡재를 한 기분입니다."

"예, 그때 헤이그에 보내자고 할 때처럼 이렇게 흔쾌히 윤허하시오니 이준의 죽음을 갚을 당연한바, 도리와 더불어 대황제 폐하 앞에 올릴 도리를 다하고, 소신을 여기까지 인도해 주신 죽천대감님의 유지를 받들어 이 나라의 천국공사관을 흥왕케 하여 대한제국이 천국의 나라가되어 황제폐하의 충성스러운 나라가 되는데 일신을 다 바치겠사옵나이다."

"고맙습니다. 생각해 보니 세상에는 천국에 공사를 파견한 나라는 우리가 처음인 것 같습니다. 부디 하나님의 나라 천국에 우리 대한제국을 감히 어느 나라도 넘보지 못하는 강대한 나라로 만들어 주시오."

월남은 밤이 늦어서야 귀가하였다.

고종황제 친영

제14부

소쩍새 우는 사연

순재의 기도

집에 돌아오니 순재가 엎드려 있다. 앞에 상을 펴고 성경찬송을 열고 기도하다 잠이 든 모양이다.

"숙부인마님! 숙부인마님!"

깊은 잠이 들었는지 일어나지 않는다.

흔들어 깨우자 흐느끼며 운다.

"마님?"

월남이 놀라는데 지친 몸을 일으키며 월남의 품에 픽 쓰러진다.

"마님? 이 어인 일이십니까?"

화급히 물을 마시게 하였더니 정신이 맑아졌는지 월남을 바라다보다가 말한다.

"왠지 교회를 가보고 싶어 갔더니 서방님이 금식하며 기도하신다 하기에 그길로 돌아와 저도 여기서 같이 사흘을 금식하며 기도했습니다."

"그럼 이제껏 굶으셨단 말입니까?"

"서방님은요? 서방님은 금식 푸셨어요?"

"예, 풀고 말 것도 없습니다. 황제폐하께서 들라하셔서 이제 막 이것저것 뱃속을 채우고 오는 길입니다."

"그래요? 그럼 저도 이제 풀어도 될까요?"

"아, 예예. 푸십시오, 얼마나 힘드십니까?"

"저는 금식이 처음입니다. 서방님이 금식하신다기에 멋모르고 시작은 해놓고 이제나 저제나 오셔야 푼다고 하던 중이었습니다."

"아, 이를 어쩌지요? 제가 죽을 좀 쑤어올까요?"

월남이 말하자,

"죽이요? 웬 죽입니까?"

"금식한 사람은 죽을 먹어야지 아니면 속을 버립니다."

"그래요? 난 그것도 모르고…. 오늘은 혹시나 오실 것 같아 밥을 해 놓았어요. 그랬더니 밥 냄새를 맡으니까 이렇게 까라졌어요. 그럼 죽을 쑤어 와야 드시겠지요?"

"아, 나는 감옥에서 본의 아니게 많이 굶어봐서 속이 좀 다릅니다. 있으면 먹고 없으면 굶고 죽이고 밥이고 가리지도 않습니다. 폐하께서 주시기에 식혜도 먹고 떡도 먹고 왔습니다. 나는 괜찮은데 마님은 죽을 드셔야 될 모양입니다."

"서방님이 괜찮으시면 저도 괜찮습니다. 그럼 된장국 끓였는데 차려올까요?"

"아아, 아닙니다. 쓰러지십니다. 안 돼요 제가 차려다 드리겠습니다."

"아니에요. 저야말로 서방님이 물을 먹이셔서 괜찮아졌습니다."

밥상을 차린다기에 월남이 들고 들어와 마주앉았다.

"마님! 물에 말아서 절반만 드세요. 마른밥을 많이 드시면 위를 다

치십니다.”

"서방님은요?”

"나는 이미 요기를 하고 와서 안 먹어도 되는데 뭐하니까 저도 절반만 먹겠습니다.”

하자 순재가 말한다.

"서방님이 왜 금식기도 하셨는지 제가 알아맞혀 볼까요?”

"예? 아무도 제가 한 금식기도 제목을 모르는데 어이 맞히십니까?”

"저는 맞힐 수 있습니다. 저도 똑같은 기도를 했으니까요?”

"예? 무슨 기도를 하셨습니까?”

"…”

"그걸 맞히지는 못하실 것입니다. 사람이 그걸 맞힐 수는 없습니다.”

"저는 맞힙니다. 제가 서방님의 뱃속에 한두 번 들어가 본 게 아니니까 답은 틀림없습니다.”

"뭔데요?”

"나라를 위한 기도 맞지요?”

"예, 거기까지는 맞습니다.”

"헤이그 밀사도 맞지요?”

"예? 그것도 맞습니다.”

"그다음은 서방님 마음 아프신 것 알기 때문에 여기까지만 하겠습니다. 단, 저도 서방님처럼 가슴이 찢어지는 아픈 마음속 깊은 곳에서부터 우러나오는 기도를 드렸다는 것만 아세요.”

월남은 깜짝 놀랐다. 도대체 순재라는 이 여인이 도대체가 어떤 사람인가? 위아래로 다시 훑어내려 보면서 너무 놀란다.

"왜 그런 눈으로 보시는 거지요?”

"아 예, 숙부인마님!"

"왜요? 말씀해 보세요."

"숙부인마님은 아픈 사람이라고 제가 여러 번 말했지요?"

"어디가 아픈데요?"

"어디는 어디입니까? 그래서 우리가 말씨름도 했잖아요, 왜…."

"아 예, 알아들어요. 그래요, 나는 아픈 사람이라고 하는 그 말 알아들어요."

"그런데 지금은 병이 다 나았습니까?"

"당연하지요. 벌써 그게 언제적 얘깁니까. 제가 서방님을 처음 뵌게 지금부터 벌써 14년 전 아니에요?"

"난 또 무슨 말씀이시라고…. 그래서 지금은 다 나으셨습니까?"

"예, 다 나았어요. 완전히…."

"아닙니다. 그렇다면 어째서 아직도 아무도 없는 빈집에 오십니까? 아직도 낫지 않았습니다. 이것 참 큰일입니다."

"아, 난 또 뭐라고. 왜요? 제가 아직도 여기 오면 안 돼요?"

"참 내, 또 똑같은 질문을 하시는 걸 보니 아직도 멀었습니다. 몇 번이나 안 된다고 하지 않았습니까?"

외로운 사람

"그건 서방님이 병입니다. 사람이 꼭 여자 남자는 만나면 이상한 거고 연애나 하는 것이고 부부가 아니면 외면하고…. 그건 내숭입니다. 왜 솔직하게 살지 못하고 고루하게시리 또 남녀 7세나 찾고 그래야 하는 이유가 뭡니까? 그러려면 교회에도 가지 말아야 하는 것 아닌가요? 학당에 가면 남자 선생이 여자 학생들 다 큰 처녀들도 가르친다는데…. 아, 그 이화학당 말입니다. 거기는 남자만 선생이 아니래요. 조선은 그게 잘못됐습니다. 그러기로 말하면 나 같은 노처녀는 어디 바깥바람 쏘이러 나다니겠어요? 이제는 남자 여자가 만나면 꼭 이상한 눈으로 보고 그러는 거 그것은 달라져야 합니다. 먼저 서방님의 눈부터 고치세요. 나를 이상한 눈으로 보고 싶으십니까? 나는 여자가 아닙니다. 그렇게 보지 않는다고도 하셨지요? 그냥 어르신, 대감마님, 나리마님, 하인이 부를 때는 여종이나 남종이나 그냥 서방님, 아니면 스승님, 선생님, 이건 안 된다고 언제까지나 공자 왈 맹자 왈 하자 그겁니까? 그러면 제가 실망입니다. 저는 서방님이나 돌아가신 박정양 제부를 남녀의 눈으로 본적이 없습니다. 그냥 편하게 교회에서처럼…. 그러면 이게 병든 사람입니까?"

"다 잘 알아듣는데요, 교회는 예배드리느라고 남녀가 같이 앉는 것이고 여기는 가정집 아닙니까?"

말을 가로챈다.

"예배라는 게 꼭 교회에서만 드립니까? 집에서는 예배드리면 안 돼요? 생활예배도 있고 실천예배도 있는 것이고, 또 뭣이냐… 그러니까 야외에서도 예배를 드리고 기도도 드리는 것이고… 정말 화나려고 합니다. 제가 있으면 불편하고 기생년 바라보는 못된 양반나부랭이 속처럼 검은 마음이 생기십니까? 그게 아니라면 왜 오면 되고 안 되고 그러시는데요, 예?!"

듣다 보니 순재의 눈에 눈물이 어른거린다.

"아니, 서운하게 들으실 게 아니라 새겨들으셔야 합니다. 악의적으로 하는 말은 아니라는 것 아시잖아요?"

"저는 참 외로운 사람입니다. 이런 제 생각이나 행동에 대해 누구도 이해해 줄 생각조차 안 합니다. 사람이 편하고 자유롭게 살아야지 꼭 어떤 틀 속에 갇혀 살아야 합니까? 좋으면 응석도 부리고 매달리기도 하고 안고 안아도 주고… 왜 자신의 감정을 막고 억누르며 살게 뭡니까. 서방님도 그런 분이셨습니까? 그럼 다시는 오지 말까요?"

뜻밖의 말에 또 뭐라고 할지 모르겠다.

'예, 오지 마세요. 저도 싫습니다.'

이랬다가는 다시는 안 오고 못 볼 사람이다.

하여

'그러나 사람은 사람다운 행동이 있습니다. 그것이 삼강이고 오륜입니다.'

하자니 이 또한 만만찮게 반론을 제기할 사람이다.

"오시지 말라고는 한 번도 안 했습니다."

"그래서요? 이제 하시겠다는 것입니까?"

"하겠다는 것이 아니라…."

"아니라 뭡니까? 예? 그러지 마세요. 서방님의 뱃속에 들어가 봤다고도 했지요? 어쩌면 서방님은 나보다 더 외로운 분입니다. 내 가슴의 상처가 한 뼘이라면 서방님의 상처는 두 뼘입니다. 정부인마님께서도 돌아가셨는데 밤에 제대로 주무시겠습니까? 예배도 어디 목이 메어 제대로 드리시겠습니까? 난 알아요. 눈물이 가득 찼어도 울지도 못하는 서방님의 마음 제가 잘 압니다. 게다가 제부는 먼저 떠나고 나라는 지금 기울어졌습니다. 속은 썩어 뭉개져도 겉으로는 표현도 하지 못합니다. 어느 하루 편히 쉴 날도 없습니다. 아닌가요? 편히 쉴

다고 드러눕는 날이 가장 괴로운 날이라는 사실. 제 말 틀립니까?"

월남은 넋을 잃고 순재를 바라본다.

"서방님도 울어야 하고 저도 목을 놓고 울어야 하는 우리는 아픈 사람들입니다. 저를 바보라고 보셨다면 잘못 보셨습니다. 서방님은 혼자 사랑에서 주무시고 제부는 아내와 한 이불 속에서 주무시고…. 사계절 어느 하루도 그렇게 잠드는 밤이 진정 편하셨습니까? 저는 서방님을 압니다. 그러니까 밤에도 공부하신 것 맞지요? 누워봤자 잠도 못 드니까 이참 저참 책만 보셨지요? 결국 눈이 지치고 몸이 지치고 그러다 보니 전신에 기력이 다 빠져야 쓰러져 그걸 잠이라고 들었으니 그건 잠이 아니라 노동입니다. 고역입니다. 고문이었습니다. 감옥이나 사랑방이나 이집이나 고향집이나, 혼자 자나 정부인마님과 같이 자거나 서방님 평생에 한 번이라도 걱정 없고 근심 없이 두 다리 쫙 뻗고 세상모르고 잠들어 본 밤이 신혼 때 빼고 몇 밤이나 되셨지요? 게다가…."

순재가 눈물을 닦는다.

"어느새 날이 샜느냐고 짜증내며 일어나기 싫어 깨워도 잠을 못 깨는 그런 날이 있었습니까? 단 하루라도 그렇게 편하게 잠들고 마음 푹 놓고 늦잠 한번 자본 날 있으셨어요? 아내의 보드라운 젖가슴에서 손을 떼기가 싫어서 일어나기가 싫은, 그런 것 말입니다. 외롭고 괴로움이란 그런 것입니다. 아픔이란 바로 그런 것입니다. 말쟁이들은 그걸 보고 대단하다, 열정이 뜨겁다, 천재다 수재다, 공부 많이 했다 어쩌고저쩌고 머리 좋다, 유식하다 박식하다, 공부밖에 모른다, 어쩌고 하면서 위대한 인물이라고 입을 벌려 칭찬하지만 그것이 불행입니다. 그런 인생 살아보지 않았으면 난 이런 말 할 수도 없습니다. 서방님이 이런 내 말을 모른다 아니다 할 사람이라면 나는 꺼내지도 않을 소립니다. 밤에, 춥고 긴긴 겨울밤에, 서방님은 그 긴긴 괴로움이 외로움인지 아픈 상처인지도 모르고 오로지 공부만 했습니다. 일본 가고 미국 가고 그게 얼마나 긴장하고 힘든 일입니까? 하루도 편한 날 있었답니까?"

들자하니 월남은 갑자기 무엇엔가 홀린 것만 같다. 무엇보다 모두 옳은 말이다. 그것은 공부가 아니었다. 그것은 발악이었다. 외로움을 달래려고 쳤던 몸부림이었다.

"공부도 환경에 맞아야지 누가 제대로 챙겨주지도 않는 머나먼 환경에서 하는, 그것이 글이고 공부였습니까?"

"숙부인마님! 맞는 말씀입니다. 마님은 놀라운 분이시로군요."

"뭐가 놀랍습니까?"

"진리라고 할지 영리라고 할지 총기라고 할지 모르겠지만 숙부인마님, 정말 오늘은 숙부인마님이 정말 달리 보이십니다."

"달리 보이신다니 듣기 싫지는 않습니다. 그러나 아직도 제대로는 못 보시는 듯합니다."

"아닙니다. 제대로 바로 보고 있습니다."

"아닙니다. 저를 제대로 보시려면 아직도 멀었습니다. 아직도 제대로 보는 눈빛이 아닙니다."

"무엇을 못 본다는 말씀입니까?"

"내 모습 겉만 보이신다면 서방님은 아직도 장님이나 다름이 없습니다. 제가 만일 관복 입은 서방님만 본다면 저도 장님이라 하셔도 됩니다. 그러나 저는 서방님의 알몸도 보이고 속마음도 보입니다. 혼자 주무시는 서방님의 새우잠 든 모습을 보지 못했다면 저는 서방님께 긴말할 밑천도 없습니다. 하지만 저는 서방님의 어린 시절도 보이고 13년간 공부만 하셨던 모습도 훤하게 보입니다. 심지어는 고향에 내려간 서방님이 정부인마님과 같이 잠든 모습도 보입니다. 혼자 외로이 타오르는 정욕을 풀어내는 광경도 나는 모두 다 보았습니다. 몇 밤 한방에서 자면서 서방님의 땀 냄새도 맡아봐서 알고 말 못 할 고뇌로 괴로워하시던 모습도 나는 이미 다 보았습니다. 보았더니 결론은 서방님이 참 딱하다, 불쌍하다, 가련하다, 안됐다… 참 복잡합니다. 수십 년간 혼자 받아먹은 밥상도 다 보았습니다. 보이는 걸 어쩌겠습니까. 세상에서 가장 맛없는 음식이 뭔지 아세요? 그것은 요리솜씨의 문제가 아니라 혼자서 받아먹는 독상입니다. 독식(獨食)은 죽지 못해 먹는 거지 음식이 아닙니다. 그렇다고 술집에 가서 주모하고 농담 한마디도 못해봤지요? 술집 작부의 가슴 한번을 만져도 못 봤지요? 희희낙락하다 망신 한번 당한 적도 없고 지나가는 여인네를 훔쳐보지도 못했지요? 김삿갓처럼 술 한 잔에 시 한 수로 껄껄 웃어보지도 못하였고, 너 좋고 나 좋으면 그것이 인생이라고 풋사랑에 한눈 한번 팔아보지도 못하셨지요? 도대체 이게 뭡니까? 하다못해 지엄하시다는 상감마마도 구중궁궐 깊은 곳에서 밤마다 여인을 바꾸어 골라 잠이 드는데 왜 빈껍데기 찌질한 인생을 사셨습니까? 그게 가치라고 하는 건가요? 그것이 공·맹자가 말하는 인이며 예라는 것입니까? 헛소립니다. 그런 것들은 왜 무슨 목적으로 배워 벼슬길에 나가는 거지요? 결국은 거기서 벗어나 음탕한 계집에게 몸을 담그기 위한 일종의 위장전술 아닙니까? 이루었으면 누려야 하는데 서방님이 바로 정신병자입니다. 이런 내 말이 뼛속에 스며들면 나를 좀 안다고 하겠습니다."

월남은 항복하기로 마음먹었다.

도저히 이길 수도 없고 따를 수도 없어 우러러 보아야 할 초인의 경지다.

"예, 뼛속에 스며듭니다. 농담이 아니니 되었습니까? 진심입니다."

"그럼 내 말을 들은 소감을 한마디로 말해 보세요."

"잘못 살았다는 것입니다."

"그렇습니다. 서방님은 잘못 살았습니다. 그러나 이제야 딱 절반을 알아들었습니다."

"아직도 절반입니까? 그럼 무엇이 남았습니까?"

"아직도 이 장순재라는 계집을 못 본다는 것입니다."

"무엇을 못 본다는 것입니까?"

"지금까지 한 말은 제 말이라는 것 아시나요? 서방님 얘기를 한 것 같지만 실은 제 이야기를 한 것이란 사실도 아세요?"

"잘 모르겠습니다."

"그럼 간단히 운만 띄워 드리겠습니다. 바로 아실 거라고 믿기 때문입니다."

"그래 보세요."

소쩍새는 왜 우는가

"제가 누굽니까? 저는 남자를 모르는 그야말로 숫처녀입니다. 이것은 보이시지요?"

월남도 아는 얘기다.

"그렇습니다."

"그렇다면 제 속마음도 보이셔야 합니다. 저는 잠을 못잡니다. 그래서 책을 보았습니다. 보다가 집어 내던지다 또 던지다 이제는 더이상 던질 게 없습니다. 책은 봐서 무엇 하겠습니까? 더구나 여자가 공부를 하면 그야말로 어디다 쓰겠습니까? 목적도 없이 땅을 파고 밭만 갈아 무엇 합니까. 씨를 뿌리지 않으려거든 밭을 가는 수고를 할 필요가 없습니다. 그런데도 공부를 해야 할까요 말까요? 어디 대답해 보세요."

"공부는 해야지요?"

"해야 된다 하면 틀린 답입니다. 그렇다고 말아야 된다 해도 틀린 답입니다. 이것은 바늘에 찔리는 것 못잖은 고통입니다. 하느냐 마느냐로 고민하다 보면 벼랑에서 굴러 떨어져 전신이 부러진 불구인생이라는 생각에 다다릅니다. 진즉에 갈 때 못 간 시집이 고장입니다. 여자 나이 어느새 마흔두 살이라면 벌써 늙었습니다. 조만간 폐경입니다. 이런 나를 어디 짝에다 쓰겠습니까? 마누라 감도 못되고 기생 감도 못되고 그렇다고 장사도 못하고 농사도 못 짓습니다. 처녀라고 하는 똥물이 얼굴에 튀어서 누구하고도 상대를 못합니다. 나하고 소곤대면 단박에 상종하지 말라고 한다는 것도 아시나요? 그러니 제가 맞이하는 밤은 불지옥과도 같습니다. 공연히 미쳐서 여기 오는 것이 아닙니다. 아무도 상대해주지 않는 버림받은 여인이 오갈 데 없어 서방님께 와서 온갖 아양을 다 떠는 내 심정을 얼마나 아셨느냐고 묻고 싶습니다. 인간이란 모질고 냉정합니다. 뱀보다 더 차고 독사보다 독한 것이 인간입니다. 어떻게 하든지 우선 내어 쫓고만 싶어서 저한테 했던 말 저는 다 기억합니다. 정말 눈물 나는 이야깁니다. 소쩍새 우는 밤. 저는 어두운 산속에서도 자 봤습니다. 소쩍새는 왜 우는지 우는 사연을 아십니까? 우는 이유가 있습니다. 저는 잘 압니다. 초목들도 봄이면 꽃이 만발해서 웃고 향기를 풍깁니다. 꽃은 왜 피고 향기를 뿜는지도 압니다. 그래야 벌 나비가 먹을 게 있다고 찾아오지 않겠습니까? 소쩍새도 밤에 자고 싶은 건 인간하고 똑같습니다. 그러나 잠 못 들고 밤새워 우는 말 못 할 사연은 있습니다. 서방님더러 왜 잠안 자고 공부로 지새우느냐고 묻는 것처럼 다 이유가 있고 그럴 만한 사정이 있는 것입니다. 서방님은 그런 나의 사연을 알려고도 않으셨습니다. 소쩍새가 울거나 말매미가 울거나 개구리가 울어 재끼면 왜 우느냐고 물을 수도 있을 만한데도 저만 보면 위아래로 훑어 내리며 어서 돌아가라, 부모님 걱정한다, 남들이 오해한다, 빨리 병이 나아야 한다… 서방님은 볼 적마다 나를 찌르고 사정없이 걷어찼습니다. 자기가 소중하기 때문에 저로 인하여 손해 보기 싫다고 하는 인간의 본성이니 나무라지는 않습니다. 하지만 다 그렇게 해도 서방님은 그러시면 안 됩니다. 서방님이나 나나 도진개진 아닙니까? 아니, 오히려 서방님의 밤이 더 괴로운 밤 아닙니까? 홀아비가 과부 심정 안다고 어찌 그럴 수가 있으십니까. 동병상련이라던데 어찌 그러실 수가 있습니까? 나도 이화학당 받아주나 진즉부터 가본다고만 하고 못 갔는데 저 좀 같이 가서 입학시켜 주시겠습니까? 서양 사람들은 과부나 고아나 처녀나 유부녀를 가리지 않는다지요? 세상이 무정합니다. 서방님도 미워요. 저는 그런 서방님께 언젠가는 꼭 이런 말이라도 해주어야 한다고 벌써 14년을 벼러 왔습니다. 기분 나쁘게 듣지나 마세요.”

“아닙니다. 겸허하게 듣고 있습니다. 오늘 참 중요한 말씀 잘 하셨습니다. 듣고 나니 할 말이 더 없어졌습니다.”

"죄송합니다. 제가 말이 너무 많았다는 것 알고 있습니다. 하지만 저는 평생 어느 누구한테도 이런 말 안 합니다. 서방님이니까 할 뿐입니다.

"알아듣습니다. 면목이 없습니다. 제가 무심했고 몰인정 한 사람이었다는 것을 이젠 알았습니다. 많이 그것도 아주 엄청 많이 잘못되었습니다. 숙부인마님, 진심으로 사죄의 말씀 올립니다."

"아아, 서방님 아닙니다. 아니에요. 제가 서방님이 너무 좋고 편해서 응석을 부린 것이지 서방님이 싫어서 한 말 아닙니다."

"알아요, 잘 압니다. 그런데 밤이 늦었습니다,"

"그래서 어쩌라고요?"

"이만…."

"이만 뭔데요?"

눈물이 흐르던 순재의 눈가에 웃음이 가득하다.

"돌아가라 그겁니까?"

"하하, 절대 돌아가시면 안 되신다 그 말입니다."

"그럼 뭘 어쩌자는 것입니까?"

"자리 펴고 자자는 말씀입니다."

"그러면 그렇지…. 진심이지요?"

"진심이고말고요. 폐하 앞이라 긴장한 탓에 이제야 피곤합니다."

"방 많으니까 건너가서 자거라, 뭐 이것도 아니지요?"

"당연합니다. 어서 이불 깔고 주무십시오."

둘은 자리를 폈다.

늘 하던 대로 윗목 아랫목에 요를 깔고 이불을 폈다.

밤새워 우는 새야

월남은 곧 잠이 들었다.

얼마나 잤을까?

어두운 방. 너무 내려깔린 적막 때문에도 그만 놀라 순간 잠이 깨었다.

적막이 아니었다.

하나는 언제부터인지 내리는 빗소리요, 지붕 위에 떨어져 기왓장 사잇골을 따라 흘러 추녀 밑으로 떨어지는 낙숫물소리이고. 자세히 들어보니 또 하나는 소리 낮춰 흐느끼며 우는 순재의 울음소리였다.

그때 울던 순재는 월남이 잠이 깬 줄 알았나 보다.

순재가 갑자기 자는 척, 잠숨으로 바꾸어 크게 쉰다.

"숙부인마님, 주무시지 않는 것 알고 있습니다. 불을 켤까요?"

순재가 들킨 것을 알고 키득거리고 웃는다.

그러나 음성에는 울음이 들어 있다.

"괜찮습니다. 불 켜지 마세요."

"저는 단잠을 잤습니다. 아 참, 개운합니다. 여태껏 안 주무시고 혹 우셨습니까?"

훌쩍이더니 아직도 잠긴 음성이다.

"서방님께 실컷 퍼부었더니… 정말 10년 묵은 체증이 내려간 기분입니다. 너무너무 행복해서 많이 울었습니다…. 서방님 코고는 소리도 행복한 노랫가락 같고… 천사가 불러주는… 찬송가처럼 들렸습니다…"

"그러셨습니까? 행복하시기까지나요?"

"예, 행복이 무엇이라는 것은 알고 있었습니다…. 불행이 사라지면 그게 곧 행복이라는 것 잘 알아요…. 사람은 같이 있으면 편한 사람이 있습니다. 안 보면 보고 싶고, 보면 말하고 싶고… 같이 밥해먹고 웃고… 속상하면 아까처럼 퍼질러도 대고… 이것이 사는 맛이고… 이것이 행복이다 그 말입니다…. 그러나 얼굴만 마주보면 불편하고, 얼른 가고 싶고… 같이 먹으면 밥맛도 떨어지고… 먹다 보면 그 밥 체하는 사람도 있습니다. 눈빛만 봐도 기분이 확 나빠지는 사람이 있는가 하면, 평생 안 봐야 행복한 사람도 있고 안 보면 전신이 아파 견디기 힘든 사람도 있습니다…. 저는 그런 사람이라고는 서방님 딱 한 분이었는데… 정말 그간 너무 하셨습니다. 언제 내가 뭘 달라 했습니까? 아니잖아요? 같이 있어 주는 게 이게 돈 들어가는 겁니까? 그까짓 남들 눈… 남이 알면 어쩔 것이냐. 알면 징역 갑니까? 아니잖아요. 이렇게 편한 밤…. 나는 눈치만 보며 살았습니다. 저 사람이 나를 싫어하겠지? 빨리 보내고 싶겠지? 말 섞고 싶지 않겠지…? 서방님도 그러셨지요? 저에게는 눈물샘이 수십 수백 개랍니다…. 푸고 또 퍼도 또 다른 눈물샘이 터집니다…. 막지도 못하는 눈물샘이 터지지만 내가 언제 서방님께 눈물 보인일 있습니까? 서방님, 눈물을 보여줄 사람이 없다는 것이 얼마나 큰 고통인지 정말 모르십니까? 노래하고 싶어도 참아야 하는 것이 행복한 것입니까? 교회 가니 웃고 노래해도 된다고 하고… 밤새워 울어도 이상하다 하지 않고… 얼마나 희열이 넘쳤으면 제가 '야소애아 아심지'를 독창까지 했는지 아세요? 그것은 저의 아픈 가슴입니다…. 부르지 못하면 죽는 것이 낫다는 절규이자 하나님이 너무 좋아 어쩔 줄 몰라 하는 엄마 앞에 아기의 어리광입니다. 얼마나 좋은 일입니까. 내가 어디 뭐가 잘못됐는지 저는 사람들이 이해가 안 돼요. 이화학당을 닫으라고도 한다지요? 제가 볼 땐 그런 사람이 미친 사람입니다. 병은 사람의 생각 속에 들었습니다. 그래도 요샌 교회가 행복하게 해줍니다. 교회가 너무너무 좋습니다. 성경책을 벌써 네 번째 읽는데 읽을수록 성경이 내 마음을 안다는 생각이 듭니다. 게다가 매주 먼발치에서라도 서방님까지 보이니까 그렇게 든든하고 좋을 수가 없어요. 그렇게 교회가 좋고, 또 여기만 오면 좋건만… 오면 또 내쫓을까봐 이젠 겁부터 납니다…. 그런데 오늘은 진심으로 같이 자자 하셨으니… 제 일생 가장 편하고 이보다 행복한 날은 아직껏 제게 없었습니다.”

잠결의 음성이 다르고 울음 섞인 음성이 다른데, 낮에 듣는 음색이 또 다르고 밤에 듣는 음색 또한 또 다르다.

어두울 때 듣는 목소리 다르고 밝을 때 목소리도 또 다른데 누워서 하는 말소리도 또 다르다.

빠르게 말할 때 다르고 지금처럼 느리게 말할 때의 목소리가 또 다르다.

게다가 빗소리에 섞여 조용조용 해주는 순재의 안 보이는 얼굴과 그 입에서 나오는 목소리야말로 월남이 난생 처음 들어보는 음성이다. 하기야 언제 자다가 말고 말을 한 적도 없었다.

순재의 말소리에는 순재가 쉬는 숨소리도 섞였다. 빗소리도 섞이고 눈물도 말에 섞였다.

“서방님, 잠 안 오세요? 그럼 제가 얘기 좀 할게요.”

“예, 거뜬합니다. 해보세요.”

“그때 정부인께서 돌아가셔서 얼마나 가슴이 무너지셨습니까?”

“예, 참 어찌 그리 아픈 곳을 찌르려 하십니까?”

“그럴 리 없습니다. 찌르려는 게 아니라 제 얘기를 하려고요.”

"그래요? 해보세요."

"그때 막내가 쫓아 올라 왔다지요? 승준이라 그러던데."

"그렇습니다."

"한 스무 살쯤 돼 보이더라 하더라고요."

"누가 그래요?"

"행랑아범한테 물어봤습니다. 그랬더니 제가 그때 하도 놀라 순간 말을 잘못 알아듣고 며칠을 울었답니다."

"아니, 무슨 말을 잘못 들었기에 왜 우셨습니까?"

"정부인마님이 돌아가셔서 내려갔다고 들었습니다. 그런데 그게 왠지 남의 일 같지가 않았습니다. 서방님의 슬픔이 내 슬픔하고 똑같 다고는 못하겠지만 왜 제 가슴이 그토록 아픈 건지 때굴때굴 뒹굴었 으니까요."

"아, 그러셨어요? 그러나 그게 그렇게까지 우실 일일까요?"

"저는 슬픕니다. 서방님이 슬프실 것을 생각하여 슬픈 것입니다. 그러니까 서방님 나이 열아홉. 새파란 청춘에 한양으로 오셔서 잘해 야 1년이고 아니면 몇 년에 한 번 내려갔을 것 아니겠습니까? 부부가 첫정이 들어 떨어지기 싫은 나이에 무참하게 생이별 하고 올라와 말 만 부부지 그 부부의 심정이 어땠겠어요. 서방님은 참 예민한 분 맞 지요? 나보고 가라 소리 하는 것만 봐도 신경이 예민한 분 맞는데 그 런 분이 자그마치 40년을 넘게 떨어져 살다가 먼저 보내는 심정이 어 땠겠어요. 더구나 고생만 시켰을 일인데 철없을 때 떠나와서 철들어 한 달도 마음 편히 못살다가 먼저 보내는 마음이 얼마나 아팠을까 생 각하니 제가 더 슬프더라고요."

"아, 그러시군요."

"아, 그러시군요? 서방님도 참 말이 뚝뚝하시군요."

"아, 그래요? 하하."

"아, 그래요? 하하? 정말 미치겠습니다. 하하하."

둘이 한바탕 웃노라니 새벽닭이 운다.

"숙부인마님! 그런데 안 주무셔도 괜찮겠습니까?"

"왜요? 내일 어디 가셔야 되세요?"

"간다기보다 주무셔야 하지 않느냐는 말씀입니다."

"그럼 나 있지요? 서방님 이불 속에 가서 자도 돼요?"

"예?"

월남이 깜짝 놀랐다.

"왜요. 또 놀라십니까? 그러니까 아직도 멀었다니까요."

"뭐가 멉니까?"

"내가 서방님하고 한 이불 좀 덥고 자고 싶다는데 또 못된 생각이
드십니까? 정말 멀었습니다."

"멀은 게 아니라 숙부인마님이 여기 와 주무실 수가 있겠습니까?
편할 수가 없습니다."

"그것은 서방님의 마음속에 성경이 말하는 죄가 들어 있기 때문입
니다. 나 좀 포근하게 안아주면 죄받습니까?"

"그건 죄받을 일 아닐까요?"

"무슨 죕니까, 그게? 마음 아픈 사람 안아주면 죄라는 말이 성경
어디에 있습니까? 또 제가 하나님의 품안처럼 서방님의 품속이 쉴 만
한 물가라 여기고 잠이 들면 그게 죄라는 생각은 누가 만들었지요?
에잇, 나 서방님 이불 속으로 갑니다."

하고 들치고 들어와 월남의 품속에 파고든다.

"마님? 아 마님? 이러시면 안 됩니다."

월남이 밀어내려 하는데 순재가 왈칵 울음보를 터뜨린다.

"내가 무슨 기생도 아니고요, 내가 뭐 남자를 압니까? 아니면 옷을 벗자 한답니까? 서방님이 좋아서 안기고 싶다는데 나를 밀쳐내요?"

순재가 왈칵 울음보를 터뜨린다.

"예, 마님 제가 잘못했습니다. 이리 오세요, 이렇게 하면 되겠습니까?"

"나도 모르겠습니다."

순재의 울음이 그치지 않는다.

"이리 오세요. 뚝 그치시고 어서요."

월남이 순재를 감싸 안았다.

들썩이던 순재의 어깨가 가라앉는다.

더 힘껏 순재를 안아주자 하던 딸꾹질도 멈추고 잠이 들 모양이다.

편히 자라고 움직이지 않으며 가끔씩 순재의 어깨 등을 다독여 주었더니 시간이 지나면서 깊은 잠에 빠진다.

순재의 숨소리가 귓가를 맴돌아 스쳐간다.

'지금 내가 이래도 되는 일인가?'

월남은 소리 없이 하나님을 불렀다.

'주님! 14년을 변치 않고 이 보잘것없는 자를 보면 편타하면서 찾던 순재입니다. 내가 안아준들 순재가 어이 편하며 행복하겠습니까. 부디 주님이 저 대신 주님이 안고 재워 주옵소서!'

월남은 잠이 오지 않는데 순재는 몰아 긴 숨을 깊게도 쉰다. 그러더니 잡자기 숨을 멈추고 다시 어깨를 들썩이고 잠결에서 운다. 재빨리 등을 두어 번 두드려주자 다시 또 잠이 든다.

그때 홰를 치고 두 번째 닭이 운다.

'닭아 닭아 울지 마라…. 자다 말고 너는 왜 우느냐?'

순재도 울고 닭도 운다.

자비로운 마음이 부처다

월남은 순재가 깰까하여 몸이 굳었다.

그때 문득 어려서 현만 스님이 해준 이야기가 이제야 떠오른다.

한 마을에 '노들부득'과 '달달박박'이라는 사람이 반복되는 삶을 살았다 한다.

"우리가 매일 농사나 짓고 나무하고 이렇게만 살게 아니라 우리도 공부하고 도를 닦으면 어떨까?"

하여 둘은 산으로 들어갔다.

골짜기를 사이에 두고 하나는 이쪽 하나는 저쪽에 암자를 지었다.

"우리 더도 말고 덜도 말고 딱 3년만 잡념 다 버리고 열심히 도를 닦기로 하세. 그리고 3년이 되는 날 만나세."

약속하고 부지런히 도를 닦았더란다.

열심히 도를 닦아 둘은 도사의 경지가 멀지 않았다.

이제 내일이면 꼭 3년, 오늘이 마지막 밤이다.

초겨울이 되어 산속은 춥고 첫눈까지 내리면서 바람이 세차게 불었다.

깊은 밤,

곧 자시가 올 것이고 그러면 약속한 3년이 끝나는 시각이다.

그때 노들부득의 방문을 두드리는 천하절색의 한 여인이 나타났다.

"길을 잃었습니다. 춥습니다. 하룻밤만 재워줄 수 없어요?"

노들부득은 기가 막혔다.

이제 몇 시간 후면 3년의 도를 마치는데 이렇게 어여쁜 여인이 찾아오다니 이것은 나를 시험하는 마귀라는 것을 알았다.

볼수록 너무 아름다운 여인이라 받아 들였다가는 3년 수도 말짱 도루먹이 될 판이다.

노들부득은 큰 결심을 하고 단호하게 거절하였다.

"저는 도를 닦는 사람이라 여인과 한방에 있지 못합니다. 죄송합니다."

인정사정없이 문을 닫고 쫓았다.

노들부득은 참 잘했다고 속으로 만족하였다.

'마귀가 나를 시험해? 어림도 없다!'

혼자 승리를 자축하며 밤을 보냈다.

노들부득에게 쫓겨난 여인은 맞은 편 달달박박에게 가서 똑같이 말했다.

달달박박은 여인의 얼굴이 미색인지 추색인지 관심도 없었다.

여기까지 생각하는데 순재가 잠에서 깬다.

"안 주무셨어요? 아, 편하고 너무너무 좋다."

"예, 뭔 생각을 하던 중입니다."

"그래요? 뭔데요?"

월남은 처음부터 여기까지 말해 주었다.

"그래서요, 달달박박도 내어 쫓았대요?"

"아닙니다. 달달박박은 반대로… '허허, 이 춥고 어두운 산에서 길을 잃어요? 어서 들어오십시오.'"

하고 맞아들였다.

들어온 여인은 오들오들 떨더니 말했다.

"너무 춥습니다. 물 좀 데워와 주실 수 있어요."

달달은 그렇겠다 싶어 함지박에 데운 물을 들고 왔다.

옷을 벗는데 보니까 천하절색 여간한 미인이 아니었다.

여인은 속옷까지 홀딱 벗고 함지박으로 들어가 물을 끼얹어 몸을 녹이고 있다.

도를 닦는 달달박박은 조용히 마치기를 기다렸다.

물을 버리고 와야 잘 수 있기 때문이다.

그때 여인이 말한다.

"처사님! 제 몸 좀 밀어주세요."

절세미인은 살결도 희다. 참 보드라운 피부다.

달달박박은 백설 같은 여인의 등을 밀어 주었다.

"아휴! 시원하고 따뜻하여라, 아 음…"

여인은 신음소리를 내며 달달박박의 손을 잡아끌고 앞가슴도 문질러 달라 하더니만 뱃가죽도 밀어주고 아랫배도 닦아달라고 잡아끈다.

달달은 조심조심 연약한 여인의 전신을 닦아주고 물을 버린 후 둘은 잠이 들었다.

날이 밝자 노들부득은 상쾌한 아침을 맞았다.

'분명 그 여인이 달달박박한테 갔을 것이야. 어떻게 했을까? 물리쳤을까? 아니면 도를 깨뜨렸을까?'

내심 성공한 자신이 우쭐하여 달달박박에게로 갔다.

개선장군처럼 3년 만에 입을 여는 소리다.

"어이 달달박박이! 날세, 노들부득이야. 도는 잘 닦았는가?"

방문을 열고 들어가 보니 남부처와 여부처가 앉아 있지 않은가?

자신은 3년 공부 결과 부처가 되지 못하였는데 달달박박은 위대한 부처가 되었고, 자세히 보니 어젯밤 그 여인은 여부처가 찾아온 것이었다.

마을에 사는 노들과 달달의 친구들은 약속대로 3년이 된 날이라고 암자를 찾아와 문을 열었다.

남녀 부처가 조막만 한 아기부처를 안아 키우고 있다.

노들부득은 아직 크다가 만 새끼부처가 된 것이다.

"거봐요? 현만 스님이 진짜배기 스님인가 봅니다. 남녀라고 내외하는 건 벌써 도와는 먼 겁니다. 어쩌면 그렇게도 내 얘기를 했을까? 하하, 현만 스님 얘기 좀 자주 해주세요."

"재미있습니까?"

"재미가 아니라 스님께서 무슨 말이 하고 싶으셨을까요?"

"글쎄요, 한번 맞혀보세요."

"'내 도만 닦는다고 남의 아픔을 몰라라 하는 것은 이미 도 하고는 멀다!' 맞지요?"

"그렇습니다."

"정치도 사랑도 부부도 마찬가집니다. 나 좋으면 호호하고 싫으면 퉤퉤하고 서방님 들으라는 소리 같습니다. 나 쫓아내지 마라! 뭐 이런 얘기 아닐까요? 하하하."

월남은 할 말이 없어 그냥 웃는다.

사랑은 하나님께 속한 것이다

어느새 날이 밝으려나 보다.

"서방님은 달달박박, 나는 여자 부처, 그러면 참 좋겠다."

순재가 월남의 가슴 섶을 파고든다.

월남은 순재를 감싸 안는다.

'내 무슨 달달박박까지나…'

생각지도 못했는데 지금 보니 순재가 왜 이렇게 고맙다지?

"서방님 그날 저녁 예배 못 오셨지요?"

"언제요?"

"저저번 수요일 예배에 한번 안 오셨더라고요. 그때 우리 기일 목사님이 이런 말씀 하신 것 해드릴까요?"

"그래 보세요."

"아시시의 성자 프랜치스코 하면 예수님 이래 최고 사랑의 목자라고 알려졌답니다."

"프랜치스코?"

"예, 줄여서 성 프랜시스라고도 한대요."

"성 프랜스시가 어쨌다는 거지요?"

"노들과 달달하고 정말 많이 비슷하군요."

순재가 말한다.

프랜시스는 모든 것이 하나님께로부터 왔고 사람이나 동물이나 초목들이나 돌들도 모두 하나님이 만드신 우리의 형제자매라고 믿었다. 프랜시스는 나무도 사랑하고 새도 사랑해서 돌이나 풀하고도 대화가 가능했다 한다. 풀의 마음도 알고 동물의 마음도 알고 물고기나 만물 모두의 마음을 다 알았기에 산천초목하고도 사랑을 나눈 성자다.

그는 평생 대문을 걸지 않고 살았다. 네 것 내 것이 아니라 모든 것은 다 하나님의 것이므로 내 것이 아닌 하나님의 것이어서 누구라도 하나님의 것을 갖고 먹고 쓸 권리가 있다는 것이다. 하물며 인간에게는 차별이 없다는 것이다.

그는 그래서 누구나 필요하면 와서 가져가라고 문을 걸고 잔 일이 없단다. 내 것이 아니라 하나님의 것이면서 동시에 결국 너희 모두의 것이라는 뜻이다.

어느 추운 겨울밤 잠자리에 들려고 하는데 사람이 들어오더란다.

"추워서 왔습니다. 하룻밤 자고 가도 돼요?"

프랜시스는 그러라 하고 자리를 펴주고 자려고 하는데 배가 고프다고 한다. 음식을 차려다 주고 기다리는데

"나 밥 좀 먹여 주실 수 있어요?"

하더란다. 그러라 하고 가보니 문둥병자여서 손가락이 없다. 프랜시스는 정성껏 떠먹이며 기도하였다. 이 사람을 축복하여 낫게 해주소서, 기도하였다. 밥을 먹고 자기로 하고 누워 잠이 들려 하는데 불러서 깼다.

"여기는 춥습니다. 거기가 더 따뜻할 것 같으니 자리를 바꿔 주무실 수 있습니까?"

문둥병자를 침상에 누이고 아래로 내려와 잠을 청하니 피곤하여 곯아떨어진다. 그런데 누가 흔들어 깨운다. 병자였다.

"그래도 추워요. 또 코고는 소리에 잠이 안 옵니다. 여기 올라와 같이 자면 안 되나요?"

그러기로 하고 침상에 같이 누웠다. 잠결이라 바로 잠이 들었는데

또 깨운다.

"그래도 춥습니다. 잘도 주무시던데 나 좀 안고 자면 안 되겠습니까?"

프랜시스는 피고름에 젖은 그를 안았다. 그리고 깊은 잠이 들었다.

자면서 꿈을 꾸는데 자기가 예수님을 안고 천국에서 덩실덩실 춤을 추더라는 꿈을 꾸었다.

깨어보니 그는 없었다.

"예수님은 가난한 자와 병든 자와 헐벗고 굶주리는 자로 우리에게 나타나신대요. 알았지요?"

"아 예. 그래서 작은 자에게 하지 않은 것이 바로 내게 하지 않은 것이라고 하는 거군요."

"마태복음 25장 양과 염소의 비유입니다."

이렇게 순재와 가까워져 간다.

고종황제 강제퇴위

죄인이 되었습니다
고종 강제퇴위
퇴위반대집회 열변
고종황제 양위조칙 발표
강제로 퇴위당하다

죄인이 되었습니다

천국 전권공사로 임명받은 월남은 벅찬 감동으로 YMCA에 대한제 국 천국공사관을 차렸다. 그럴 게 아니라 아예 항존직으로 영영 파직 되지 않는 전권대사로 임명해 달라고 할 것을 깜빡 잊었구나 싶기도 하다. 교회에도 열심을 낸다.

그런데 기도하면 이준 열사가 눈에 어린다.

'갚겠소이다. 이준 동지여! 내가 그대의 주검 앞에 그 값을 갚겠소 이다.'

열번 백번 다짐하면서,

'나 하기에 달렸으리라. 단 하루도 일각 일촌도 고종황제의 천국 전 권공사라는 내 신분을 게을리 하지 않을 것이며 잊지도 않아야 한다.'

다짐하지만 그래도 마음이 가볍지 못하다.

문제는 헤이그 밀사 사건의 여파가 거센 풍랑의 회오리가 되어 대 한제국을 휘감아 돌아치고 있다.

아니나 다를까.

과연 경시청에서 조사할 일이 있다고 월남을 불러들였다.

"이 참찬! 이 참찬을 왜 불렀는지 아시오?"

마치 그때 감옥에서처럼 말투가 거칠다.

'또 잡아 가두려 하는가?'

그러나 무서울 것도 떨릴 것도 아무런 거리낌도 없다.

"난 모르오. 공연히 말이나 돌려가며 묻지 말고 바로 말해보시오. 무슨 일입니까?"

"알면서 시치미를 떼면 재미없다는 것은 아시지오?"

"재미요? 여기서 재미있을 일이 뭐가 있겠소이까? 왜 오라 하였습니까?"

"이준하고 같이 독립협회도 했고, 만민공동회도 같이 했었고, 이상설 하고는 같은 교회 나가는 것은 맞지요?"

"그래서? 헤이그 밀사를 누가 보냈는지 아느냐? 뭐 이런 것을 알고 싶어 나를 불렀소이까?"

이상한 일이다. 아무런 두려움도 없이 태연스레 답할 수 있으니 말이다.

'정의는 강한 것이로구나.'

지난번에도 이랬어야 했다.

그러나 승인이가 당하는 고통으로 인하여 그만 맥을 출 재간이 없었다.

"말귀는 빨리는 알아들은 것 같소이다. 좋소. 그럼 거두절미하고 물어봅시다. 이준이를 헤이그로 보내자고 황제폐하에게 월남이 추천하지 않았소이까?"

"뭐요? 내가 추천한다고 갈 것이며 내가 보내자 한다고 해서 황제 폐하가 내 말을 들으신다고 보시오?"

"그러니 묻는 것입니다. 대답만 하면 됩니다."

"대답은 이미 했소이다."

"아니라는 거요?"

"나는 하나님이 하라고 하는 생각만 하고 말도 하나님이 하라고 하 시는 말만 하며 산다고 결심한 사람입니다."

"그게 무슨 대답이 그렇소!"

"그럼 당신이 원하는 대답이 뭐요?"

"황제폐하에게 이준을 추천한 사람이 누구냐고 물었소이다."

"했다면 하나님이 하셨으면 모를까 나는 추천한 일이 없소이다."

"그게 무슨 말이요? 하나님도 추천합니까?"

"그러니 내가 묻는 것입니다. 나는 추천하지 않았다고 했잖습니까?"

"이 양반이 지금 말장난 하시오?"

"말장난을 먼저 시작한 사람이 누굽니까? 가만 있는 사람을 불러 다 이게 말장난 아니고 뭡니까? 황제폐하를 모욕하지나 마시오."

"뭐요? 누가 언제 황제폐하를 모욕한다고 그런 말을 합니까?"

"지금 이게 바로 황제폐하를 모욕하는 것 아니고 무엇입니까? 우 리 황제폐하께서는 누가 부탁하고 추천하고 한다고 해서 그대로 하 시는 분이라고 보는 것밖에 더 됩니까? 그리고 나는 황제폐하의 신하 입니다. 나를 무단 출두시키고 이리저리 뒤척여 보는 이것이 곧 황제 폐하를 모욕하는 것 아닙니까?"

순사라는 자가 멈칫하는 눈치다.

"당신도 조선 말하는 것 보니까 황제폐하의 백성 맞지요?"

"지금 그걸 묻지는 않았습니다."

"그렇다면 아마 내가 누군지도 알 것입니다. 아니, 나를 잘 모른다면 황제폐하가 어떤 분인가는 너무 잘 알 것입니다. 우리 황제폐하는 자고로 아버지 대원군의 말도 아니다 싶으면 가차 없이 거역한 분입니다. 알아요? 몰라요?"

"지금 그게 중요한 것이 아닙니다."

말이 채 떨어지기도 전에 가로챘다.

"황제폐하에게 직접 물으실 일을 가지고 이 사람 저 사람 오라거니 가라거니 하면서 이리 떠보고 저리 떠보고 지금 이게 뭐하자는 겁니까? 데데하게 굴지 말아요!"

소리를 질러버렸다.

"우리는 어디까지나 예를 갖춰 물어보는 것뿐입니다. 콩팥 어디라고 황제폐하에게 따질 수 없다는 것은 알 만한 어른이 왜 딴청이십니까?"

"말이 말 같아야 딴청이고 대청이고 말상대를 해줄 것이지 이러고도 당신이 조선사람 맞아요? 옛말에 도둑을 잡아도 뒤로 잡지 앞에 대놓고는 잡지도 못하고 잡는 법도 아니라 했습니다."

"그건 또 무슨 소립니까?"

"의심이 가면 증거를 수집해서 내 앞에 내놓고 따질 일이지 이게 우리 대한제국 황제의 신하된 내게 할 짓입니까?"

월남은 의분이 솟구쳐 마구 흥분되기 시작하였다.

"나라의 녹을 먹어도 녹의 색깔이 다 틀린 것입니다. 어떤 놈은 검은 녹을 처먹고 어떤 놈은 빨간 녹도 처먹고 어떤 놈은 훔쳐도 먹고 어떤 놈은 무고한 선비나 충신을 족치고 모함해서 녹을 타 처먹습니다. 깨끗한 녹을 먹어야 합니다. 검은 녹 빨간 녹 처먹고 잘살 것 같아요?"

"그게 누굴 말하는 거요?"

"누구긴 누굽니까? 당신이 그렇다는 것입니다."

순사가 승인이 또래로 보여 이참에 버르장머리까지 고쳐주고 싶지만 그건 욕심일 뿐이라는 것은 잘 안다.

"참 내…. 지장이나 찍어주십시오. 곧 결재 받고 나가시도록 하겠습니다."

하여 읽어 보니 말한 그대로여서 엄지손가락을 꾹꾹 눌러 찍어 주고 경시청을 나왔다.

고종 강제퇴위

마침내 현직 외무대신에 오른 이완용(곧 총리대신이 됨)은 농상공부 대신 송병준과 짝하여 7월 17일 각의를 열고 황태자 순종에게 보위를 양위(보위를 넘겨줌)한다는 결의안을 통과하고 말았다.

청천벽락이 떨어진 소문은 순식간 장안에 퍼져버렸다.

'이완용? 그자가 어찌 그리되었단 말인가?'

월남은 이완용과 연이 많았던 사람이다.

그 연은 10년 전 주미공사로 함께 가면서 굳어진 것이다.

당시 이완용은 무던하게 보이면서도 죽천에게 순종도 잘하고 충성심도 손색이 없던 사람이다. 그런 이완용이 10년 세월에 친일파의 앞잡이로 내각을 지배하고 황제를 끌어내리는 일에 앞장서는 대역죄를 짊어진 것이다.

10년이라고 할 것도 없다. 그 후 정동구락부에서도 매일 만나던 개

화의 동지였었다. 고종의 안위를 우려하여 아라사 공관으로 고종을
모신 일도 이완용이 앞장섰던 일이다. 그러나 그때부터 약간의 징조
는 나타나 친러파 쪽으로 기우는가 싶었으나 그래도 동지로 상종치
못할 일은 없었다.

그래서 같이 독립협회를 만들고 1대와 2대 안경수에 이어 3대에
회장까지 했던 인물이었다. 그런 그가 이제는 돌아오지 못할 강을 건
너 친일파 반역의 괴수로 변질되어 버린 것이다.

의정부에서도 자주 만났으나 그때도 설마하니 하고 믿었는데 이제
는 사람이 달라졌다. 무엇이 그를 이렇게 만들었을까? 월남은 아무리
곰곰 생각해도 그 까닭을 알지 못할 일이다. 놀라운 사실은 지금 자
신이 자행하고 있는 양위의결이라고 하는 것이 얼마나 큰 반민족이
며 매국이라는 것을 아는지 모르는지도 참 모를 일이다.

'허, 사람이 참 저렇게 변하다니…!'

월남이 긴 한숨에 장탄식이 멎지 않지만 나라는 일본 놈들의 각본
대로 굴러가고 있다. 요는 모든 공사관이 철수하였으니 어디대고 누
구에게 호소할 데도 없고 있어 봤자 조선에 머무는 선교사들뿐인데
선교사들의 동태도 눈을 까뒤집고 주시한다는 소문이다.

이완용의 대립각은 송병준과 날을 세웠다. 송병준은 고종 양위에 1
등공신이 되고자 하여 이완용과 알력까지 일어났다. 둘의 권력다툼이
오히려 양위조칙발표를 앞당긴 요인이 되기도 하였다.

아무튼, 고종이 강제퇴위를 당하게 된 배경은 헤이그 특사 파견이
빌미가 되었다. 을사조약이 늑약이며 원천 무효임을 국제사회에 알리
고자 했던 것이 이준을 비롯한 밀사파견 시도였다. 그러나 우리나라
의 외교권을 일본이 장악하고 있었을 뿐만 아니라, 일본의 심한 방해

공작으로 인하여 세 특사는 회의에 참석도 못한 채 이준 열사만 분사하고 말았다.

이런 일이 일어나자 일본은 고종이 그들의 침략에 방해가 된다고 생각해 군대로 위협하여 강제로 퇴위시키려 획책하였다. 여기에 쌍수를 들고 일어나 환호하며 앞잡이 노릇을 하는 것이 이완용이며 송병준을 비롯한 친일 내각이고 일진회라고 하는 친일매국단체다.

이 소식이 전해지면서 국민들의 저항이 격렬하게 일어났다.

월남은 YMCA에서 이 사실을 눈으로 보듯 꿰뚫어 알았다.

'무능하고 무능하고 허약하고도 비참하다.'

월남의 입에 어느새 한숨이 줄을 단다.

을사늑약 이후 2년여 동안 아무리 다스려도 장탄식은 멎지 않는다.

"다들 거리로 나가 모입시다. 이때 우리가 양위반대를 외치지 않으면 국민이 없는 나라와 다를 게 무엇입니까?"

하지만 이미 절망하고 낙심하여 용기를 잃어,

"그런다고 양위결의가 무효처리 되겠습니까?"

라는 이론도 있다.

"되고 않고는 우리 소관이 아닙니다. 우리는 되거나 말거나 우리의 할 바, 국민의 도리에 따라 반대 시위를 열어야 합니다."

"성공도 못할 집회를 열자니 맥이 빠집니다."

"아닙니다. 백번 실패하고 천번 만번을 실패해도 국민은 마땅히 국민의 소리를 내야 합니다. 정이나 버겁다 하시면 여타 애국단체와 연대하여 합동집회를 열고 일진회 폐쇄와 양위 반대집회를 열어야 합니다. 용기를 내라 한들 낼까마는 내 생각은 혼자라도 해야 한다는 것이며, 아니면 우리 조선기독교청년회 단독으로라도 꼭 국민의 소리를 들려줘야 합니다."

이렇게 하여 그날 오후부터 집회가 열렸다.

대한자강회, 동우회, 기독교청년회 회원을 중심으로 하여 2천여 명이 모인 집회는 다음날 9월 18일에도 이어졌다.

월남은 격앙되어 울분을 토하였다.

퇴위반대집회 열변

친애하는 애국동포 여러분!

우리는 지금 황제폐하를 잃게 생겼습니다.

황제폐하를 잃는다는 것은 우리 대한제국호라고 하는 함정이 선장을 잃고 침몰하는 것과 같습니다.

우리가 가야 할 황권민주주의라고 하는 목적지를 가지 못하고 일제가 원하는 대로 역류하여 백성들의 삶이 무너진다는 것을 의미합니다.

이에 비장한 각오로 여러분께 외치고 부르짖습니다.

모두가 양위는 안 된다고 결사반대를 외칠 때가 지금입니다.

이것은 일본의 계략대로 가는 죽음의 길입니다.

이 연설을 하고 또 누가 나를 잡아갈지 모르겠으나 우리가 착각하면 안 될 것이 있습니다.

황태자 순종임금에게 양위하시는데 왜 걱정하고 반대하느냐는 말은 뭘 제대로 잘 모르고 하는 소리입니다.

우리의 주권을 행사하여 넘기는 양위가 아니라,

작금의 양위는 철저한 일본의 각본대로 대한제국을 말살하고 일본이 편한 사람으로 상대를 바꾸자고 하는 술책에 놀아나는 현상입니다.

황제폐하께서 자원하여 양위하는 것이 아니라 강압에 못 이겨 양위한다면 이미 나라는 황제를 잃고 주권을 잃으며 주인이 바뀌는 국난이며 좌초하고 있다 해야 옳습니다.

여기에는 일제의 야욕이 원천이라 할 것이나, 판단을 잘못하는 우리 조정신료들의 책임이 더 많습니다.

소생도 폐하의 녹을 먹던 사람으로서 이 모든 책임은 저를 비롯하여 수백 천명 폐하의 녹을 먹은 신료들과 조정 관리들에게 있습니다. 폐하로 하여금 '옳사옵니다, 아니옵니다'라고 하는 '예, 아니오'가 뒤집어진 까닭입니다.

'예' 하여야 할 때 '아니요' 하였으며, '아니요' 해야 마땅한 일에 '옳습니다' 한 그 죄가 하늘에 사무치고 땅을 통곡하게 하였습니다. 지금 조정의 내각을 장악한 대신들도 알 만한 사람들이 폐하에게 아니라 하지 않고 양위하라 하는 것이 침몰의 원인입니다.

우리 폐하의 성심은 자나 깨나 백성들 걱정입니다. 나라가 편하여 백성이 태평가를 부르는 세상을 위하여 많은 중신들에게 값진 녹록을 내리며 나라와 백성에게 충성하라 하셨는데 그른 판단을 올려드리고 양위하셔야 하옵니다. 한다면 나라는 대신들이 무너뜨리는 것입니다.

하여 여기서 분명하고 엄중하게 경고합니다.

첫째,

일본은 우리 폐하의 안위를 지킨다는 감언이설로 경운궁을 에워싼 군대를 즉시 해산하라는 것입니다.

청국이 해치고 아라사가 해친다는 말은 거짓입니다.

황차 우리 백성이 폐하를 모시면 얼마나 편하게 모시겠습니까? 나를 잡아가도 좋습니다.

오늘날 이와 같은 일본의 만행은 역사의 심판대에서 중벌을 받을 것입니다. 일본은 즉시 지금이라도 죄의 짐을 덜고 벗어던져야 합니다.

둘째,

외무대신 이완용을 비롯한 모든 각료들은 전하의 성심을 훼파하는 반역에서 돌아서야 합니다. 이게 지금 뭐 하자는 짓입니까? 그대들의 속내는 모르겠으나 역사의 심판대에 서는 그날이 오면, 일본이 곤장 백대라면 그대들은 천대의 벌을 받을 것이요, 그대가 죽으면 후손이 만대의 곤장을 받게 된다는 것을 어찌 모른단 말입니까! 역사의 재판정에서 나 월남이 그대를 위해 변론할 말이 없어집니다.

셋째,

친애하는 국민여러분! 여러분은 이제 결사반대함이 지당하고 마땅합니다.

양의 동서를 막론하고,

아닌 것을 예하고, 옳은 것을 아니라 한 나라치고 멸망하지 않는 나라는 없습니다. 아니면 아니라 하고 옳으면 옳다고 말하는 나라치고 흥하지 않은 나라도 없습니다.
더욱 기가 막힌 것은
예도 안 하고 아니오도 하지 않는 씨알도 없고 줏대도 없는 국민입
니다.
아니라 해야 마땅합니다.
그러거나 저러거나 눈만 멀겋게 뜨고 코를 베어가고 귀를 베어가
도 아무런 응대도 못하는 백성은 한심한 백성입니다.
그러니 힘차게 외치십시오!
황제폐하 양위, 결사반대!
결사반대!
친일내각 조정신료, 전원 용퇴하라!
용퇴하라!

　연도에는 일제의 앞잡이가 된 순검들이 도열해 월남의 연설을 듣
고 있다.
　순재는 연단 뒤에서 가슴을 부여안고 월남의 연설을 듣고 있다.
　'서방님 저러시다 또 무슨 일을 당하지 않으려나?'
　순재의 가슴이 진정되지 않는다.
　그런데 월남을 잡아채 끌고 가지 않고 참하게 듣고만 있으니 이상
한 일이다.
　"내버려 두어라."
　아마 이런 명령이 내려온 것 같다.
　"지금 반대 집회에 목을 맬 게 아니다. 할 일이 따로 있다."
　아마 모종의 이런 식의 명령이 내려온 모양이다.
　월남은 저들의 속내가 더욱 불안하고 궁금하다.
　필시 양위조직을 발표할 준비를 하는 모양이고,
　이르면 내일 모레사이에 양위식도 마쳐버릴 모양이다.
　모든 것이 물 건너가는 시기다.

고종황제 양위조칙 발표

이윽고 일본은 강제로 집회해산에 들어갔다. 무력으로 억누르면서 9월 18일자로는 '한·일 신협약'이라는 것을 체결하였고 이 조약으로 인해서 일본인이 행정 각 부의 차관으로 임명되면서, 일본인 통감이 대한제국의 내정을 완전히 장악하기에 이르게 되었다.

강제 퇴위되기 이전 1907년 7월 3일, 이토는 고종을 알현하는 자리에서 이렇게 협박했다.

"음험한 수단으로 일본의 보호권을 거부하였으니 차라리 당당하게 선전포고를 하시는 것이 낫지 않겠습니까?"

조선에 왔다면 일개 신하에 지나지 않는 자가 한 나라의 임금에게 한 말 치고는 무례하고 있을 수 없는 일이었다. 그만큼 당시 일본은 조선이라는 나라를 무시하고, 고종을 임금으로 인정하려 하지 않았다.

고종을 알현한 3일 뒤(7월 6일) 이토 히로부미는 이완용을 만났다.

"헤이그 밀사는 일본에 대한 공공연한 적대행위이니 일본은 한국에 대하여 선전할 충분한 권리가 있다. 당신 책임 하에 고종을 양위시키시오."

그러나 시종원 부경 정환덕이 우연찮게 이 음모를 미리 알고 고종에게 은밀히 알렸다.

또 하루는 강창희(姜昌熙)가 정환덕에게 말하기를,

"근간에 이완용, 송병준, 이병무, 고영희, 조중응, 임선준, 이재선 등이 바로 전위변혁(傳位變革, 황제를 바꾸는 일) 음모를 하였습니다. 자세한 내용은 모르겠으나 극히 위험한 일이 아닙니까? 그러니 먼저 황제폐하께 아뢰어 이 일을 미리 아시도록 하는 것이 어떻겠습니까?"

"일이 벌써 이 지경에 이르렀으니 이 나라가 조석지간에 망하게 되었습니다. 폐하에게도 참화가 눈앞에 다가오고 있으나 이를 어떻게 하실지 걱정만 됩니다."

하지만 강창희는 국가의 운명이 경각에 달린 이 마당에 이것을 알면서도 아뢰지 않는 것은 신하의 도리가 아니라 생각되어 드디어 글을 써서 봉합하고 서모 상궁으로 하여금 비밀리에 고종에게 드리도록 했다.

고종은 봉서를 본 뒤 긴 한숨을 내쉬며 서모 상궁을 불러 은밀히 하교하였다.

"이 일을 어떻게 조처하면 되겠는가. 정환덕에게 속히 대답하라고 일러라."

이에 강창희는 상서하기를

"선위(禪位)하시는 문제는 폐하의 확고한 용단으로 결정하실 일이오며, 또 이 문제는 폐하의 집안일이신지라 소신이 간여할 일이 아닙니다. 다만 금년 정미년은 폐하의 역수(曆數, 운수)가 끝나는 해이온데 만일에 이를 거역하신다면 성상의 수명에 불리한 일이 생길지도 모릅니다. 그러나 선위하신다면 국가의 운명이 위태로우니 이렇게 난감한 일은 폐하께서 직접 조처하실 일이지 신이 감히 입을 열 처지가 못 됩니다. 참으로 황공하여 다시 말씀드릴 수 없겠습니다."

그러나 일본이 말하는 선전포고란 헛소리요, 공갈이었다. 고종 역시 이 말에 속아 넘어갈 사람이 아니었다. 그럼에도 불구하고 이완용과 송병준이 무엄하게도 대궐 문턱을 넘어 들어와서

"양위하셔야 합니다."

라고 아뢰자 오히려 호통을 치며 내쫓았다.

이완용과 송병준 등 여러 대신들은 함녕전의 문지방을 넘어 들어가서 전위(傳位)문제를 주청하였다.

"폐하께서 보위에 오르신 지 이미 44년이란 오랜 세월이 지났고 동궁 전하(순종)의 성년(聖年)도 벌써 40이 가까웠으니 엎드려 바라옵건대 폐하께서는 동궁께 선위하심이 천리(天理)를 따르고 중의(衆議)를 저버리지 않으시는 것으로 압니다. 감히 말씀드립니다."

하자 이에 고종은,

"경들은 모두 여러 대에 걸쳐 나라의 두터운 은총을 받은 신하들이다. 만일 전위의 의논이 있었다면 상소를 올려도 되고 간쟁(諫爭)하여도 가하거늘 어찌 무두무미(無頭無尾, 밑도 끝도 없이) 졸지에 여러 사람이 궁궐에 들어와 전위를 강권하는가? 이게 무슨 도리인가? 비록 경들이 이런 일을 저지르지 않더라도 전위의 문제는 짐이 먼저 알아서 단행할 일이다.

그러나 짐의 정신과 기력이 쇠하지 않았고 동궁의 나이 40이 가깝다고는 하나 몸이 약하고 견식이 아직 미흡하기 때문에 지금까지 결행하지 못한 것이다. 물러가 짐의 처분을 기다리도록 하는 것이 가하다. 절대 강제로는 하지 못할 것이다."

이에 이완용 등은 감히 다시 권하지 못하고 물러갔었다.

며칠 뒤 저들(이완용 등)은 다시 일행을 거느리고 함녕전 대청에 들어왔다.

"폐하께서 끝내 천리를 거역하시면 밖에서부터 혹시 불칙한 변이 있을지 모릅니다."

"밖에서부터 불칙한 변이 있다니 그게 무슨 소리인가?"

"폐하의 운명이 이미 다 되고 하늘의 운수 또한 동궁에게로 돌아갔으니 폐하께서는 속히 전위하셔야 할 것으로 아옵니다. 또 세계열강의 공론도 속히 전위하시는 것이 좋다고 하오니 빨리 용단을 내리시는 것이 옳은 줄로 아옵니다."

무엇을 믿고 이렇게 밀어붙이는 것인지.

고종은 울화가 치밀어 오르지만 뒤에서 조정하는 자는 이토 히로부미이며 그들은 지금 도성에 막강한 군사력을 가지고 여차하면 무슨 꼬투리를 잡아 무슨 짓을 할지 모를 상황이다.

고종은 깊은 고뇌에 빠져 밤잠을 설친다.

고종의 신하는 씨가 마르고 대궐에서는 쫓겨나 좁은 경운궁에서 나가지도 못한다.

과연 이 나라를 혼자의 몸으로 어찌 막아야 할까로 시름에 잠길 때마다 이노우에와 오카모토를 수시로 만나 군국기무처를 만들고 자그마치 3차에 걸쳐 김홍집 내각을 세워야 했던 그때부터 일이 잘못된 것이나 암담한 실정이다.

강제로 퇴위당하다

이완용 일당은 갈수록 기승을 부린다.

사실과 달라 있지도 않은 '세계 공론'이라는 허튼 수작을 부리며 압박하고 있다.

이토 히로부미는 이때 일본 정부로부터

"고종의 목을 베어오라."는 명을 받고 있다고 공언하기도 했다. 다시 말해 고종의 목을 베어 가져가겠다는 폭언이었다. 아니나 다를까.

이토는 일본군을 총동원하여 덕수궁 대한문을 밀고 들어가 함녕전을 포위한 뒤 기관총 4문을 설치하고 고종황제를 위협했다. 또 남산에도 포대를 설치, 도성을 내려다보고 있었으니 문자 그대로 전쟁상태였다. 이 같은 상태에서 고종황제는 마침내 조칙을 내리니 바로 1907년 7월 19일 그것도 새벽 3시였다.

같은 해 8월2일 연호를 광무(光武)에서 융희(隆熙)로 개원(開元)하였으며, 같은 달 27일에 경운궁(慶運宮) 돈덕전(惇德殿)에서 황제즉위식을 거행하였다. 그리고 연호를 개원한 날짜에 태황제궁(太皇帝宮)을 '덕수궁(德壽宮)'으로 칭하고, 그 사무를 관장하는 기관으로 승녕부(承寧府)를 두어, 경운궁의 서남쪽 모퉁이에 있는 용강문(用康門) 안에 설치하였다. 이로써 경운궁은 덕수궁으로 칭하게 된 것이다.[16]

태황제는 양위 후에 한 때 수옥헌으로 옮겨 머물렀으며, 1907년 11월13일 새로운 황제 순종은 황후와 황태자와 더불어 창덕궁으로 이어하였다. 이에 태황제(고종)는 다시 함녕전(咸寧殿)에 옮겨왔으며, 이후 계속하여 함녕전에 머물다 1919년 2월, 3.1운동 직전 세상을 떠난다.

---

16) 德壽宮의 본래 궁호는 慶運宮이다. 문화재청은 이 책 편집 중인 지금　수궁 궁호 관련 공청회를 열고 원래대로 환원하느냐 지금대로 유지하느냐는 토론을 거쳐 확정한다는 보도를 보는바, 결과가 토론자 어느 쪽 주장으로 결정될지 아직 모르나 慶運宮으로 되돌려드려야 한다. 역사는 후대들의 贊反이나 多數決로 확정하지 못한다. 아무리 물러난 왕이 머무는 宮稱 일반명사가 덕수궁이라 해도 역사의 진실은 지금현재까지도 고종은 순종에게 양위한 사실이 없다. 이는 代理攝政詔勅일 뿐이며 일본(이토오 히로부미)의 강압에 따른 굴종인 동시에 그 결과에서 파생한 것이므로 굴절역사이며, 正史는 굴하지 않은 채 멈춘 상태다. 그 후 덕수궁이라 한 것은 고종황제의 뜻과 배치된다. 당시 황제는 고종이며 누구도 퇴위황제라 칭하면 친일이며 일제 동조 사고다. 덕수궁은 침략자가 바꾼 宮稱이며 이전 을사늑약으로부터 명성황후 시해를 비롯한 강제양위까지에 이르는 일체의 일제행위에 정당성을 인정하는 결과적 칭호다. 단, 잘못된 역사 역시도 그게 우리의 역사라는 차원에서 일제침략의 부당성은 인정하나, 역사의 실제성은 현상이라 한다면 덕수궁으로 존치할 것이나, 경운궁과 덕수궁 궁호에 따르는 과정의 실상과 강제늑약 및 강제불법양위 등에 대하여 밝히 이해시키는 교육이 필연이다. 그래도 이를 반대로 해야 옳다. "경운궁은 일제가 덕수궁으로 바꿔 한때 덕수궁이라 불렸던 사실이 있다"는 쪽으로 가르치고 정사로 보존하면 된다. 이렇게 행야 이 경우가 실질적 올바른 正史다. 경운궁으로 되돌려드려야 마땅하다.

曾祖父님 前 獻詩

월남 이상재 선생 유족회장 김 호 수

(월남 선생의 친손녀 이차순의 차남)

曾祖父님 떠나신 지 어언 83個 星霜.

遺族會도 만들지 못하고 記念事業會도 없이 그 오랜 세월을 흘렸습니다.

입이 적고 종이가 모자라고 먹물이 부족해 다 펼쳐드리지 못한 曾祖父님의 愛國愛族 一片丹心 忠孝禮義 情神….

먼저 人間이 되려면 인간답게 배우라 하신 聖意를 잊어 不孝莫甚한 歲月을 살았습니다.

이제나마 曾祖父님을 追慕하오니 모든 걸 다 털고 容恕하시고 받으소서!

當代를 휩쓴 驚天動地의 國難과 맞서신 聖心을 우러릅니다.

著者는 洗禮요한의 말이 自身의 말이라 하였습니다.

신들메도 감당치 못한다는 말처럼 말고삐를 잡기에도 資格未達이랍니다.

서울大 延高大 美國 하버드 大學에서 碩 博士 學位를 받은 出衆한 이들이 해도 부족한데, 敢히 갯지렁이 같은 사람이 曾祖父님을 모시는 다큐小說을 쓰고 一代記를 說하는 게 두렵고도 떨린답니다.

그러나 感謝하고 고마운 마음 形言치 못할 感動입니다.

曾祖父님의 그 當時 心情으로 썼다더니 뵙는 듯 가슴을 울립니다.

著者의 曾祖父님 探究의 精誠을 기뻐 받으소서!

이에 便乘하여 올리는 外曾孫子 不肖 浩壽의 큰절도 받으시옵소서!

월남 이상재 선생 일생(年譜)

- 1850년 10월26일 충청남도 서천군 한산면 종지리 출생.
- 1856년 사숙(글방)에 입학하여 한문 공부를 시작.
- 1861년 봉서암 현만 스님에게서 수학.
- 1864년 15세 때 강릉 유씨와 결혼.
- 1865년 혜산 이혜진 스승에게서 수학.
- 1867년 18세에 과거에 응시하나 낙방.
- 1868년 친지 이장직 거창군수의 추천으로 죽천 박정양사가로 감.
- 1880년 12년간 그 집에서 같이 지내면서 지식과 정치 경륜을 쌓음.
- 1881년 13년 만에 죽천 박정양과 신사유람단으로 일본에 감.
- 1884년 우정총국(현 우체국)이 개설되자 홍영식 추천으로 인천 우정국 근무. 갑신정변 실패로 낙향, 박정양에 의해 다시 등용
- 1887년 박정양이 초대 미국에 전권대사로 파견 되어 1등 서기관 으로 수행. 워싱턴D.C에서 1년 동안 근무.
- 1888년 외교관으로서 미국에서 청의 불간섭과 자주외교를 주장

하다 청의 압력에 의해 정부로부터 소환령을 받고 귀국.

- 1892년 전환국(현 조폐공사) 위원이 됨.
- 1894년 갑오개혁 후 우부승지 겸 경연각 참찬이 됨. 학무아문 참의로 학무국장을 겸임. 외국어학교 초대 교장.
- 1895년 학부참사관, 법부참사관을 지냄.
- 1896년 내각총서와 중추원 1등의관으로 국왕을 보필. 7월 서재필, 윤치호등과 독립협회 창립하고 독립문과 독립관을 각각 건립. 독립공원 건립. 관민·만민공동회 개최하여 독립운동.
- 1897년 8월 매주 일요일 오후에 독립협회 토론회에 지명토론자.
- 1898년 2월 23일 자주독립수호의 구국운동선언 상소를 독립 협회를 대표하여 작성. 정부(고종)에 헌의6조 제출하자 고종이 수락 후 중추원을 개정하여 관제 발표. 3월10일 대중계몽집회인 만민공동회 개최, 만민공동회 의장으로 활동.
- 1902년 개혁당 사건으로 인해 그의 아들(승인)과 함께 구금되어 두 달 동안 가혹한 고문을 당한 후 감옥에 갇힘.
- 1903년 옥고를 치르는 동안 기독교서적과 성경을 읽게 되었으며 54세에 옥중세례 받고 기독교 신자가 됨.
- 1904년 러일전쟁이 일어나자 국사범들과 함께 석방 연동교회에 입교함과 동시 황성기독교청년회(지금의 서울 YMCA)에 가입.
- 1905년 을사조약 체결. 고종의 간청으로 의정부참찬이 됨. YMCA 활동과 청년운동에 헌신. YMCA교육부위원장 이 됨.
- 1906년 세계평화회의에 이준, 이위종, 이상설 세 사람을 고종의 밀사로 파견하는 일을 비밀리에 도움. 일제 통감부에 의해 구속되었으나 증거 불충분으로 석방됨. 한국축구 최초시축 함.(대한

체육구락부 vs 황성기독청년회)

- 1907년 정부로부터 법부대신의 자리를 교섭 받았으나 거절함. 헤이그 밀사사건으로 고종이 강제퇴위를 당하자 일본의 만행을 규탄하는 민중시위를 벌여 이를 진두지휘함.
- 1908년 황성 YMCA의 종교부 총무로 취임. 두 번째 장순재와 재혼
- 1910년 제 1회 전국 기독교학생회 하령회를 조직하여 새로운 학생운동을 일으킴. 기독교회의 백만인 구령운동에 적극 참여 하여 이를 구국운동으로 발전시킴.
- 1911년 기독교지도자들은 탄압하기 위해 데라우치총독 암살음모 사건을 조작하여 '105인 사건'으로 기독교계 지도자들을 대거 검거함. 선생은 셋째 아들의 장례차 귀향하여 화를 면함.
- 1913년 64세에 YMCA 총무로 취임 '105인사건'으로 YMCA를 일제에 예속시키려는 계획을 저지.
- 1914년 조선중앙 YMCA를 비롯 10개 YMCA를 규합하여 조선기독교청년회 연합회를 조직함.
- 1916년 조선중앙기독교청년회의 명예총무로서 청년들에게 민 족정신을 고취시킴.
- 1918년 일제의 무단정치 하에서 비밀리에 기독교, 천도교, 불교지도자들과 만나며 3·1독립운동을 배후에서 지휘함. 일요강화, 강연회 등을 통하여 청년지사들을 규합함.
- 1919년 3·1 운동 배후인물로 활약하다 검거되어 옥고를 치름.
- 1920년 조선기독교청년연합회 회장, 조선중앙기독교청년회 고문으로 추대 국권회복을 목적으로 하는 조선교육협회를 창립하고 회장이 됨. 한국야구 최초 시구 함.

- 1922년 북경에서 열린 만국기독교청년연합대회 조선 대표로참석. 대한여자기독교청년회연합회(YWCA)창립을 후원. 조선민립대학기성회 결성을 결의하여 준비위원장이 됨.
- 1923년 3월 민립대학기성회를 발기총회가 YMCA회관에서 열림. 조선민립대학 설립위원장. 조선기독교 청년회 고문.
- 1924년 연합 소년척후단(지금의 한국스카우트연맹) 초대총재로 추대 물산장려운동, 절제운동, 지방전도운동, 창문사운동 등을 진두지휘. 9월 조선일보사 사장으로 취임.
- 1925년 4월 제1회 전국기자대회 사회자로 해산직전의 대회를 수습.
- 1927년 2월 15일 민족적 단결을 목표로 하는 민족단일전선. 신간회의 회장으로 추대. 3월 29일 78세를 일기로 재동 자택에서 별세. 4월 7일 국내최초의 사회장으로 한산 선영에 모심.
- 1929년 11월 월남사회장의위원회에서 선생의 유고, 행상 등을 모아 사회장의에 관한 각종 자료 등을 모아 월남이상재를 간행함.
- 1957년 이승만 전 대통령 지시로 경기 양주 장흥면 삼하리로 이장.
- 1962년 건국훈장 대통령 장 추서.
- 1985년 3월 29일 이상재 선생 58주기 추모회 행사를 가짐. 청소년들을 위하여 월남 선생의 생애와 사상을 정리한 월남 이상재 선생 이야기를 월남 이상재 선생 동상건립위원회가 간행함.
- 1986년 4월 월남 이상재 선생 동상 제막식(종묘시민공원)개최.
- 1992년 7월 이달의 독립운동가(대한민국 국가보훈처).
- 2002년 3월 이달의 문화인물 지정(문화관광부).

- 위의 본 저서에 공지된 연보는 월남 선생을 연구한 연구자에 따

라(고증자료채증문제로) 각각 경미한 차이가 있을 수도 있으며 채증 된 다른 자료가 있으신 분은 본 저자에게 알려주시면 감사하겠습니다. (kclc1000@naver.com)

천광노

한국정신문화(더 잘 세울)연구원장
현) Q·R News(구 충청시대) 주필
　토요신문(민주일보) 논설 고문
　대전 제일장로교회 집사
　장로교 신학교 졸업

歷史다큐小說『민족의 스승 月南 李商在』(전 5권)
『基督敎 讚揚學』
『敬歎讚詩』(전 5권)
『생각學』
『言語學』
『棄位學』
『잃어버린 세월』(전 5권)
『江華旅記』
『場生草』
『逆說 사랑學 槪論』

찬양(성가)집 레코드 & 카세트테이프 제1집~제11집까지 출반
　(작사 및 작곡 약 150여 곡)
고신·합동·통합·합동보수, 전국 총회 및 노회 특별출연 찬양선교
1984년 한국기독교100주년 선교대회(100만 성도 회집) 특별출연 2회
　　　(여의도 광장 빌리 그레이엄 목사 설교 전 특별 찬양)
일본선교여행 2개월 20여 교회순회 찬양 선교(일본어판 찬양집 출반)
전국도시, 농촌·어촌, 섬, 기도원 등 1,500여 교회 순회 찬양선교

기독교 청주방송 찬양학 방송강의
기독교 부산방송 찬양학 방송강의
대전 극동방송 찬양학 강의
대전 극동방송 장애우를 위한 교양칼럼 방송강의
대전 극동방송 크리스천 교양칼럼 방송강의
울산 극동방송 크리스천 교양칼럼 방송강의

E-mail: kclc1000@naver.com
TEL: 010-401-3639

민족의 스승

월남 이상재

3권

초 판 인 쇄 | 2012년 1월 12일
초 판 발 행 | 2012년 1월 12일

지 은 이 | 천광노
펴 낸 이 | 채종준
기 획 | 권성용
편집 디자인 | 김매화
표지 디자인 | 박능원

펴 낸 곳 | 한국학술정보㈜
주 소 | 경기도 파주시 문발동 파주출판문화정보산업단지 513-5
전 화 | 031) 908-3181(대표)
팩 스 | 031) 908-3189
홈 페 이 지 | http://ebook.kstudy.com
E - m a i l | 출판사업부 publish@kstudy.com
등 록 | 제일산-115호(2000. 6. 19)

ISBN   978-89-268-2794-9 94910 (Paper Book)
           978-89-268-2791-8 94910 (Paper Book Set)